Holen und Bringen [Fetch and Deliver]

Werkleitz Festival 2018

VERLAG FÜR MODERNE KUNST

Editorial

Essays

Filmprogramm/ Film Program

Performances

Ausstellung/ Exhibition

Index

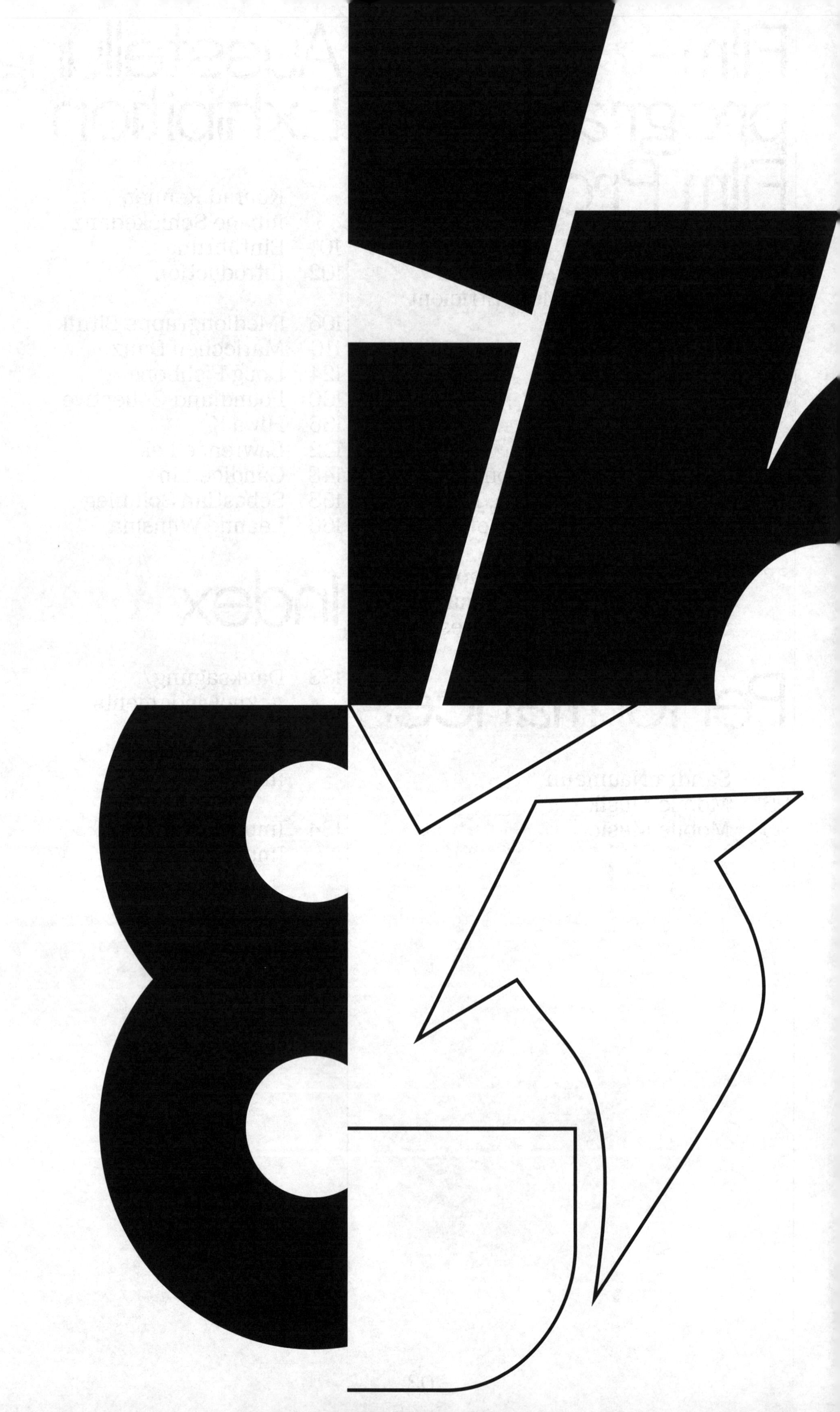

Meine Bedürfnisse von heute sind die Pakete von morgen

Konrad Renner,
Juliane Schickedanz

Ein Netz umspannt die schematische Darstellung des Globus, Pfeile und Linien in alle Himmelsrichtungen, Ketten, Verbindungen, Bewegung, unablässige Dynamik – die Bildwelt gegenwärtiger Logistik zeigt ein Verfahren, das zum Symbol der Globalisierung geworden ist. Die Knotenpunkte sind anonym hervorgehoben. Die *HUBs* und *Gateways*, die *Terminals* für den Transport von Waren, Menschen und Informationen sind auf namenlose Geodaten reduziert. Es ist die unsentimentale Abbildung eines komplexen Verfahrens, dessen Entwicklung weltweit an verschiedenen Orten parallel stattfindet, das Auskunft über historische und politische Verbindungen gibt und dessen Rhythmus wesentlich unsere Zeit bestimmt. In der Region Halle/Leipzig ist der Takt der Logistik zur Arbeitswirklichkeit für viele tausend Menschen geworden. Hier baut sie auf Infrastrukturen deindustrialisierter Wirtschafts- und Lebensräume auf, hier werden die an sie geknüpften Wohlstandserwartungen zur Verheißung.

Ausgehend von lokalen Veränderungen, zeigt das Werkleitz Festival 2018 *Holen und Bringen* mit seinen unterschiedlichen Formaten, welche globalen Beobachtungen möglich sind, wenn an die Stelle der Produktion von Waren und Inhalten die Produktion von Bewegung tritt. Wenn das Verfahren wichtiger wird als die Waren und Inhalte, um derentwillen es eigentlich angestoßen wird, wenn Produktionsverfahren wichtiger sind als Produkte, Verfahrensrecht wichtiger als Recht, dann lösen technische Fragen Sachfragen ab. Logistik ist die zum Prinzip erhobene Verunsachlichung.

Mehr noch, Logistik bleibt unsichtbar. An sie geknüpft ist der Traum von Reibungslosigkeit, vom steten Materialfluss, vom durchgeplanten Verfahren, das jede Ausnahme von der Regel bereits mitgedacht, mitgeplant haben will. Kein Weg darf umsonst sein. Erst der Bruch macht Logistik erkennbar. Dann werden durch Stau, Stillstand und Mangel die logistischen Ströme sichtbar, die wir heute als selbstverständlich erachten. In diesen kurzen Momenten wird deutlich, dass das Verfahren als Organisation des In-Bewegung-Seins eine mehrdimensionale Instanz ist, die weit in unseren Alltag hineinwirkt. Die Reibungslosigkeit des Verfahrens spiegelt die

My Needs of Today Are the Delivery Packages of Tomorrow

Konrad Renner,
Juliane Schickedanz

A net is spread across a schematic rendering of the globe, arrows and lines point in every direction, chains, connections, motion, relentless dynamics—this visual depiction of contemporary logistics reveals a practice that has become symbolic of globalization itself. The highlighted junctions and nodal points remain anonymous. The hubs, gateways and terminals for the transport of products, people and information have been reduced to nameless geodata. This is an unsentimental representation of a complex practice that is simultaneously being further developed at different locations all over the world; it reveals much about historical and political connections and by and large dictates the rhythm of our age. In the Halle/Leipzig region the pace of logistics is the working reality for several thousand individuals. Here logistics operates on the basis of the infrastructures of de-industrialized economies and residential environments and is tied to promises of prosperity.

Taking local transformations as a point of departure, the 2018 Werkleitz Festival *Holen und Bringen* [Fetch and Deliver] features a wide range of formats that demonstrate which global observations are possible now that the production of movement has taken precedence over the production of goods. When a systematic practice becomes more important than the commodities and content for which it was conceived, when production processes become more important than the products themselves, when procedural laws take precedence over all other legal considerations—under such circumstances technical questions assume greater significance than basic facts. Logistics is a form of disobjectification elevated to a fundamental principle.

And logistics remains invisible. It is linked to a vision of frictionlessness, of unimpeded material flows, of a systematic practice planned in such minute detail that every possible exception from the rule has been integrated into it. Every pathway yields a result. Logistics first becomes recognizable when it breaks down. Only traffic jams, stagnation and shortages render the logistic flows visible that we now completely take for granted. These brief disruptions demonstrate that, as the organization of objects-

Lage der Weltwirtschaft wieder. Fluss und Reibung sind Ausdruck von Diplomatie und Handelsabkommen und geben gleichsam Auskunft über die ortsgebundene Wertschätzung von Arbeit. Lokale Kontexte zeigen dann ihren globalen Ursprung, und koloniale Vergangenheiten schreiben sich in post-kolonialen Strukturen fort – bis sich das Verfahren neu justiert und unsichtbar im Hintergrund weiterarbeitet.

Wenn wieder alles fließt, dann sind unsere Bedürfnisse von heute die Pakete von morgen. Logistik ist eine Manifestation des Zeitgeistes. Wer an die digitalen Netze angeschlossen ist, verfügt über einen steten Zugriff auf den globalen Strom – unbeschränkte Teilhabe und Auflösung von Zeit und Distanz. „Was streckenmäßig unübersehbar weit entfernt ist, kann uns nahe sein. Kleine Entfernung ist nicht schon Nähe. Große Entfernung ist noch nicht Ferne."[1]

Die Waren der Welt sind nur einen Klick weit entfernt, denn die Logistikkette verlagert sich weiter ins Private. Das Verfahren vernetzt sich mit uns. Es orientiert sich am Defizit, von dem wir noch nichts wissen, und impliziert den Mangel, den wir noch nicht spüren. Produkte sind heute *available to promise*[2], werden im *One-Piece-Flow-Prinzip*[3] hergestellt und *just in sequence*[4] geliefert. Die Sprache der Logistik ist so schneidig wie die Disziplin selbst.

Das Verfahren ist zur Marke geworden.[5] Es trägt unmittelbar zur gesellschaftlichen Identität bei, in der Effizienz, 24/7-Verfügbarkeit und Reibungslosigkeit zu Kernkompetenzen erhoben werden. Logistik ist Ausdruck von lokaler Prosperität, von globaler Getriebenheit, von wirtschaftlicher Macht und von diplomatischen Abhängigkeiten. Richtungslose Linien, namenlose Knotenpunkte und die dekontextualisierte Darstellung von Regionen, Menschen und Arbeit sind Bilder der Verunsachlichung. Sie sorgen für Unschärfe und für die Verlagerung des Diskurses auf die ökonomische und die politische Ebene. Eine Auseinandersetzung mit der Logistik-Wirklichkeit findet hier vorerst nicht statt.

Darum bringt die vorliegende Publikation zum Werkleitz Festival 2018 *Holen und Bringen* Autorinnen und Autoren aus Literatur, Wissenschaft und Kunst zusammen, die sich aus verschiedenen Richtungen dem zur Beobachtung ausgerufenen Verfahren nähern. Die künstlerischen Positionen der Ausstellung umfassen einerseits eine Reflexion über gegenwärtige und zukünftige Technologien und die damit einhergehenden gesellschaftlichen Veränderungen. Andererseits werden kulturhistorische Studien und deren Echos in das Heute übersetzt. Ein mehrteiliges Filmprogramm stellt den Alltag der zumeist unsichtbar bleibenden Menschen der Logistik vor, ein Performanceprogramm widmet sich Fragen der Bewegung und der Mobilität. Wie das Festival selbst mit seinen unterschiedlichen Formaten versteht sich diese Publikation daher als Momentaufnahme und als Versuch der Annäherung an ein Verfahren, dessen Relevanz augenscheinlich ist, dessen Auswirkungen jedoch weitgehend im Verborgenen bleiben.

<hr>

1   Martin Heidegger, *Vorträge und Aufsätze*, Stuttgart 2009, S. 157.

2   Eine Ware ist *available to promise*, wenn der Käuferin oder dem Käufer ein verbindlicher Liefertermin zugesagt werden kann.

3   Das *One Piece Flow* ist ein Prinzip des mitarbeitergebundenen Arbeitsflusses; das heißt, es werden die Fertigungs- bzw. Verarbeitungsschritte so verknüpft, dass Losgrößenfertigung vermieden wird.

4   Eine Erweiterung des *Just-in-time-Prinzips* um die sequenzgerechte Anlieferung. Es wird vor allem in der Automobilindustrie praktiziert, z. B. werden Sitze genau in der Reihenfolge angeliefert, wie sie dann verbaut werden.

5   Die erste DHL-Modekollektion des Schweizer Labels Vetements, die 2016 das Logo des Versanddienstleisters zum Kult erklärte, wurde in der Arbeits- und Logistik-Szenerie des DHL-Hubs am Flughafendrehkreuz Halle/Leipzig im Februar 2018 der Öffentlichkeit vorgestellt (Lena Sämann, *Ab geht die Post! Vetements designt DHL-Kollektion*, 02.02.2018, http://www.vogue.de/mode/artikel/vetements-dhl [zuletzt aufgerufen: 14.07.2018]).

in-motion, logistics is a multidimensional phenomenon that has far-reaching effects on our everyday lives. The frictionlessness of this practice reflects the state of the economy. Flow and friction are an expression of diplomacy and trade agreements and tell us much about the value attributed to labor at any given location. Local contexts demonstrate their global origins and colonial pasts are embedded in post-colonial structures—until the practice is recalibrated and goes on operating invisibly behind the scenes.

Everything once again flows smoothly, so that our needs of today can become the delivery packages of tomorrow. Logistics is a manifestation of the zeitgeist. Those connected to digital networks have unceasing access to global flows—unimpeded participation and the dissolution of time and distance. "What is incalculably far from us in point of distance can be near to us. Short distance is not in itself nearness. Nor is great distance remoteness."[1]

Global commodities are just a mouse click away, and the logistics chain is penetrating ever further into our private sphere. We are becoming ever more interlinked with the practice of logistics. A practice based on shortfalls or deficits that we are not yet aware of, implying a lack that we don't yet feel. Nowadays products are *available to promise*,[2] manufactured according to the principle of *one-piece flow*[3] and delivered *just in sequence*.[4] The language of logistics is as dynamic as the discipline itself.

The practice has become a kind of trademark.[5] It is an essential aspect of the identity of a society in which efficiency, twenty-four-hour availability and frictionlessness have become core competencies. Logistics is an expression of local prosperity, global compulsion, economic power and diplomatic dependencies. Directionless lines, anonymous hubs and the de-contextualized representation of regions, humans and labor are facets of this disobjectification, blurring and shifting the discourse to the realms of the economic and political. Yet here a real examination of the reality of logistics is not currently taking place.

For this reason, the catalog for the 2018 Werkleitz Festival *Holen und Bringen* brings together writers from the fields of literature, science and art with observations on logistics from very different viewpoints. The artistic works in the exhibition itself provide both a reflection on present and future technologies and societal shifts, as well as cultural and historical studies as they relate to the current epoch. A multi-part film program presents the everyday lives of the largely invisible individuals involved in logistic processes, while a performance program addresses issues of movement and mobility. Like the festival itself with its very different formats, this publication strives to offer a snapshot of the present situation and to explore a practice of manifest relevance, the effects of which remain by and large concealed.

1 Martin Heidegger, "The Thing" in *Poetry, Language, Thought*, New York, Harper and Row, 1971, p. 163.

2 A product is *available to promise* when the purchaser can be assigned a delivery time, which becomes binding.

3 *One piece flow* is a principle of production in which a single employee or group of employees accompanies a product through the entire manufacturing process, the stages of which are precisely coordinated.

4 An extension of the principle of *just in time* to include the precisely coordinated delivery of parts or products. It is practiced above all in the automobile industry, for example when seats arrive in the plant just as they are to be built into the car.

5 The first DHL fashion collection of the Swiss label Vetements, which in 2016 lent the delivery service's logo cult status, was publicly introduced into the working and logistics areas of the DHL hub at the Halle/Leipzig airport in February 2018. See Lena Sämann, "Ab geht die Post! Vetements designt DHL-Kollektion," February 2, 2018, http://www.vogue.de/mode/artikel/vetements-dhl [last accessed July 14, 2018].

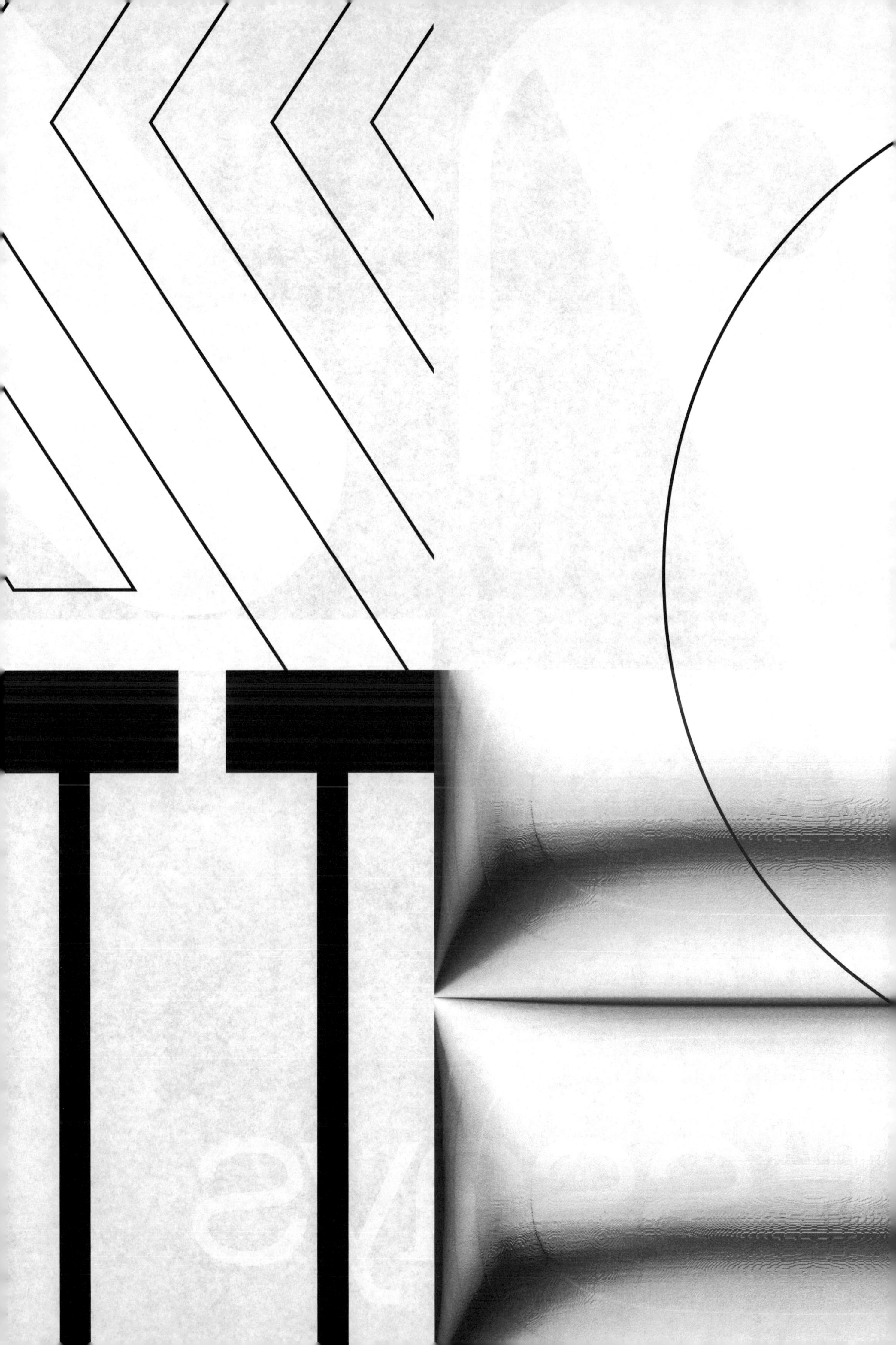

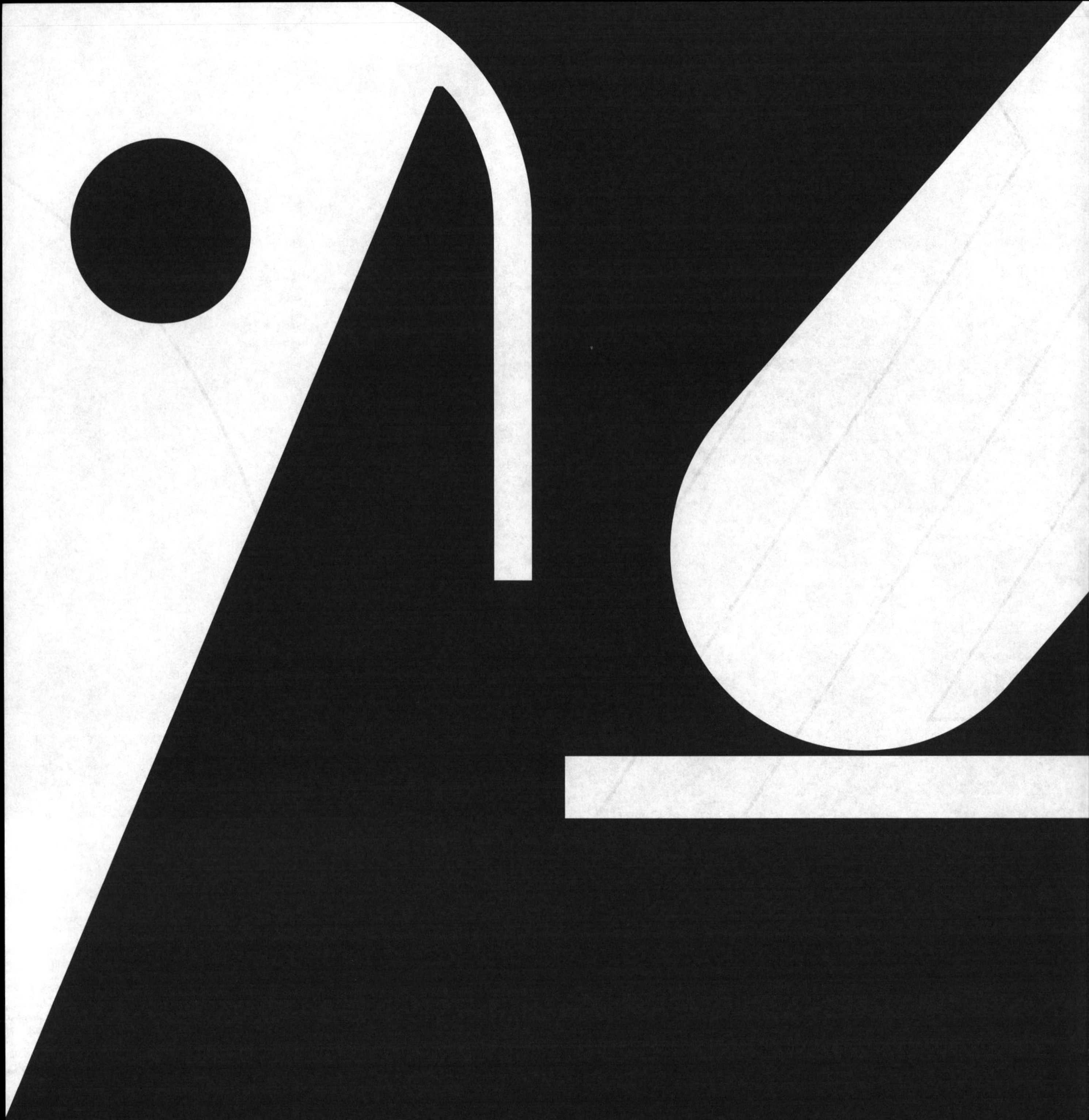

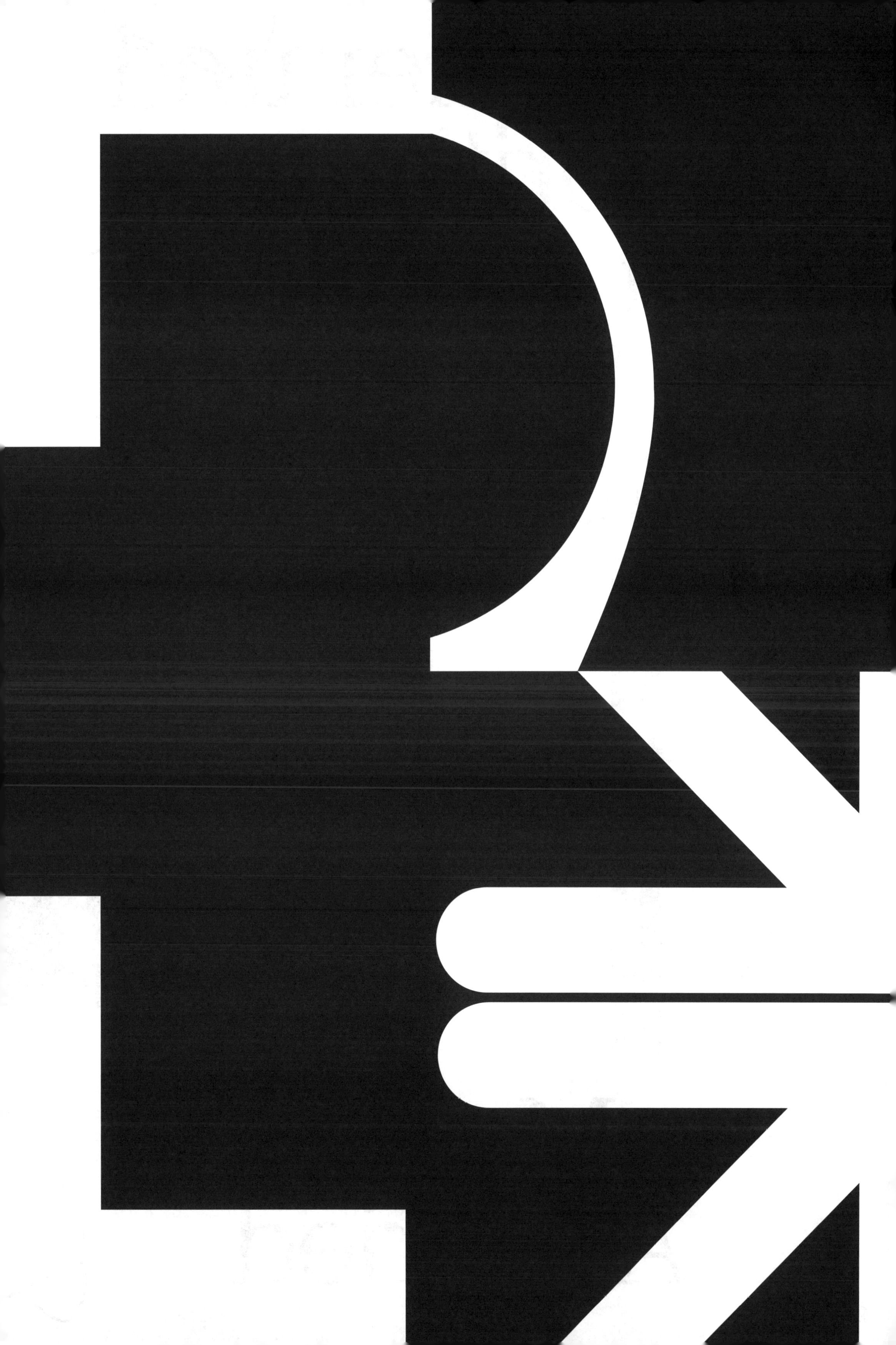

Container und Algorithmen: Zur Mobilität von Waren und Menschen

Moritz Altenried

In einem Vortrag spekulierte der US-amerikanische Soziologe Thomas Reifer vor einiger Zeit, dass Karl Marx, würde er heute schreiben, sein Hauptwerk anders begonnen hätte. „Der Reichtum der Gesellschaften", so schrieb Marx bekanntermaßen im ersten Satz des ersten Bandes des *Kapitals,* „erscheint als eine ‚ungeheure Warensammlung'".[1] Heute, so Reifer, erscheine dieser Reichtum vielmehr als eine „ungeheure Ansammlung von Containern".[2] So wie die Ware bei Marx nicht einfach ein Ding ist, so ist der Container nicht einfach eine Box, um Dinge zu verstauen. Vielmehr verweist der Container in seinen materiellen ebenso wie symbolischen Funktionen auf einen gegenwärtigen Kapitalismus, in dem die Logistik eine immer zentralere Rolle einnimmt. Der Container ist Symbol und Voraussetzung einer tiefgreifenden Veränderung, auch wenn diese natürlich keinesfalls auf ihn zurückgeht oder in ihm aufgeht. Dennoch ist er paradigmatischer Ausdruck einer Welt, die durch logistische Operationen und Infrastrukturen auf eine spezifische Weise in Bewegung gesetzt wird.

Logistik ist im Zuge der Globalisierung nicht nur zu einem zentralen ökonomischen Sektor geworden, sondern durchzieht und prägt heutige kapitalistische Arbeits- und Lebensverhältnisse von Grund auf. Anhand von Container und Algorithmus als Schlüsseltechnologien der Logistik versucht sich der Beitrag an einer skizzenhaften Vermessung des Aufstiegs der Logistik und der Weise, wie ihre Rationalität auch auf andere Bereiche des gesellschaftlichen Lebens übergreift, so zum Beispiel die Regulation menschlicher Mobilität, der Migration. Gerade hier zeigt sich aber auch, dass logistische Rationalitäten und Fantasien immer wieder durchkreuzt werden und selbst in die Krise geraten.

Logistikrevolution I: Container

Fragen des Transports, der Verteilung und der Lagerung sind sicherlich elementar für fast jede Form des Wirtschaftens. Der Begriff „Logistik" kommt historisch jedoch nicht aus der zivilen Ökonomie, sondern aus dem Militärwesen. Der Transport von Truppen und Material über große Strecken, Nachschub und Versorgung, die Kontrolle von Straßen und Brücken, das sind alles entscheidende Fragen der Kriegsführung, in deren Zusammenhang der Logistik-Begriff spätestens im 19. Jahrhundert in Erscheinung tritt.[3] Als weitere, diesmal zivile Quelle der Logistik ist das Postsystem zu nennen, wobei hier das Problem der Vermessung des Raumes zum Zwecke des Transports bereits früh auftaucht. Eine andere Genealogie der Logistik eröffnen wiederum Stefano Harney und Fred Moten, die im transatlantischen Sklavenhandel die Ursprünge der Logistik entdecken[4], ein erster Hinweis auf die Verbindung der Mobilität von Menschen und Waren – hier von Menschen als Waren.

Die jüngeren ökonomischen Quellen der Logistik in ihrem heutigen Sinne lassen sich in der sogenannten Logistikrevolution der 1950er und 1960er Jahre besonders in den USA verorten. Hier wanderte der Begriff aus der militärischen in die zivile Ökonomie – nicht zuletzt, weil viele Militärlogistiker nach dem Ende des Zweiten Weltkrieges diesen Weg einschlugen. Während Transport und Lagerung bis zu diesem Zeitpunkt meist als Dinge betrachtet wurden, die möglichst kostengünstig nach Abschluss der Produktion zu erfolgen hatten, entwickelte sich nun unter der Bezeichnung „Logistik" die Organisation der gesamten Lieferkette einschließlich Design und Bestellung, Produktion, Transport und Lagerung, Verkauf, Überarbeitung und Neubestellung. Die Logistik verstand den Kreislauf der Produktion und Distribution zunehmend als Einheit, die geplant und analysiert werden will. Aus diesem Perspektivwechsel speist sich das Prinzip der modernen Logistik, und er markiert die Veränderungen, die als „Logistikrevolution" zu beschreiben sind.[5]

Dieser Perspektivwechsel nimmt in den 1950er und 1960er Jahren an Fahrt auf. Die Logistik entsteht als Managementparadigma, wird Teil der akademischen Wissensproduktion und knüpft erste Verbindungen zu digitalen Rechensystemen.[6] Logistik wird eine zunehmend zentrale Form der ökonomischen Planung, eine Wissensform, eine Rationalität. Ermöglicht wird ihr Aufstieg nicht zuletzt durch technische Innovationen, darunter zuallererst den standardisierten Schifffahrtscontainer, „der bis dato erfolgreichste ‚materielle' Agent dieses logistischen Zugriffs auf die Welt".[7]

Der Beginn der Containerschifffahrt wird oft auf den 26. April 1956 datiert. An diesem Tag verlässt ein umgebauter Tanker einen Hafen in New Jersey. An Bord sind 58 Stahlkästen, die sich an Deck verankern und mithilfe von Kränen direkt auf Lastwagen verladen lassen. Entwickelt wurde dieses System von den Transportunternehmern Malcom McLean and Roy Fruehauf. Auch wenn es vorher bereits viele ähnliche Versuche gegeben hatte, so war es doch dieses System, das sich durchsetzen konnte. Eine wichtige Rolle spielte dabei wiederum das US-Militär, das dieses System für die logistischen Erfordernisse des

1   Karl Marx, *Das Kapital.* Erster Band. MEW 23, Berlin 1962, S. 49.

2   Thomas Reifer, *Unlocking the Black Box of Globalization,* unveröffentlichtes Paper, vorgelegt bei der Konferenz *The Travelling Box: Containers as the Global Icon of our Era,* University of California, Santa Barbara, 8.-10. November 2007.

3   Deborah Cowen, *The Deadly Life of Logistics: Mapping Violence in Global Trade,* Minneapolis und London 2014.

4   Stefano Harney und Fred Moten, *Die Undercommons: Flüchtige Planung und Schwarze Studien,* Wien 2016, S. 110.

5   Edna Bonacich und Jake B. Wilson, *Getting the Goods: Ports, Labor, and the Logistics Revolution,* Ithaca und London 2008, S. 3.

6   Brett Neilson, *Five theses on understanding logistics as power.* In: *Distinktion: Scandinavian Journal of Social Theory* 13 (3), 2012, S. 322–339, hier S. 324.

7   Alexander Klose, *Das Containerprinzip. Wie eine Box unser Denken verändert,* Hamburg 2009, S. 16.

Vietnamkriegs adaptierte. Zwischen 1968 und 1970 schufen schließlich vier Standards der International Organization for Standardization (ISO) die Grundlage für den intermodalen Schifffahrtscontainer, wie wir ihn heute kennen. Die Twenty-foot Equivalent Unit (TEU) beschreibt den circa sechs Meter langen, zwei Meter hohen und zwei Meter breiten Standardcontainer und bildet heute noch die Einheit zur Zählung von Ladung und Umschlag.

Der intermodale Container veränderte den Hafen dramatisch. Nicht nur, dass die benötigte Zeit und der benötigte Platz zum Umladen stark reduziert wurden, auch die dafür notwendige Arbeitskraft sank drastisch. Einige Gewerkschaften versuchten den Prozess der Containerisierung deshalb aufzuhalten oder zu regulieren, mussten sich letztendlich aber geschlagen geben. So gelang mit der Containerisierung auch ein Schlag gegen die mächtigen und traditionell militanten Gewerkschaften der Hafenarbeiter. Auch der Hafen als Raum, Arbeits- und Umschlagplatz veränderte sich durch die Containerisierung schnell und umfassend. Heute dreht sich fast der gesamte internationale Handel um den standardisierten Container. Neunzig Prozent aller Stückgüter reisen in Containern auf Schiffen, die wiederum 90 Prozent des globalen Warentransports bestreiten.

Der Container veränderte aber nicht nur den Hafen, sondern ist auch zentrale Infrastruktur der Globalisierung und weitreichender ökonomischer Verschiebungen. So ist er etwa ein wichtiger Faktor der Verschiebung der Machtverhältnisse zwischen produzierenden Unternehmen und Verkaufsunternehmen. Der Aufstieg des Einzelhandelsgiganten Walmart, heute der umsatzstärkste Konzern der Welt, ist eng mit dem Schifffahrtscontainer verbunden. Das Low-Price/High-Volume-Geschäftsmodell des Konzerns basiert auf dem Import von Massenware; allein in die Vereinigten Staaten importiert der Konzern ungefähr 700.000 Standardcontainer pro Jahr.[8] Vordergründig ein Einzelhändler, ist Walmart genau genommen ein Logistikunternehmen, dessen Strategie auf einer effektiven Just-in-Time-Logistik, der Minimierung von Lagerraum und der präzisen, auf große Datenmengen gestützten Vorhersage von Kundenverhalten beruht. Wie andere große Einzelhändler legt Walmart Wert auf die Kontrolle der gesamten Lieferkette und ist in der Lage, den meisten Produzenten die Produktions- und Einkaufsbedingungen zu diktieren. Der Aufstieg des Konzerns basiert auf einer logistischen Strategie und ist Ausdruck einer Verschiebung im Zuge der Logistikrevolution: Während Produktion und Distribution zunehmend verschmelzen, sind es oftmals die großen Einzelhändler wie Walmart oder Amazon, die die Lieferketten dominieren und den Produzenten die Konditionen diktieren. Die Strategie von Walmart in Bezug auf die globale Lieferkette, aber auch die räumliche Verteilung der Supermärkte und Distributionszentren sowie ihre innovative Verkaufsarchitektur illustriert Deborah Cowens simple, aber treffende Beschreibung der Logistikrevolution als „einer Revolution in der Berechnung und Organisierung ökonomischen Raums"[9].

Der Schifffahrtscontainer ist grundlegende technologische Voraussetzung und das Symbol dieser Revolution. Er steht für das Prinzip der Standardisierung und Modularisierung und hat zu einer enormen Steigerung und Beschleunigung der globalen Zirkulation beigetragen. Er ist damit auch eine Möglichkeitsbedingung der (zweiten) Globalisierung. Der Fokus auf den Container und die Logistikrevolution erlaubt daher eine etwas anders akzentuierte Geschichtsschreibung dieser Globalisierung. Während die meisten Erzählungen der neoliberalen Globalisierung sich auf Freihandelsabkommen und Strukturanpassungsmaßnahmen und damit auf Akteure wie Weltbank und Internationaler Währungsfonds konzentrieren, könnte diese andere Erzählung Technologien wie den Container und den Aufstieg der Logistik und damit andere Akteure wie etwa die genannte International Organization for Standardization und transnationale Schifffahrtsunternehmen in den Vordergrund rücken. Eine solche Perspektive erlaubt eine materiellere Geschichte der Globalisierung und wäre damit eine wichtige Ergänzung zu vielen herkömmlichen Erzählungen. „Das Kapital treibt seiner Natur nach über jede räumliche Schranke hinaus", lautet Marx' vielzitierte Einsicht aus den Grundrissen. „Die Schöpfung der physischen Bedingungen des Austauschs – von Kommunikations- und Transportmitteln – wird also für es in ganz anderem Maße zur Notwendigkeit", folgert er seltener zitiert und verweist damit auf die grundlegende Rolle der Logistik und ihr Prinzip der „Vernichtung des Raums durch die Zeit".[10]

8   Bonacich und Wilson,
wie Anm. 5, S. 25.

9   Cowen, wie Anm. 3, S. 23.

10   Karl Marx, *Ökonomische
Manuskripte 1857/1858.*
MEW 42, Berlin 1983, S. 430.

11   John Durham Peters:
Calendar, Clock, Tower. In:
Jeremy Stolow (Hg.), *Deus in
machina*, New York 2013,
S. 25–42, hier S. 41.

12   Benjamin Nelson,
*Punched Cards to Bar Codes:
A 200 Year Journey,*
Peterborough (N. H.) 1997.

13   Zit. n. Martin Dodge und
Rob Kitchin, *Codes of life:
Identification codes and the
machine-readable world.* In:
*Environment and Planning D:
Society and Space* 23 (6), 2005,
S. 851–881, hier S. 859.

Logistikrevolution II: Algorithmen

Eine vergleichbare, wahrscheinlich sogar noch größere Durchschlagskraft als der Container hat die Digitalisierung der Logistik. Dabei ist die digitale Datenverarbeitung ihrer Logik nach dem Container in gewisser Weise sehr ähnlich: Standardisierung, Modularisierung, Prozessierung. Digitale Technologie hat sich in der Logistik ungleichzeitig und partiell verbreitet, durchdringt heute einen Großteil der logistischen Operationen und trägt zur weiteren Beschleunigung globaler Zirkulation bei. Diese Durchdringung reicht vom Tracking einzelner Produkte auf der Reise oder einzelner Arbeitsschritte in einem Distributionszentrum von Amazon bis zu hochgradig komplexen Softwarearchitekturen, die ganze Lieferketten beinahe lückenlos überwachen, analysieren und koordinieren. Digitale Technologien mit ihren speziellen Infrastrukturen haben soziale, räumliche und politische Implikationen. In der Logistik dienen sie primär dem Zweck, die Bewegungen von Waren (und Menschen) zu organisieren, zu vermessen, zu überwachen und zu prognostizieren. Immer vernetzter untereinander über die komplette Lieferkette hinweg und gleichzeitig immer autonomer agierend, produzieren diese Systeme Effekte, die sich zunehmend der menschlichen Kontrolle und Steuerung entziehen. Der Medienhistoriker John Durham Peters spricht von einer Kategorie selten beachteter „logistischer Medien", die „Menschen und Dinge in Raum und Zeit anordnen".[11] Zu den klassischen Beispielen, die Peters aufzählt, etwa Uhr und Kalender, kommt in der modernen Logistik eine Reihe digitalisierter Mediensysteme und -infrastrukturen hinzu, darunter zum Beispiel der allgegenwärtige Barcode.

Am 26. Juni 1974 scannte die Kassiererin Sharon Buchanan eine Packung Kaugummi von Wrigley's in einem Supermarkt in Troy, Ohio. Dieser Akt markierte die erste kommerzielle Anwendung des UPC-Strichcodes, der immer noch die Basis der meisten heutigen Distributions- und Verkaufssysteme darstellt.[12] Das System basiert auf dem Morsealphabet und hatte schon Jahrzehnte existiert. Wirklich effizient wurde es allerdings erst in Verbindung mit Laserscannern und Datenbanken. Zentrales Problem für die Durchsetzung war dann wiederum nicht primär die Anwendung dieser Technologie, sondern ihre Standardisierung über einzelne Unternehmen und Sektoren hinaus. Alan Haberman, der Vorsitzende des Barcode Selection Committee, das ausführlich darüber gestritten hatte, welches System zum Standard werden sollte, kommentierte die Auswirkungen der erfolgreichen Standardisierung mit den Worten: „Dieser kleine Fußabdruck hat eine gigantische Menge an Verbesserungen in Hinblick auf Größe, Geschwindigkeit, Service, Müllvermeidung sowie Effizienzgewinn ermöglicht. Dieser lausige Fußabdruck ist die Spitze eines Eisbergs, von dem aus alles beginnt".[13] Dafür gemacht, um von Maschinen gelesen und mit Datenbanken verknüpft zu werden, trat der Barcode schnell seinen Siegeszug um die Welt an und veränderte Verkauf und Distribution tiefgreifend. Heute werden weltweit täglich circa fünf Milliarden dieser Strichcodes gescannt. Ein großer Teil aller Produkte im Verkauf ist mit ihnen markiert.

Doch die Bedeutung des Strichcodes beginnt nicht erst an der Kasse. Die Warenlager des Einzelhandels- und Logistikgiganten Amazon zum Beispiel funktionieren vollständig nach dem Rhythmus von Barcode und Scanner. Schon in den Distributionszentren ist jedes Produkt mit einem Barcode gekennzeichnet und so von Maschinen und mit Scannern ausgestatteten Arbeiterinnen und Arbeitern identifizierbar. Von der Ankunft bis zur Verschickung der Ware wird ihr Weg durch das Lager von algorithmisch organisierten Abläufen gesteuert, deren primäre Identifikationstechnologie der Barcode ist. Die Produkte in den Warenlagern sind chaotisch gelagert, das heißt, nur die Software kennt den exakten Standpunkt der Ware in den Regalen. Wird eine Ware bestellt, so erhält ein mit Scanner und einem Wagen ausgestatteter sogenannter Picker eine Anweisung mit dem Standpunkt der gefragten Ware auf seinen Scanner. Er begibt sich zu diesem Regal, scannt den Strichcode des Regals, dann den Strichcode der Ware, und erhält daraufhin den nächsten Auftrag auf seinen Scanner. Das zeigt, wie die verschiedenen logistischen Medien nicht nur die Warenzirkulation beschleunigen, sondern auch die Arbeit organisieren und kontrollieren. Diese Technologien verfolgen und organisieren nicht nur die Bewegungen der Waren, sondern vermessen zunehmend präzise auch die menschliche Arbeit in logistischen Abläufen. Der Handscanner der Arbeiterinnen und Arbeiter in den Warenlagern von Amazon ist Bestandteil eines zunehmend algorithmisch organisierten und kontrollierten Arbeitsregimes, das sich als digitaler Taylorismus beschreiben lässt und nicht nur digital überwacht und organisiert ist. Von den Arbeiterinnen und Arbeitern in den Warenlagern, den Häfen und Schiffen bis hin zu den Auto- und Fahrradkurieren auf der letzten Meile der Auslieferung zeigt sich die zentrale Rolle digitaler Technologie und algorithmischen Managements für die Organisation und Kontrolle der Arbeit – oftmals in Kombination mit hyperflexiblen und prekären Vertragsbedingungen.

Die neuere RFID-Technologie (Radio-Frequency Identification) entwickelt den Barcode weiter und erlaubt nun die Transmission komplexerer Informationen automatisch und berührungslos. Mithilfe elektromagnetischer Wellen ermöglicht diese Technologie weitere Schritte in Richtung des ununterbrochenen Trackings und Tracings von Produkten (wie auch der lebendigen Arbeit) innerhalb logistischer Operationen. Walmart begann schon in den frühen 2000ern, wichtige Zulieferer unter Druck zu setzen, damit sie ihre Produkte mit RFID-Chips anstatt Barcodes ausstatten. Sensorische Technologien erlauben das lückenlose Tracking von Produkten, sind aber auch wichtiger Bestandteil von weiteren Automatisierungsschritten, wie das Beispiel des modernen Containerterminals des Hamburger Hafens in Altenwerder zeigt. Hier finden sich automatische Kräne und selbstfahrende Transportfahrzeuge, die mithilfe von mehr als 19.000 Sensoren durch das Hafengelände navigieren.

Digitalisierte Logistik produziert große Mengen an Daten, die zur weiteren Effizienzsteigerung und Vorhersage verwendet werden. Das Computersystem von Walmart etwa identifiziert mehr als 20 Millionen Transaktionen pro Tag, und die Datenzentren tracken mehr als 680 Millionen Produkte pro Woche.[14] Walmart erkannte schon früh die zentrale Rolle von digitaler Information und Kommunikation für die moderne Just-in-Time-Logistik und schuf bereits 1987 für 24 Millionen Dollar ein eigenes Satellitennetzwerk, seinerzeit das größte private Netzwerk weltweit.[15] Heute betreibt der Konzern mehrere riesige eigene Datenzentren und hat mehr als 2000 Analystinnen und Analysten für die Vorhersage und Modellierung von Kundenwünschen eingestellt. Das verweist auf die wachsende Bedeutung prädiktiver Logiken in der algorithmischen Planung und Steuerung logistischer Lieferketten.

Wie die Container stehen auch die Algorithmen im Zentrum einer enormen Beschleunigung und der wachsenden Bedeutung logistischer Operationen. Auch sie sind Technologien der Standardisierung und Modularisierung, die zum Aufstieg der Logistik als zentraler Disziplin des gegenwärtigen Kapitalismus beigetragen haben. Sie sind zudem Bestandteil eines Automatisierungsschubs, der Arbeit an vielen Stellen rationalisiert, global verschiebt und teilweise überflüssig macht. Logistik ist im Zuge der Globalisierung nicht nur zu einem zentralen Wirtschaftssektor geworden, sondern durchzieht und prägt die kapitalistischen Arbeits- und Lebensverhältnisse von innen her. Sie ist damit nicht einfach nur ein wichtiger Teilbereich, sondern beeinflusst die Gegenwart in vielfältigen Aspekten. Im Zuge dieser Entwicklung lässt sich auch beobachten, wie logistische Rationalitäten auf Reise gehen und in anderen gesellschaftlichen Bereichen wieder auftauchen. Einer dieser Bereiche ist die Migration.

Logistikrevolution III: Die Steuerung menschlicher Mobilität?

Am 27. August 2015 ereignete sich einer der tragischsten Momente des Sommers der Migration. In einem Lkw, der auf der Ostautobahn A4 in der Gemeinde Parndorf im Burgenland in Österreich abgestellt worden war, wurden 71 Leichen entdeckt. Es handelte sich um Geflüchtete aus dem Irak, aus Afghanistan, Syrien und dem Iran, die im Laderaum des Lkw von Ungarn nach Österreich einreisen wollten und erstickt oder an Hitze gestorben waren. Einer der vielen Versuche von Geflüchteten, die im Vergleich zu ihnen viel höhere Freizügigkeit des Warenverkehrs zu ihrem Vorteil zu nutzen, hatte ein tragisches Ende genommen. Die Mobilität von Menschen und Waren steht schon immer in einem komplexen und spannungsreichen Verhältnis, wie sich an jedem Bahnhof oder Hafen unschwer beobachten lässt. Die verschiedenen, oft tödlich endenden Versuche von Migrantinnen und Migranten, an Bord von Containerschiffen, Zügen und Lastwagen Grenzen zu überqueren, sind Ausdruck dieser ineinander verschränkten und doch gewaltsam getrennten Mobilitätsregime von Menschen und Waren.

14 Nick Dyer-Witheford, *Cyber-Proletariat: Global Labour in the Digital Vortex*, London 2015, S. 84.

15 Jesse LeCavalier, *The Rule of Logistics: Walmart and the Architecture of Fulfillment*, Minneapolis 2016, S. 120.

16 Bernd Kasparek: *Routes, Corridors, and Spaces of Exception: Governing Migration and Europe*, 2016. In: *Near futures online*, http://nearfuturesonline.org/ routes-corridors-and-spaces-of-exception-governing-migration-and-europe/ [zuletzt aufgerufen: 26.06.2018].

17 Martina Tazzioli, *Spy, track and archive: The temporality of visibility in Eurosur and Jora*. In: *Security Dialogue*, 24.05.2018, S. 1–17 (https://doi.org/10.1177/0967010618769812).

18 Manuela Bojadžijev, *Die windige Internationale: Rassismus und Kämpfe der Migration*, Münster 2008.

19 Dazu ausführlich Moritz Altenried, Manuela Bojadžijev, Leif Jannis Höfler, Mira Wallis und Sandro Mezzadra (Hg.), *Logistische Grenzlandschaften. Das Regime mobiler Arbeit nach dem Sommer der Migration*, Münster 2017.

Jenseits dieser Versuche von Geflüchteten die Infrastrukturen des Warentransports zu nutzen, lässt sich heute auch beobachten, dass die Regulierung der Migration zunehmend einer logistischen Rationalität folgt. Ein erster Indikator dafür sind Begriffe, die in jüngerer Zeit die Sprache des Migrationsmanagements erreicht haben. Das ist besonders eindeutig in der Diskussion über die Reorganisation der Grenzregime, wie sie seit dem Sommer der Migration 2015 in Europa geführt wird. Hotspots, Korridore, Plattformen sind Begriffe aus der Logistik, die verwendet werden, um neue Kanäle und neue Regulierungen der Mobilität festzulegen. Diese Versuche logistischer Kontrolle von Menschen *on the move* artikulieren sich weiterhin mit Dispositiven der Abschottung und bringen eine – nicht selten gewaltsame – Hierarchisierung der Mobilität hervor.[16] In der Regulierung von Menschen in Bewegung finden sich schließlich auch die aus der Logistik stammenden digitalen Technologien des Trackings und Tracings zur Beobachtung, Steuerung und Kontrolle von Bewegung – möglichst in Echtzeit – wieder.[17]

Doch nicht nur in der Steuerung der Fluchtmigration, sondern auch in der Arbeitsmigration lassen sich logistische Rationalitäten entdecken. Ausgehend vom Gastarbeiterregime,[18] gibt es in Deutschland schon immer den politischen Impetus, den Bedarf an migrantischer Arbeitskraft zielgenau und bedarfsorientiert, also *just in time* und *to the point*, zu organisieren. So existieren heute im Kontext der Bekämpfung des Fachkräftemangels verschiedene Initiativen, Programme und Vermittlungsinstitutionen, um den Bedarf an Arbeitskräften in tragenden Wirtschaftsbranchen durch „maßgeschneiderte Zuwanderung" zu decken. Die verschiedenen Anwerbeprogramme zeugen von der großen institutionellen Fantasie, wie eine „ideale Arbeitsmigration" nach Deutschland auszusehen hat. Ein Beispiel sind Programme zur Anwerbung von Pflegekräften, etwa aus Vietnam, um der Krise der sozialen Reproduktion zu begegnen. Der Prozess beginnt weit vor der Abreise mit einer Bedarfsanalyse, es geht um die richtige Quantität (Anzahl der Arbeiterinnen und Arbeiter) und Qualität (benötigte Abschlüsse und Qualifikationen). Fachkenntnisse, Sprache und Kultur werden bereits im Herkunftsland unterrichtet und nicht geeignete Kandidatinnen und Kandidaten ausgesiebt. Der ganze Prozess wird institutionell genau überwacht. Anstatt „ziellos" nach Deutschland zu migrieren, sind der Ankunftsort und der Arbeitsplatz in Deutschland bereits exakt geplant, genauso wie die Programme, die eine reibungslose Integration gewährleisten sollen.

Diese durch und durch logistische Fantasie wird nur in einigen gut finanzierten Modellprogrammen vollständig umgesetzt und steht sicherlich nicht stellvertretend für die durchschnittliche Arbeitsmigration nach Deutschland. Just-in-Time- und To-the-Point-Migration als reibungsloser Prozess ohne Wartezeiten, ohne Friktionen, komplett gesteuert und dauerhaft überwacht, ist zuallererst eine logistische Fantasie und nicht die alltägliche Realität.[19] Diese Realität der Migration sieht anders aus, sie ist eigenwillig, chaotisch und entzieht sich immer wieder den Steuerungsversuchen. Damit sind wir bei einem wichtigen Punkt: Auch wenn sich hier eine logistische Rationalität ausbreitet, ist es wichtig zu sehen, dass sie immer wieder scheitert. Das liegt nicht zuletzt an der Tatsache, dass Menschen sich nicht einfach verschieben lassen wie Waren. Ihre Eigenwilligkeit und politische Kraft ist gerade in der Gegenwart deutlich sichtbar.

Schluss: Fantasien, Krisen, Effekte

Beim Blick auf den Fluss der Container und das Blinken der Dashboards fällt es deutlich leichter, dem Bild einer lückenlosen und ununterbrochenen Zirkulation zu verfallen. Doch wie im Fall der Migration ist auch dieses Bild trügerisch. Die Logistik im engeren Sinn ist durchzogen von Widersprüchen, Krisen, Unterbrechungen und Unfällen. Als erste Ursache hierfür ist die Arbeit zu nennen, die trotz aller Automatisierungsbemühungen immer noch von zentraler Bedeutung für das Funktionieren logistischer Zirkulation ist. In den letzten Jahren haben Arbeiterinnen und Arbeiter immer wieder für Unterbrechungen gesorgt. Angefangen mit den Streiks in den Häfen von Hongkong und Valparaiso über die Streiks bei Amazon bis hin zu den Kämpfen der migrantischen Logistikarbeiterinnen und -arbeiter im Norden Italiens: Arbeitskämpfe bringen logistische Rationalitäten immer wieder zum Stillstand. Doch auch ohne Streiks ist die Praxis der Logistik von Problemen, Widersprüchen und Krisen gekennzeichnet. Es ist nicht zuletzt die Konkurrenz zwischen Staaten und Unternehmen, die immer wieder Probleme der Warenzirkulation hervorbringt.

Die Logistik ist ein wichtiges Mittel, um auf Krisen zu reagieren und diese zeitlich und räumlich hinauszuzögern und zu verschieben: Das Kapital sucht stets nach *spatial fixes* für seine Krisen, wie es der marxistische Geograf David

20 David Harvey, *The limits to capital*, Oxford 1982.

21 Nigel Thrift, *Knowing Capitalism*, London 2005, S. 213.

Harvey ausdrückt.[20] Gleichzeitig sind diese Verschiebungsprozesse und logistischen Raumproduktionen selbst oft krisenhaft und produzieren neue Krisen. Im August 2016 erklärte sich das koreanische Schifffahrtsunternehmen Hanjin, einer der größten Containertransporteure der Welt, für zahlungsunfähig. Während die Flotten und Schiffe der Reedereien immer größer werden, gibt es auf dem Containermarkt enorme Überkapazitäten und einen harschen Preiskampf, dessen prominentestes Opfer Hanjin wurde. Kurz nach der Bekanntgabe des Bankrotts wurden in einigen Häfen Schiffe als Sicherheit für die Schulden beschlagnahmt, woraufhin der Rest der Flotte in internationalen Gewässern ankerte, um diesem Schicksal zu entgehen. Von einem Tag auf den anderen waren die Besatzungen nicht mehr in der Lage, sich mit Wasser und Lebensmitteln zu versorgen. Zahlreiche Unternehmen, darunter der Elektronikkonzern Samsung, der Waren im Wert von 38 Millionen Dollar an Bord der gestrandeten Schiffe hatte, fürchteten, ihre amerikanischen Kunden nicht mehr bedienen zu können, und dies wenige Monate vor dem „Black Friday", dem wichtigsten Einkaufstag in den Vereinigten Staaten. Insgesamt waren die 90 Containerschiffe des Unternehmens, von denen viele auf See blieben, um der Beschlagnahmung zu entgehen, mit Waren im Wert von rund 14 Milliarden Dollar beladen. Firmen, deren Ware im rechtlichen Niemandsland gestrandet war, gerieten in Panik. Der Bankrott von Hanjin und die massiven Schulden in Höhe von mehreren Milliarden Dollar, die nun nicht mehr bedient wurden, lösten einen Dominoeffekt in der Branche aus.

Es sind vor allem solche Momente der Krise, in denen die Bedeutung der Logistik für die Gegenwart zutage tritt. Für die meisten Menschen bleiben nämlich die logistischen Operationen und Prozesse im Normalzustand und ihre Bedeutung tendenziell unsichtbar. Insofern lässt sich die Logistik im Sinne Nigel Thrifts als Teil des „technologischen Unterbewussten" des gegenwärtigen Kapitalismus begreifen.[21] Als eine Struktur also, deren Bedeutung und Rolle oft unsichtbar bleiben und erst im Krisenfall zutage treten. Der Sommer der Migration und der durch den Bankrott von Hanjin unterbrochene Fluss der Container sind beides Momente, in denen die Logistik versagt, die Zirkulation ins Stocken oder außer Kontrolle gerät. Es sind vor allem diese Momente des Scheiterns, in denen die Logistik sichtbar wird, während sie im alltäglichen Funktionieren oft unsichtbar und ihre Bedeutung für den Alltag der meisten Menschen verborgen bleibt.

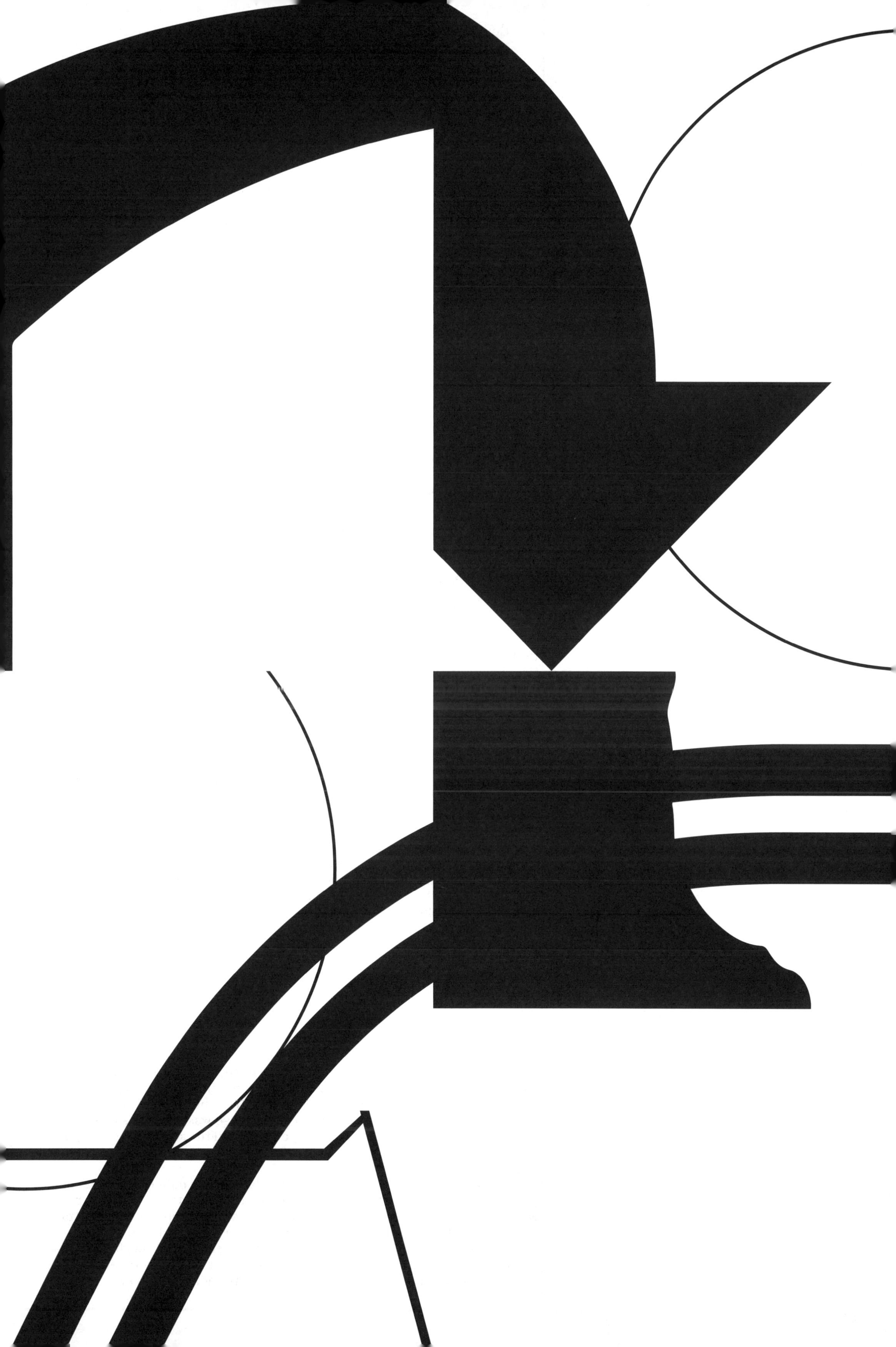

Containers and Algorithms:
On the Mobility of Goods and Humans
by Moritz Altenried

Some time ago the American sociologist Thomas Reifer speculated in a lecture that if Karl Marx were to write his most important work now the opening words would be different. The famous first sentence of the first volume of *Das Kapital* reads: "The wealth of societies appears as an 'immense collection of commodities'."[1] Nowadays, suggests Reifer, this wealth appears far more as an "immense collection of containers."[2] Just as for Marx commodities are not simply things, so the container is not simply a box used to store things. In its material and symbolic functions the container refers to a contemporary capitalism in which logistics plays an increasingly central role. The container is a symbol and precondition of a profound transformation, even if this shift, of course, was neither a simple result of, nor culminates in, the container. The container is nevertheless a paradigmatic expression of a world that is set in motion in a specific manner by means of logistical operations and infrastructures.

In the course of globalization, logistics has not only become a crucial economic sector; it both permeates and fundamentally shapes today's capitalistic working and living conditions. In examining containers and algorithms as technologies essential to the logistics industry, this text attempts to roughly trace the rise of logistics and the manners in which its rationale has spread to other areas of society, for example to the regulation of human mobility or migration. It is especially here, however, that logistical rationales and fantasies are continually being thwarted and cast into a state of crisis.

Logistics Revolution I: Container

While questions of transport, distribution and storage are of elementary importance for virtually every type of economic activity, the term "logistics" is historically derived not from the civilian economy but from the military. The movement of troops and materials over long distances, the transport of supplies, the control of streets and bridges—these are all decisive matters of warfare, in the context of which the term logistics initially emerged in the nineteenth century or even earlier.[3] A further—in this case civilian—origin of logistics is the postal system, though here the problem of the measuring or mapping of space for the purposes of transport came to light quite early. Yet another genealogy of logistics is posited by Stefano Harney and Fred Moten who see the origins of logistics in the transatlantic slave trade[4]—an initial indication of the connection between the mobility of humans and that of commodities, in this case of humans *as* commodities.

The more recent economic origins of logistics as we now know it can be traced back to the so-called logistics revolution that took place in the nineteen fifties and sixties, above all in the U.S. Here the term migrated from the realm of the military to the civilian economy—in no small part because many logistics experts in the military undertook this same migration after World War II. While up until this point transport and storage were generally seen as steps to be completed as inexpensively as possible following production, under the label "logistics" a new organization of the entire supply chain was conceived, including everything from design, ordering, production, transport and warehousing to sales, modifications and reordering. Logistics increasingly defined the entire cycle of production and distribution as something to be planned and analyzed. This shift in perspective elicited the principle of modern logistics and set the changes in motion that are subsumed under the term "logistics revolution."[5]

This change in perspective began to gain momentum in the fifties and sixties, when logistics emerged as a management paradigm, became a subject of academic study and was connected for the first time to digital computing systems.[6] Logistics became an increasingly central aspect of economic planning, a field of knowledge, a rationale. Its rise was made possible in part by technological innovations, most important of all the standardized shipping container: "until now the most successful material agent of this logistical access to the world."[7]

April 26, 1956 is often cited as the official starting date of container shipping. On this day a refitted tanker sailed out of a New Jersey port. On board were fifty-eight steel boxes anchored to the deck that could be directly transferred to trucks by means of cranes. The system was developed by the transport entrepreneurs Malcom McLean and Roy Fruehauf. Though there had been many similar attempts, it was this system that finally prevailed. The U.S. military played an important role in this, as they adapted the system to the

1 Karl Marx, *Capital: A Critique of Political Economy,* vol. 1, London, Penguin Books, 2004, p. 125.

2 Thomas Reifer, "Unlocking the Black Box of Globalization," unpublished paper presented at the conference *The Travelling Box: Containers as the Global Icon of our Era,* University of California, Santa Barbara, November 8–10, 2007.

3 Deborah Cowen, *The Deadly Life of Logistics: Mapping Violence in Global Trade,* Minneapolis and London, Uersity of Minnesota Press, 2014.

4 Stefano Harney and Fred Moten, *The Undercommons: Fugitive Planning & Black Study,* New York, transversal texts, 2013, p. 110.

5 Edna Bonacich and Jake B. Wilson, *Getting the Goods: Ports, Labor, and the Logistics Revolution,* Ithaca and London, Cornell University Press, 2008, p. 3.

6 Brett Neilson, "Five Theses on Understanding Logistics as Power," in *Distinktion: Scandinavian Journal of Social Theory,* 13 (3), 2012, pp. 322–339, here 324.

7 Alexander Klose, *The Container Principle: How a Box Changes the Way We Think,* Cambridge (MA), MIT Press, 2015, p. 5.

8 Bonacich and Wilson, p. 25.

9 Cowen, p. 23.

10 Karl Marx, *Grundrisse: Foundations of the Critique of Political Economy.* London, Penguin Books, 2005, p. 524.

logistical requirements of the Vietnam War. Between 1968 and 1970 four standards devised by the International Organization for Standardization (ISO) provided the foundation for the intermodal shipping containers that we are now so familiar with. The twenty-foot equivalent unit (TEU) describes the approximately twenty-foot long standard container used to calculate loading and shipment volumes.

The intermodal container dramatically changed ports. Not only were the time and space needed to transship significantly reduced, but far less labor was required. For this reason some labor unions attempted to delay or regulate the process of "containerization" before finally conceding defeat. In this sense containerization also signaled a blow to powerful and traditionally militant longshoremen's unions. The port as a space, as a working place and transshipment point, also changed quickly and dramatically as a result of containerization. Today almost all international trade revolves around the standardized container. Ninety per cent of general cargo is transported in containers on ships, which in turn account for ninety per cent of the global transport of goods.

The container has, however, not only transformed ports. It is also essential to the infrastructure of globalization and is responsible for wide-ranging economic changes. It has, for example, played an important role in the shifting of power between companies that produce goods and those that sell them. The rise of the retail giant Walmart, currently the world's largest revenue-generating company, is closely tied to shipping containers. The company's low-price/high-volume business model is based on the import of mass-produced goods. Annually it imports some seven hundred thousand standard containers to the United States alone.[8] Ostensibly a retail operation, Walmart is in reality a logistics company that employs a strategy based on effective just-in-time logistics, the minimization of storage space and the precise forecasting of customer behavior based on huge volumes of data. Like other large retailers, Walmart strives to control the entire supply chain and is in a position to dictate to most manufacturers the conditions of production and acquisition. The rise of the concern can be attributed to a logistics strategy and is the expression of a shift caused by the logistics revolution. While production and distribution are increasingly being merged, it is often large retailers like Walmart or Amazon that dominate supply chains and dictate conditions to manufacturers. Walmart's strategy in terms not only of global supply chains but also of the geographical allocation of its stores and distribution centers and of its innovative sales architecture is demonstrated simply but pointedly by Deborah Cowen's characterization of the logistics revolution as "a revolution in the calculation and organization of economic space."[9]

The shipping container is the fundamental technological precondition and a symbol of this revolution. It stands for the principle of standardization and modularization and has contributed to a massive increase and acceleration in global circulation. As such it is also a prerequisite for the (second) globalization of the twentieth century. A focus on the container and the logistics revolution yields a different kind of historiography of globalization. While most narratives of neo-liberal globalization concentrate on free-trade agreements, structural adjustment programs and, accordingly, such institutions as the World Bank and International Monetary Fund, this other narrative would place greater emphasis on such technologies as the container, on the rise of logistics and as a result on such institutions as the above-mentioned International Organization for Standardization and transnational shipping operations. Such a perspective makes it possible to retrace the material history of globalization and thus would be an important appendix to many standard narratives. "Capital by its nature drives beyond every spatial barrier," is an oft-cited insight from Marx's *Grundrisse.* "The creation of the physical conditions of exchange—of the means of communication and transport [...]—becomes an extraordinary necessity for it," he concludes in a less often cited passage, thus making reference to the fundamental role of logistics and its principle of "the annihilation of space by time."[10]

11   John Durham Peters, "Calendar, Clock, Tower," in Jeremy Stolow (ed.), *Deus in machina*, New York, Fordham University Press, 2013, pp. 25–42, here 41.

12   Benjamin Nelson, *Punched Cards to Bar Codes: A 200 Year Journey.* Peterborough (NH), Helmers Publishing Library, 1997.

13   Cited by Martin Dodge and Rob Kitchin, "Codes of Life: Identification Codes and the Machine-Readable World," in *Environment and Planning D: Society and Space, Should read: vol. 23, issue 6*, 2005, pp. 851–881, here 859.

14   Nick Dyer-Witheford, *Cyber-Proletariat: Global Labour in the Digital Vortex*, London, Pluto Press, 2015, p. 84.

15   Jesse LeCavalier, *The Rule of Logistics: Walmart and the Architecture of Fulfillment*, Minneapolis, University of Minnesota Press, 2016, p. 120.

16   Bernd Kasparek, "Routes, Corridors, and Spaces of Exception: Governing Migration and Europe, 2016," in *Near Futures Online*, http://nearfuturesonline.org/routes-corridors-and-spaces-of-exception-governing-migration-and-europe/ [last accessed June 26, 2018].

17   Martina Tazzioli, "Spy, Track and Archive: The temporality of visibility in Eurosur and Jora," in *Security Dialogue*, May 24, 2018, pp. 1–17 (https://doi.org/10.1177/0967010618769812).

Logistics Revolution II: Algorithms

The digitalization of logistics has had a comparable—indeed, probably even greater—impact than the container. In its logic, digital computing is in a certain sense quite similar to the container, as it involves standardization, modularization and processing. In the realm of logistics digital technology has spread at an uneven rate and to varying degrees, but it now pervades most logistical operations and has contributed to the further acceleration of global circulation. This ranges from the tracking of individual products or the detailed control of individual working processes in an Amazon distribution center, to highly complex software architectures that oversee, analyze and coordinate entire supply chains. Digital technologies with their special infrastructures have social, spatial and political implications. In the field of logistics they serve primarily to organize, measure, control and predict the movement of goods (and humans). Increasingly interconnected across the entire supply chain and at the same time increasingly autonomous, these systems generate effects which humans are less and less able to control or regulate. The media historian John Durham Peters speaks of a category of seldom observed "logistical media" that "order humans and objects in space and time."[11] In addition to traditional examples cited by Peters, for example the clock or calendar, a series of new digital media systems and infrastructures play a role in modern logistics, including the omnipresent barcode.

On June 26, 1974, the cashier Sharon Buchanan scanned a package of Wrigley's chewing gum in a supermarket in Troy, Ohio. This marked the first commercial use of the UPC barcode, which is still the foundational element of most distribution and sales systems.[12] The system is based on Morse code and had already been around for several decades. It only became really efficient, however, in combination with laser scanners and databases. A central problem in its implementation was not the employment of the technology but its standardization across individual companies and sectors. Alan Haberman, chairman of the Barcode Selection Committee, which debated in great detail which system should be chosen as the standard, made the following remark on the consequences of the successful standardization: "This little footprint [...] has built a gigantic structure of improvements of size and speed, of service, of less waste, of increased efficiency. This lousy little footprint is like the tip of an inverted pyramid, and everything spreads out from it."[13] Made to be read by machines and linked to databases, the barcode quickly took over the world, resulting in profound changes in the fields of sales and distribution. Currently some five billion barcodes are scanned every day throughout the world. A large percentage of all products available for purchase have one.

Yet the importance of the barcode doesn't begin at the cash register. The warehouses of the enormous retail and logistics operation known as Amazon, for example, march entirely to the rhythm of the barcode and scanner. Beginning in the distribution centers, every product is labeled with a barcode so that it can be identified by machines and employees equipped with scanners. From the time the product arrives until it is shipped out again, its path through the warehouse is regulated by algorithm-based processes, the primary identification tool of which is the barcode. The products in the warehouses are stored chaotically. This means that only the software knows the exact location of the products on the shelves. When an order comes in a so-called "picker" receives a notification on his scanner with the location of the requested product. He proceeds with his cart to this shelf, scans the barcode of the shelf, then the barcode of the item, and receives the following instruction on his scanner. This shows how different logistical media not only accelerate the circulation of goods but also organize, oversee and manage work. These technologies track and regulate the movement of goods while providing increasingly precise information about human labor within logistical processes. The hand scanners of the workers in Amazon warehouses are one element of a labor regime that is increasingly organized and controlled by means of algorithms and that can be described as digital Taylorism, though it is not just organized and monitored digitally. From the workers in the warehouses, ports and ships to the delivery staff in cars and on bicycles on the last mile of distribution, the central role of digital technology and algorithmic management for the organization and control of work is quite evident—often in combination with hyperflexible and precarious working conditions.

More recent RFID (radio frequency identification) technology represents a further development of the barcode, making it possible to automatically and without direct contact transmit more complex data. By means of electromagnetic waves this technology brings us several steps closer to the goal of the uninterrupted tracking and tracing of products (and living labor) within logistics operations. Walmart began as early as the early 2000s to put pressure on major suppliers to attach RFID chips instead of barcodes to their products. Sensory technologies make it possible to track products from start to finish, and are also essential to other stages of automation, as we can see from the example of the modern container terminal in the Port of Hamburg in the district of Altenwerder. Here automatic cranes and self-driving transport vehicles navigate their way through the grounds of the port with the help of nineteen thousand sensors.

Digitalized logistics produces high volumes of data, which are used to increase efficiency and make forecasts. Walmart's computer system, for example, identifies over twenty million transactions every day, and the data centers track over 680 million products per week.[14] Walmart recognized early on the central role of digital information and communication for modern just-in-time logistics. As early as 1987 it created its own network of satellites to the tune of twenty-four million dollars—at the time the largest private network worldwide.[15] The company now operates several data centers, employing over two thousand analysts to predict and model customers' desires and preferences. This is an indication of the growing significance of predictive logic systems in the algorithmic planning and regulation of logistical supply chains.

Like containers, algorithms play an essential role in a massive acceleration and the ever-increasing importance of logistics operations. They are also technologies of standardization and modularization that have contributed to the rise of logistics as a central discipline in modern-day capitalism. Furthermore, they are part of an upsurge in automation that has streamlined work in many areas, causing global shifts in labor and even rendering some forms of labor superfluous. In the context of globalization, logistics has not only become a central economic sector but permeates and shapes capitalistic working and living conditions from the inside out. It is thus not simply an important economic sector but has come to exercise a wide-ranging influence on contemporary life. It is possible to observe how in the course of this development the rationale of logistics has spread to other areas of society. One such area is migration.

Logistics Revolution III: The Regulation of Human Mobility?

On August 27, 2015, one of the most tragic episodes of the summer of migration took place in Austria. In a tractor trailer parked on highway A4 in the town of Parndorf in the state of Burgenland, seventy-one migrants were found dead. These were refugees from Iraq, Afghanistan, Syria and Iran who, in trying to travel from Hungary to Austria in the cargo bay of the truck, died of suffocation or extreme heat exposure. One of the many attempts by refugees to take advantage of the freedom of movement of goods, which is far greater than that of humans, had taken a tragic turn. That the relation between human mobility and the mobility of goods has always been complex and full of tension can be readily seen at any train station or seaport. The many attempts by migrants—some of which end tragically—to cross borders in container ships, trains and trucks are an expression of the intertwined and yet violently divided mobility systems for humans and goods.

Apart from these attempts by refugees to utilize the infrastructures of product transport, it is possible to observe that the regulation of migration now increasingly follows the rationale of logistics. One initial indicator of this is the terminology that has recently begun to be applied to migration management. We see this particularly clearly in the discussion regarding the reform of the border control system that has been going on in Europe since the summer of migration in 2015. *Hotspots, corridors* and *platforms* are all terms from the domain of logistics used to denote new channels and methods of regulating mobility. The attempts to logistically regulate humans *on the move* are further articulated through dispositives of isolation and lead to a—not infrequently violent—hierarchization of mobility.[16] In the regulation of humans in motion, digital tracking and tracing technologies from the field of logistics intended to observe, regulate and monitor mobility—whenever possible in real time—are all being utilized.[17]

These logistical rationales are to be observed, however, not only in the regulation of forced migration but also in regards to labor migration. Ever since the system of guest workers was introduced in Germany after World War II,[18] there has been a political impetus there to fulfill the need for migrant labor in a targeted manner, *just in time* and *to the point*. In the struggle against a shortage of skilled workers there are now a variety of initiatives, programs and agencies working to satisfy the need for labor in essential branches of the economy by means of "made-to-measure immigration." These various recruiting programs testify to the great institutional fantasy of "optimal labor migration" in Germany. One example are programs for the recruiting of medical caregivers from such countries as Vietnam in order to solve the crisis of social reproduction. This process begins long before departure of the migrants with a demand analysis to determine the quantity (number of workers) and quality (required training and qualifications) of workers needed. Professional skills and knowledge, language and culture are taught in the country of origin and unsuitable candidates are sifted out. The entire process is precisely monitored by institutions. Instead of "randomly" migrating to Germany, the migrants' point of arrival and the position to be filled are carefully planned, as are the programs to help them integrate into society.

This thoroughly logistical fantasy has only been fully implemented in a few well-financed model programs and is certainly not representative of customary labor migration in Germany. Just-in-time and to-the-point migration as an efficient process without waiting periods or friction, completely regulated and continually monitored, is above all a logistical fantasy and not part of everyday reality.[19] The reality of migration is quite different. It is obstinate, chaotic and defies over and over again any attempts at regulation. Which brings us to an essential point: even if a logistical rationale is spreading in the area of migration management, it's important to recognize that this logic has continually failed. This is in no small part because humans don't let themselves be moved from one place to another like goods. Their willfulness and political influence is quite evident, especially at present.

18   Manuela Bojadžijev, *Die windige Internationale: Rassismus und Kämpfe der Migration,* Muenster, Verlag Westfaelisches Dampfboot, 2008.

19   For a more detailed analysis see Moritz Altenried, Manuela Bojadžijev, Leif Jannis Höfler, Mira Wallis and Sandro Mezzadra (eds.), *Logistische Grenzlandschaften. Das Regime mobiler Arbeit nach dem Sommer der Migration,* Muenster, Unrast Verlag, 2017.

20   David Harvey, *The Limits to Capital,* Oxford, Blackwell, 1982.

21   Nigel Thrift, *Knowing Capitalism.* Knowing Capitalism, London, SAGE Publications, 2005, p. 213.

Conclusion: Fantasies, Crises, Consequences

Peering out at the moving containers and blinking dashboards it is even more easy to fall for the appearance of a seamless, uninterrupted circulation. But as with migration, this appearance is deceptive. The logistics industry, in the strict sense of the term, is also riddled by contradictions, crises, interruptions and accidents. A primary reason for this is labor, which despite all the efforts at automation is still critically important in maintaining logistical circulation. In the last few years workers have again and again been the cause of interruptions. From the strikes in the ports of Hong Kong and Valparaiso, to the walkouts at Amazon, to the protest actions of migrant logistical workers in northern Italy, again and again labor struggles bring logistical rationales to a grinding halt. Yet even apart from these strikes, logistical practices are characterized by problems, contradictions and crises. The competition between different national governments and companies is one important source of problems in the circulation of goods.

Logistics is an important means of reacting to crises and of putting off and shifting them in time or space: Capital is always looking for *spatial fixes* to its crises, as the Marxist geographer David Harvey has observed.[20] At the same time these shifting processes and logistical space productions are often in themselves crisis-like in nature and produce in turn further crises. In August 2016 the Korean shipping company Hanjin, one of the largest container transporters in the world, declared bankruptcy. While shipping companies' fleets and vessels are growing larger and larger, on the container market there is enormous excess capacity and a brutal price war, the most prominent casualty of which was Hanjin. Shortly after its bankruptcy was announced, the company's ships were confiscated in some ports as collateral for debts. To avoid the same fate the rest of the fleet was anchored in international waters. From one day to the next crews were unable to obtain water and food. Numerous companies, among them the electronic company Samsung which had goods valued at thirty-eight million dollars on board the stranded ships, feared they would no longer be able to serve their American customers—and this just a few months before "Black Friday," the most important shopping day of the year in the United States. Hanjin's ninety container ships, many of which remained at sea to avoid confiscation, were carrying goods valued at around fourteen billion dollars. Companies whose goods were stranded in legal no-man's-land were cast into a state of panic. The bankruptcy of Hanjin and its massive unserviceable debts totaling several billion dollars triggered a domino effect in the industry.

It is above all such moments of crisis that illustrate the significance of logistics in the present world. For most people logistical operations and processes remain a part of everyday life, the importance of which is more or less invisible. In this sense logistics can be seen as part of what Nigel Thrift has termed the "technological unconscious" of present-day capitalism.[21] It is a structure with a meaning and role that are frequently concealed and that only come to light in crises. The summer of migration and the interrupted flow of containers caused by the bankruptcy of Hanjin are two episodes in which logistics failed, circulation came to a standstill or control was lost. It is especially at such moments of failure that logistics becomes visible, while its daily operations remain for the most part unseen and its importance in the everyday life of the majority of humans goes unnoticed.

Logistik meines Herzens. Ein Zirkus-stückchen

Heike Geißler

Der Zirkus findet im Theater statt. Das ist eine sichere städtische Bühne. Und alles, was passiert oder nicht passiert, ist vorher geprobt. Ach, dann wird es kein Ereignis geben, keine Überraschung, kein Wunder und keinen Salat. Wo kam jetzt der Salat her? Noch bevor das Zirkusstückchen beginnt, betrete ich die Bühne, stelle mich in die Mitte und nehme allen Mut zusammen, um das Folgende zu sagen:

„Dort, wo die Information darüber, was genau warum nicht funktioniert, abgeholt werden könnte, sind Hamburger Gitter aufgestellt, und es steht ein Mann mit verschränkten Armen davor und sagt nichts, blickt über mich hinweg, ignoriert mich also und überhört, dass ich die Chefin bin, zuständig dafür, dass er dort steht, und zuständig auch dafür, dass er wieder geht. Er ignoriert mich. Ich vollführe einen Aufstand und allerlei Tricks, aber der Mann mit den extrem muskulösen Armen, die mich an Zeit denken lassen, an in die Arme investierte Zeit und Trainingslogik, ignoriert mich. Das kann doch nicht wahr sein!"

Dann lege ich mich hin, liege auf der Bühne, schaue von unten in den Bühnenhimmel und Katastrophen ereignen sich in meinem Kopf, alle möglichen Dinge stürzen aus dem Bühnenhimmel auf mich herab. In Wirklichkeit passiert nichts. Zumindest scheint es so. Die Bühne ist nicht aufwendig dekoriert. Mehrere Lichterketten mit echten Glühbirnen werden gleich angehen und die Form eines Zirkuszeltes andeuten. Der Zirkus ist vorbei. Der Zirkus kann endlich wieder beginnen.

Drei Hauptfiguren stehen auf der Bühne, wie genau sie aussehen, weiß ich nicht. Vielleicht sind sie Vierecke, vielleicht Staubwedel, vielleicht Ballons. Sie heißen Rot, Gelb, Blau und sollten zuerst an die Farben politischer Parteien erinnern, aber dann ließ ich davon ab. Vor allem Blau erinnert an keine Partei, denn als Blau an eine Partei erinnern sollte, geschah dies: Blau wollte partiell nicht mehr blau sein, partiell aber auf jeden Fall noch blau. Blau teilte sich dann auf in Blau und Beige. Beige verlangte nach dem RAL-Farbfächer, um sich eine andere Farbe auszusuchen, aber dafür hatte ich gerade keine Zeit. Wissen Sie, auch im Textbereich kommt es bei der Auslieferung der Ware zu Problemen.

Also: Da ist eine Bühne, auf der sich ein angedeutetes Zirkuszelt befindet, und sicherlich wird Ihnen die Andeutung genügen. Da sind insgesamt fünf Akteurinnen und Akteure. K ist weiblich und sieht auf jeden Fall aus wie ein Mensch. Aus dem Off spricht irgendwann ein Hirn. Links am Bühnenrand qualmt es von hinter einer Art Paravent hervor. Dort sitzt die Hexe. Eine Hexe in ihrer Hexenküche. Ich wollte eben, dass eine Hexe mit Hexenküche dabei ist. Es ist ein Zirkus mit Hexenküche, was soll man tun. Es ist, wie es ist. Natürlich gibt es auch einen Sprechstallmeister. Und schon geht es los.

Wie gesagt, ich liege auf dem Bühnenboden, habe alle Katastrophen im Sinn, wenngleich mir nichts geschieht. Es geht auch gar nicht um mich. Ich bin jetzt erst einmal still. Die Lichterketten gehen an. Man kann ja gegen Kitsch sein. Aber gegen Lichterketten nicht. Nicht in diesem Stückchen.

Blau *tritt an den Bühnenrand in der Mitte und schüttelt sich vor Lachen:* Ich kann diesen Text unmöglich sprechen, dieser Text ist nicht für mich gemacht. Ich mache mich ja zur Idiotin, zum Idioten, wenn ich diesen Text spreche.

Rot *rennt an ihr/ihm vorbei, sportlich:* Du machst dich höchstens zur Idiotin, zum Idioten, wenn du Idiot sagst, aber dir ist ja sowieso alles egal.

Blau *hält sich die Ohren zu:* Ich kann nicht hören, was Rot sagt. Ganz und gar grundsätzlich nicht.

Rot *tut, als würde sie/er seilspringen:* Ich finde meine Arbeits- und Freizeitbedingungen gegenwärtig schrecklich. Immer grätscht irgendwer oder irgendwas rein. Ich bräuchte mal eine sterile, ununterbrochene Zeit und ein faires Kollegium.

Gelb: Das Textstück, das für mich geliefert wurde, ist voller Angst und wird deshalb zurückgegeben. Ich werde nichts sprechen, das so dermaßen von Angst durchzogen ist, das hat einen schlechten Einfluss auf mich. Ich habe die Erfahrung gemacht, dass jedes Appellieren an Angst auch meine Ängste verstärkt, und so will ich nicht auftreten, ich habe keine Lust darauf, und ich kann mir auch nicht vorstellen, dass meine Gewerkschaft das unterstützt, wenngleich ich meine Gewerkschaft erst noch gründen muss. Was kann ich einstweilen tun, um nicht das Textstück zu sprechen, das ich nicht sprechen möchte? Entstehen mir Nachteile, wenn ich das für mich vorgesehene Textstück nicht spreche, sondern improvisiere?

K *geht auf der Bühne herum. Sie macht Dehnübungen, als sie sich der linken Ecke nähert, in der es von hinter dem Paravent hervorqualmt. Sie hält sich die Nase zu:* Was ist denn das?

Ich *liege noch auf der Bühne:* Ich wollte nur sagen, dass jetzt nichts mehr funktioniert. Oder nein, so ist es nicht. Ich wollte nur sagen, dass ich das geschmeidige Funktionieren aller Dinge ablehne. Oder ich lehne es ab, dass alles immer so aussehen muss, als würde es sehr gut funktionieren. Hier funktioniert jetzt erst einmal gar nichts. Es funktioniert nicht einmal, zu sagen, was genau nicht funktioniert.

Blau *stellt sich neben mich und schaut halb an mir vorbei:* Das ist eine vollkommen unzulässige Redeweise. So eine sich ganz und gar auf das Nicht-Gelingen konzentrierende Redeweise. Wie soll man so leben?

K: Riecht ihr das auch? Wonach riecht das nur?

Sprechstallmeister: Meine Damen und Herren! Herzlich willkommen! Gehen Sie nicht weg, seien Sie dabei, wenn dies und wenn das gleich geschieht oder nicht geschieht! Meine Damen und Herren! Wie geht es Ihnen? Sind Sie alle da? Sind Sie alle gut zu uns gekommen? Haben Sie alle einen Weg vorgefunden oder ist unser Saal deshalb so leer, weil es keine Wege gab? Meine Damen und Herren, ich kann doch nicht alles für Sie tun! Wo denken Sie hin? Ich möchte genau wissen, wo Sie hindenken, um Ihnen diesen Ort dann zu nehmen, um genau an dem Ort, wo sie hindenken, einen Aufsteller in den Boden zu rammen: Verkauft! Oder ich möchte das Bild, das jetzt gerade in Ihnen aufkommt, entwenden. Meine Damen und Herren, ich weiß gar nicht, woher meine plötzliche Feindseligkeit Ihnen gegenüber rührt, ich weiß gar nicht, welche Laus mir über die Leber gelaufen ist, ob überhaupt und so weiter. Meine Damen und Herren, sind Sie noch da?

Blau: Ich wäre schon längst weg. Möchte jemand einen Flickflack sehen?

Sprechstallmeister: Meine Damen und Herren! Sie glauben gar nicht, was alles gelingen und nicht gelingen kann. Meine Damen und Herren, wo sind Sie?

Hexe *schaut hinter dem Paravent hervor:* Ihr riecht es schon! Gleich wirkt es auch.

Gelb: Das ist aber nicht geplant, dass es auch wirkt. Es soll nur riechen.

Sprechstallmeister: Was hier geplant ist und was nicht, entscheide ich.

Ich: Was hier geplant ist und was nicht, entscheide nicht einmal ich.

Hexe: Es wirkt binnen Minuten, es strömt in den Zuschauerraum und von dort in die Welt hinaus.

Sprechstallmeister *leise:* Wovon spricht sie?

Blau: Es ist Zeit für das große Gelingen. Ich bin für das große Gelingen hier. Dort, wo ich bin, wird alles gelingen. Wer A sagt, muss auch B sagen. So bleibt es.

Rot: A.

Gelb: Es wäre sehr gut, an dieser Stelle die berühmte Clownsnummer *Der dressierte Floh* in verkürzter Form aufzuführen. Also: der Dompteur Abdul Rachil Arom, gespielt vom August, betritt die Manege und hat

seinen akrobatischen Floh dabei. Der akrobatische Floh kann den *Salto mortale* und macht einen. *Voilà!* Anschließend kommt der gefährliche zweifache *Salto mortale. Et voilà!* Dann wird der Floh einen dreifachen Salto nach rückwärts machen, kein anderer Dompteur besitzt solch einen Floh, einen Floh von solcher Kraft! Der Dompteur „blickt auf seine Hand: der Floh ist nicht mehr da. Er sieht ihn auf dem Teppich und folgt ihm, um ihn zu fangen. Der Floh springt weiter weg. Der August versucht ihn zu erwischen. Der Floh ist auf den Manegenrand geflohen, dann unter die Zuschauer, wo der August hinter ihm her jagt. Schließlich fängt er ihn wieder und kehrt mit ihm in die Mitte der Manege zurück. Er setzt den Floh auf seine rechte Hand." Der Floh soll noch einen Salto machen, aber er macht keinen. Der August als Dompteur versucht es noch einmal, aber wieder klappt es nicht. „Er runzelt die Augenbrauen, zuckt mit den Achseln, nimmt den Floh mit der linken Hand und geht zu einem Zuschauer. Entschuldigen Sie, das ist nicht meiner!"[1]

Ich: Ich konnte geordnete Abläufe, Ordnung überhaupt, und funktionierende Verfahren noch nie sonderlich leiden. Ich hege ja einen Grundverdacht gegen alles Ordentliche und Sortierte und so weiter. Mir wird ganz eng vom geregelten Ablauf. Geregelte Abläufe haben mir das Herz gebrochen. Ich komme mir ein bisschen albern vor, aber ich möchte aller Ordnung, aller Struktur einfach relativ grundsätzlich immer häufiger in die Quere kommen.

Blau gähnt laut und deutlich und geht unablässig weiter gähnend auf der Bühne auf und ab.

K macht eine Rolle vorwärts, besonders gelenkig ist sie nicht, auch scheint ihr der harte Bühnenboden wehzutun. Sie dehnt sich weiter streckt die Arme weit nach oben.

Sprechstallmeister: Meine Damen und Herren! Was haben Sie nun eigentlich erwartet? Sagen Sie nachher nicht, Sie hätten etwas anderes erwartet, wenn Sie eigentlich gar nichts erwartet haben! Oder sagen Sie, was Sie wollen.

Gelb: Ich glaube, da ist neuer Text für mich angekommen, ich sehe gleich mal nach. *Geht eilig über die Bühne.* Irgendwo muss der Text ja sein.

Hexe: Es gibt kein Serum zur Rettung der Welt, aber es gibt ein Serum der Konterlogistik, und wir haben es hier.

Gelb: Wo ist er? *Geht weiter herum. Fragt auch in Richtung des Publikums:* Haben Sie meinen neuen Text gesehen?

1   Tristan Rémy (Hg.), *Der dressierte Floh.* In: *Klassische Clown-Nummern,* Berlin 1974, S. 34 f., hier S. 35.

2   Lech Kalita, *Listen to Each Other.* In: *Sonic Meditations by 10 Listeners,* Chicago 2017, S. 15.

3   Alfred Sohn-Rethel, *Eine Verkehrsstockung in der Via Chiaia.* In: ders., *Das Ideal des Kaputten,* Freiburg und Wien 2018, S. 13–23, hier S. 14.

4   Ebd.

5   Ebd., S. 15.

6   Ebd.

7   Ebd.

K nickt in Richtung Bühnenhimmel. Aus dem Bühnenhimmel wird ein Drahtseil heruntergelassen. Das Seil verharrt schließlich circa dreißig Zentimeter über dem Boden. Abseits der Bühne wird es befestigt, bis es nahezu straff gespannt ist.

Sprechstallmeister: Meine Damen und Herren! Sehen Sie jetzt: wirklich ungeübte Kräfte bei der Überquerung des Hochseils. Lebensgefahr! Spannung! Bewahren Sie Ruhe und stören Sie nicht. Kein anderer Zirkus der Welt würde es wagen, Ihnen eine solche Nummer zu zeigen.

K steigt auf und beginnt zu balancieren. Schon nach weniger als einem Meter fällt sie vom Seil. Obwohl sie nur aus einer geringen Höhe gefallen ist, geht ein Raunen über die Bühne. Alle Akteurinnen und Akteure eilen zu ihr und begutachten sie, ob es ihr auch gut geht.

K erhebt sich, stellt sich wie ein starker August vor das Publikum, strafft die Arme, zeigt Muskeln, die da sind oder auch nicht. Wieder steigt sie auf das Seil.

Sprechstallmeister: Meine Damen und Herren! Sehen Sie das? Sehen Sie das! Wunder ereignen sich immer dort, wo man nicht mit ihnen rechnet. Wunder ereignen sich immer dort, wo man *er weist ins Publikum* nicht mit Ihnen rechnet! Die Wunder wollen nicht vorbereitet sein!

K balanciert, nun gestützt von Rot zur Linken und Gelb zur Rechten. Sie überquert das Seil. Alle auf der Bühne klatschen. K verbeugt sich.

Sprechstallmeister: Applaus! Tusch! Wo haben Sie so etwas schon einmal gesehen! Das gibt es nur hier! Applaus für K, die Meisterin des Hochseils!

Gelb *findet am Ende des Seiles einen Text, hebt ihn auf, sieht ihn sich an und redet in den Beifall hinein:* Nein, dieser Text ist doch überhaupt nicht neu. Der gleicht doch dem anderen, den ich nicht sprechen möchte. Ich lehne diesen Text ab. Und ich lehne es ab, durch das Immergleiche ermüdet zu werden. Ich werde den von mir abgelehnten Text nicht sprechen. Ich spreche jetzt irgendeinen Text: „Finde eine Partnerin, einen Partner. Eine Person lauscht, die andere spricht. Die sprechende Person sagt, was auch immer ihr in diesem Moment in den Sinn kommt. Die lauschende Person hört zu, versucht aber, sich dabei nicht auf einzelne Wörter oder die Erzählung zu konzentrieren. Sie lauscht dem Klang der Worte. Wie klingt es, wenn man nicht versucht, die Worte zu verstehen? Wie ist die Melodie der Worte?"[2]

Sprechstallmeister: Tusch! Bravo!

Gelb: Ich setze mich gegen Texte zur Wehr, die ich nicht sprechen möchte. Ich setze mich gegen das Zirkulieren von Texten zur Wehr, die ich nicht sprechen möchte. Ich lasse alle Texte, die ich nicht sprechen möchte, ungesprochen links liegen. Ich kümmere mich nicht mehr um Texte, die ich nicht sprechen möchte.

Sprechstallmeister: Ein Applaus für unsere Artistinnen und Artisten!

K: Ich entscheide mich gegen das falsche Versprechen einer prästabilierten Harmonie.

Blau: Dass ich nicht lache.

K: Ich entscheide mich noch einmal und aus Prinzip immer wieder gegen das falsche Versprechen einer prästabilierten Harmonie.

Ich: Ich wäre dabei.

Blau: Das haltet ihr ja keinen Tag aus.

Sprechstallmeister: Tusch!

K und ich drehen Runden auf der Bühne. Schließlich statten wir der Hexe einen Besuch ab. Wir geben uns männlich, weil es eigentlich nicht intendiert ist, die Hexe nur im Kontext von Weiblichkeit zu zeigen. Es ist aus Versehen so passiert. Also, „aus Versehen", Sie wissen schon. Sie kriegen ja vielleicht oder hoffentlich mit, dass dieses Versehen das Resultat einer Logistik ist. Einer Logistik, die ich gern stören würde, aber wissen Sie, wie wenig Zeit ich habe? Und wissen Sie, wie schwer es mir fällt, auf jedes Wort zu achten? Und kaum achtet man auf ein Wort, sagt man ein anderes, dessen Weg in die Welt man bis dahin geschickt versperrt hatte. In mir führt sich immer eine fremde und zu verhindernde Logistik aus. Das tut mir Leid.

Hexe *hebt ein Reagenzglas, aus dem es in wechselnden Farben stark qualmt:* Und wie es nun wirkt, und wie es wirken kann.

Sprechstallmeister: Meine Damen und Herren! Sie glauben immer noch nicht, was alles gelingen und nicht gelingen kann? Meine Damen und Herren! Begrüßen Sie jetzt mit mir einen Star, den Ihnen heute zeigen zu können, wir kaum zu hoffen wagten. Mit ihm ist nicht zu rechnen. Mit ihm ist zu rechnen. Entscheiden Sie selbst, meine Damen und Herren. Ein Eselchen aus Napoli. Meine Damen und Herren, klatschen Sie in Gedanken laut, in Wirklichkeit ausnahmsweise leise, um das Eselchen nicht zu erschrecken. Meine Damen und Herren, das Eselchen!

Das lebensgroße Foto eines Eselchens wird in die Mitte der Bühne getragen. Ein Eselchen, „wie es sich als Kinderspielzeug besonderer Beliebtheit erfreute. Hellgrau in der Farbe war es ebenso dickbäuchig wie klein, an Größe einen Bernhardiner nur um zwei oder drei Handbreit überragend, auf kurzen, stämmigen Beinen stehend, mit dichtem wolligen Fell bedeckt und nicht umsonst mit einem ungeheuer übertrieben dicken Kopf versehen – sozusagen als Symbolfigur des Eigensinns, wenn im Widerstand gegen seinen Besitzer."[3]

Sprechstallmeister: Meine Damen und Herren! „Ein Anblick zum Verlieben."[4]

Blau *setzt sich in den Spagat, erhebt sich, setzt sich wieder in den Spagat, und immer so weiter:* „Und dieser Kerl stand, er stand stockstill, so deftig und so allseitig, wie ein eigensinniger Esel nur stillstehen konnte. Er weigerte sich offensichtlich, auch nur einen Schritt zu tun, trotz riesiger Gestikulationen und Flüche und trotz der drohenden Peitsche, die sein Herr über ihm schwang."[5] *Zum Publikum:* Sie merken schon, hier wird der Esel zum Helden gemacht und man entzieht mir die Möglichkeit, zu zeigen, was ich kann. Man lenkt ja geradewegs bei vollem Bewusstsein von meinen Möglichkeiten ab.

Rot *geht herum, als wäre sie/er blind, die Arme tastend nach vorn gestreckt, vorsichtige Schritte setzend. Dabei hat sie/er die Augen offen:* Es ist an der Zeit, zu zeigen, was du nicht kannst.

Sprechstallmeister: Meine Damen und Herren! Es tritt eine Stockung auf.

Rot *ertastet das Kabel einer der Lichterketten, hält sich daran fest, die Lichterketten schwingen leicht:* „und fast hätte man sagen können, der Verkehr stockte mit Genuß."[6]

Sprechstallmeister: Und es tritt ein Publikum auf, das auf die Stockung mit Zuneigung reagiert.

Rot *stellt sich auf die Zehenspitzen, geht dann in die Hocke, lässt sich ganz auf den Boden sinken und kriecht nur die Arme benutzend auf mich zu:* „Trotz der fieberhaften Krise blieben die Leute mit dem Eselchen verknüpft und kamen aus ihren Wagen über die Straße mit Händen voll Heu, Petersilie, Brennesseln und sogar Blumen, die sie dem Tier an Mund und Nase brachten und so eine intime Kenntnis von dessen Ernährung und kompetenter Betreuung bewiesen. Es war, als ob sie das Grünzeug in ihren Autos gezogen hätten."[7]

Sprechstallmeister: Applaus für diese Leute! Applaudieren Sie auch dann, wenn Sie keine Petersilie in der Tasche haben. Applaudieren Sie erst recht, wenn Sie keine Petersilie in der Tasche haben! Und Beifall für das Eselchen, meine Damen und Herren, denn es „bewegte sich keinen Schritt vor oder zurück."[8]

Blau: Ich kann auf dem Drahtseil eine Rolle vorwärts machen. Interessiert das irgendwen?

Sprechstallmeister: Hoch verehrtes Publikum! Geht es Ihnen gut auf Ihren Sitzen?

Hexe *beugt sich zum Publikum:* Das Geheimnis des Serums wird nicht verraten. Ob es wirkt, ist leider noch umstritten. Aber das bleibt unter uns.

Sprechstallmeister: Hoch verehrtes Publikum! Es tritt nun auf: Gelb als der Große Viktor, wie Sie ihn alle kennengelernt haben oder noch nicht. Meine Damen und Herren, einen Beifall für Gelb als der Große Viktor.

Gelb *stellt sich genau hinter die Hexe, die sich aber ausweichend bewegt. Gelb versucht, die Bewegungen der Hexe mitzumachen:* Ich bin jetzt zwar willens, aber nicht in der Lage, den vorgesehenen Text zu sprechen. Ich bitte, dies nicht als Kritik an Viktor, sondern eher als Ausdruck meiner Irritation zu verstehen, für die ich mir jetzt Zeit nehmen möchte.

Rot *dreht sich neben mir auf den Rücken und spricht in den Bühnenhimmel:* Ich springe ein. Verzeihen Sie, ich habe nicht geübt. Ich bin nicht darauf vorbereitet, diese Zusammenfassung vorzutragen. Verzeihen Sie, ich lese ab. Ich bin jetzt der Große Viktor, und Sie erfahren das Folgende über mich: „Das Treibstofflager! Zweimal in den letzten Monaten war es ihm geglückt, eine Reihe starker Zuleitungsschläuche unbemerkt mit dem Spatenblatt zu beschädigen, so daß sie bei Inbetriebnahme dem Wasserdruck nicht standhielten. Auch einzelne Teile hatte er, wo auch immer sich die Gelegenheit bot, heimlich unbrauchbar gemacht: einen LKW-Reifen, ein Aufzugsseil, drei Schlösser, eine Kippvorrichtung. Den Sicherungsbolzen an einem Waggon hatte er so unauffällig gelockert, daß beim Anfahren vierzig Tonnen Sand aufs Hauptgleis stürzten und es stundenlang blockierten.

Das war sein Kampf. Sein anonymer Beitrag zur Verteidigung der Heimat. Diese Baustelle, sie betrachtete er jetzt als sein Einsatzgebiet, in dem es dem Feind möglichst viel Schaden zuzufügen galt.

Und morgen! Den ganzen Tag sollte er mit seiner Gruppe Benzinfässer rollen. Monatelanger Vorrat für mehrere hundert LKW! Eine solche Chance hatte sich noch nie ergeben. Mehrere hundert LKW lahmlegen, wenn auch nur für zwei oder drei Tage, bis Ersatz eingetroffen war, das bedeutete, dieser Riesenbetrieb würde eine Verzögerung erleiden, würde

die Produktion mit Verspätung anfahren, vielleicht um eine einzige Stunde! Diese Stunde aber, Viktor wusste es besser als die meisten hier, diese Stunde bedeutete möglicherweise hundert, hundertfünfzig Tonnen Reifenkautschuk, Dutzende von Geschützen und Panzerfahrzeugen, die verspätet in Marsch gesetzt wurden! Vielleicht die Rettung für Hunderte von Menschenleben, Ukrainer, Russen, Belorussen … Vielleicht ein Dorf. Vielleicht ein ganzes Regiment!"[9]

Sprechstallmeister: Applaus! Applaus für Viktor, Applaus für Rot! Höre ich da das Publikum Zugabe rufen? Meine Damen und Herren, für eine Zugabe müssen Sie selber sorgen. Wecken Sie den Viktor in sich.

Bitte fühlen Sie sich nicht zu sehr angesprochen. Wenn man sich zu sehr angesprochen fühlt, weicht man eventuell in eine Abwehrreaktion aus. Schon klar, dass ich Sie gern als Hindernis wüsste, wo auch immer Sie sind. Seien Sie ein Hindernis für sich oder den Gang der Dinge. Und nicht unbedingt ein Hindernis für mich. Bitte seien Sie über kurz oder lang auf meiner Seite.

Gelb: Ich stemme mich ja ganz und gar dagegen, dass die Kritik an der Logistik einer Logistik bedarf.

Das wäre etwas, das Sie sagen könnten.

K kommt von links mit einem Pony herein. Genau genommen zieht sie das Foto des Eselchens an einer Halfterleine hinter sich her. Auf dem Eselchen steht „Pony". Sie setzt sich an den Bühnenrand und lässt es aussehen, als würde das Eselchen/ Pony grasen.

Sprechstallmeister: Meine Damen und Herren! Jetzt wird es ernst. Jetzt wird es tödlich. Meine Damen und Herren, denn es tritt auf dieser „kleine, hinkende Belgier, von zwei SS-Leuten flankiert, die ihn emporrissen, wenn seine Knie versagten, und ihn bis zu dem Gerüst schleppten, das weithin sichtbar, schon für so manchen Häftling die letzte Station gewesen war. Unter geübten Griffen öffnete sich die herabhängende Schlinge und umschloß gleich darauf den mageren Hals des Belgiers.

Nach gelungenem Ausbruch! Dieser Mann, dessen Körper jetzt steif und erschreckend lang am Strick schwankte, eine halbe Drehung beschrieb und das Gesicht mit der vorgetriebenen Zunge den Mördern zukehrte, war, wie der Blockälteste Viktor zuraunte, erst jenseits des Flusses wieder eingefangen worden. Die Hunde hatten seine Spur verloren gehabt."[10]

Rot, Gelb, Blau, die Hexe und ich setzen uns zu K an den Bühnenrand. Übrigens schreibe ich in

8   Ebd.

9   Manfred Künne, *Buna. Roman eines Kunststoffes,* Halle und Leipzig 1985, S. 60.

10   Ebd., S. 114.

11   Daniela Herzberg und Anne Ipsen, *Sprachwurzellos. Eine Lange Nacht über den Schriftsteller und Nervenarzt Hans Keilson,* Deutschlandradio 2018. Manuskript: http://www.deutschlandfunk.de/eine-lange-nacht-uber-den-schriftsteller-und-nervenarzt.media.3b45a58a042a60237cb325922ea2bd94.pdf.

12   Paul van Olffen, *The Essence of One-Year Deep Listening Exploration.* In: *Sonic Meditations by 10 Listeners,* Chicago 2017, S. 21 f., hier S. 21.

*Gedanken alle die ganze Zeit
Kondolenzbriefe.*

Hexe *stellt sich an den Bühnenrand und verliest das Folgende:* „Einen
Aufruhr gab es da. // Einen Aufruhr,
bis eine // deutsche Frau aufgestanden
ist und hat gesagt: Das ist ja unerträglich, das ist ja nicht auszuhalten,
wie sie das vortragen, was sie da
vortragen. Und er sagte: Wissen Sie,
es gibt zwei Möglichkeiten: Entweder
für mich wird es unerträglich und
ich halte es nicht mehr aus, wenn ich
darüber jetzt erzähle, weil das Thema
an sich ist unerträglich. Oder Sie
müssen es aushalten. Und ich ziehe
es vor, hier den Vortrag zu halten
über das Unerträgliche. Ungefähr so."[11]

Sprechstallmeister: Halten wir
einen Augenblick inne.

Ich: Die größten Künstlerinnen
und Künstler kommen nicht persönlich. Die größten Akrobatinnen
und Akrobaten der Konterlogistik
fielen der Logistik zum Opfer.

Rot: Die Kritik an der Kompetenz setzt voraus, dass man über
Kompetenzen verfügt.

Sprechstallmeister: Und folgende
Akrobatinnen und Akrobaten der
Konterlogistik konnten heute leider
nicht da sein. *Er steht da mit offenem
Mund, sagt aber nichts. So steht er
zehn Sekunden. Das ist eine Ewigkeit.*

Hirn *spricht aus dem Off:* Aber
sie sind hier. Sie sind alle hier versammelt. Alle, die weg sind und nicht
hier sind, sind dennoch da. Ich
schwöre es. Sie sind hier. Bereitwillig
lasse ich alle, die es jemals gab,
auftreten und sich zu erkennen geben.
Immer wieder rufe ich alle auf, die
es jemals gab. Ich rufe alle Opfer auf,
die es jemals gab. Ich verbinde jedes
Funktionieren in der Gegenwart,
jedes geschmeidige Ablaufen in der
Gegenwart mit einem Vorfall in der
Vergangenheit. Bin ich ein politisches
Hirn? Ich bin ein langsames Hirn.
Ich bin jetzt auf der Höhe der Zeit.

Gelb: „Du musst überhaupt nichts
machen, außer HÖREN."[12]

Blau: Ich bin überhaupt nicht für
diesen Beruf gemacht. Ich bin überhaupt nicht für diese Show gemacht
und will mit dieser Eigenschaft erst
recht nicht ausgestellt sein.

Sprechstallmeister: Parade!
Orchester, wir brauchen einen Tusch.

Hirn *scheint aus dem Zuschauerraum zu sprechen:* Ich möchte hier
bekannt geben, dass ich eine Pause
benötige, dass das Verarbeiten
aller Informationen und, Texte und
die Aufrechterhaltung emotionaler
Standards und sowie des Status quo
mir nicht mehr gelingt. Dies ist
eine gewerkschaftliche angeordnete
Pause zur Aufrechterhaltung der

Kernaufgaben des Gehirns, des Gehirns einer durchschnittlichen,
mittelgroßen Personen mit einem
durchschnittlichen Pensum.

Ich: Im Ernst?

Hirn: Nein, das war ein Scherz.
Ich mache keine Pause. Ich mache
trotz und gerade in Anbetracht meiner
Überforderung weiter.

Blau *macht einen Handstand
am Bühnenrand. K und ich erheben
uns und stützen ihn von links und
rechts:* Will wirklich jemand von mir
verlangen, dass ich dazu beitragen
soll, in meinen Unfähigkeiten gezeigt
zu werden?

Hirn: Ich beantrage eine Ver-
längerung des Tuschs, und insofern es
meiner ist, sollte er heute wenigstens
melodischer werden. Kann das mein
Tusch sein?

Sprechstallmeister: Dieser Tusch
ist für alle da! Tragt einen Tusch in die
Welt! Habt immer einen Tusch dabei!

Ich: Ich habe mich im Übrigen
wirklich mittlerweile ganz darauf
eingestellt, dass das Hirn ein wider-
ständiges Objekt ist. In meinem
Fall. Dass das Hirn nicht tut, was es
soll. Dass das Hirn nicht einmal
den einfachsten Kurierdienst von A
nach B ohne Umweg in die Weltge-
schichte zustande bringt.

Hirn *wieder aus dem Bühnenhimmel, sehr laut:* Applaus für meine
Kernkompetenz, die sich im Abweichen von der ursprünglichen Kernkompetenz ausdrückt.

Sprechstallmeister: Meine
Damen und Herren! Ich habe
vergessen, das anzukündigen. Aber
das war der Höhepunkt der Show.
Applaus! Ich bitte das Hirn, noch einmal zu wiederholen, was es gerade
gesagt hat.

Gelb: Entschuldigung, aber
damit würde es genau dem widerspre-
chen, was es gesagt hat.

Sprechstallmeister: Das Hirn,
meine Damen und Herren, nochmals
mit dem Höhepunkt der Show. Wo
gibt es das schon! Wo gibt es den Höhepunkt gleich zweimal! Empfehlen Sie
uns weiter! Vergessen Sie nicht, Geld
zu überweisen oder gleich auf den
Sitzen liegen zu lassen. Meine Damen
und Herren, Sie sind ein Publikum, das
ist doch schon was. Meine Damen
und Hirn, verzeihen Sie, meine Damen
und Herren, hören Sie noch einmal
das Hirn.

Hirn *spricht etwas leiser als
zuvor:* Applaus für meine Kernkompetenz, die sich im Abweichen von
der ursprünglichen Kernkompetenz
ausdrückt.

Gelb *stellt sich breitbeinig, die
Hände in die Seiten gestemmt, an
den Bühnenrand:* Von diesem Applaus
hätte ich auch gern was ab.

Blau: Applaus muss man sich
verdienen. *Blau zeigt nun alles, was an
Bodenakrobatik bekannt ist. Dann
versucht sie/er, an einer Lichterkette
nach oben zu klettern. Die Lichterkette löst sich von der Befestigung,
verlöscht. Ein Großteil der Glühbirnen
zerbricht auf dem Boden. Blau
liegt unter dem Kabel am Boden.*

Gelb *geht auf Zehenspitzen herum:* Also, wenn ich schon eine Text
über Angst sprechen soll, dann wäre
es ein Text über neue Ängste. Ich
möchte gern, dass mir ein Text über
bessere Ängste geschrieben wird.
Ich meine, ich will etwas über konstruk-
tive Ängste sagen. Kann das nicht
möglich sein? Bitte applaudieren Sie
für mich!

*K zieht das Eselchen/Pony an
den Glassplittern vorbei und hilft Blau,
sich aus der Lichterkette zu befreien.
Beide stellen sich nebeneinander
und verbeugen sich. Rot kommt dazu
und hebt die Hinterbeine des Esel-
chens/Ponys, so dass auch dieses sich
verbeugen kann.*

Sprechstallmeister: Meine
Damen und Herren, Sie sind
ein fantastisches Publikum! Meine
Damen und Herren, aber leider
ist unsere Zeit um.

*Rot, Gelb, Blau, K, die Hexe und
ich gehen am Bühnenrand hin und
her und sagen im Chor die folgenden
Sätze auf. Der Sprechstallmeister
tut, als würde er uns dirigieren:* Diese
Show war nicht für Sie, sie wurde
Ihnen versehentlich zugestellt. Bitte
senden Sie diese Show zurück an ___

Wenn Sie diese Show nicht
bestellt haben sollten, rufen Sie uns
bitte an und wir vereinbaren einen
Termin zur Abholung.
Abholungen sind möglich dann
und dann und dann.
Wenn Sie diese Show umtauschen
möchten, senden Sie sie bitte mit
dem beigefügten Retourenschein versehen zurück.
Bitte nennen Sie einen Grund für
die Rückgabe der Show.
*Wir wiederholen das dreimal.
Die Hexe wedelt mit den Händen, um
den letzten, aus dem Reagenzglas
noch aufsteigenden Qualm in den
Zuschauerraum zu befördern.*
Sprechstallmeister: Hier kommen noch einmal all unsere Akteurinnen und Akteure auf die Bühne.
Meine Damen und Herren, Applaus!
*Wir verbeugen uns. Dann gehen
wir gemeinsam von der Bühne und
wischen uns die Schminke aus dem Gesicht. Oh, Pardon, da war ja gar keine.*

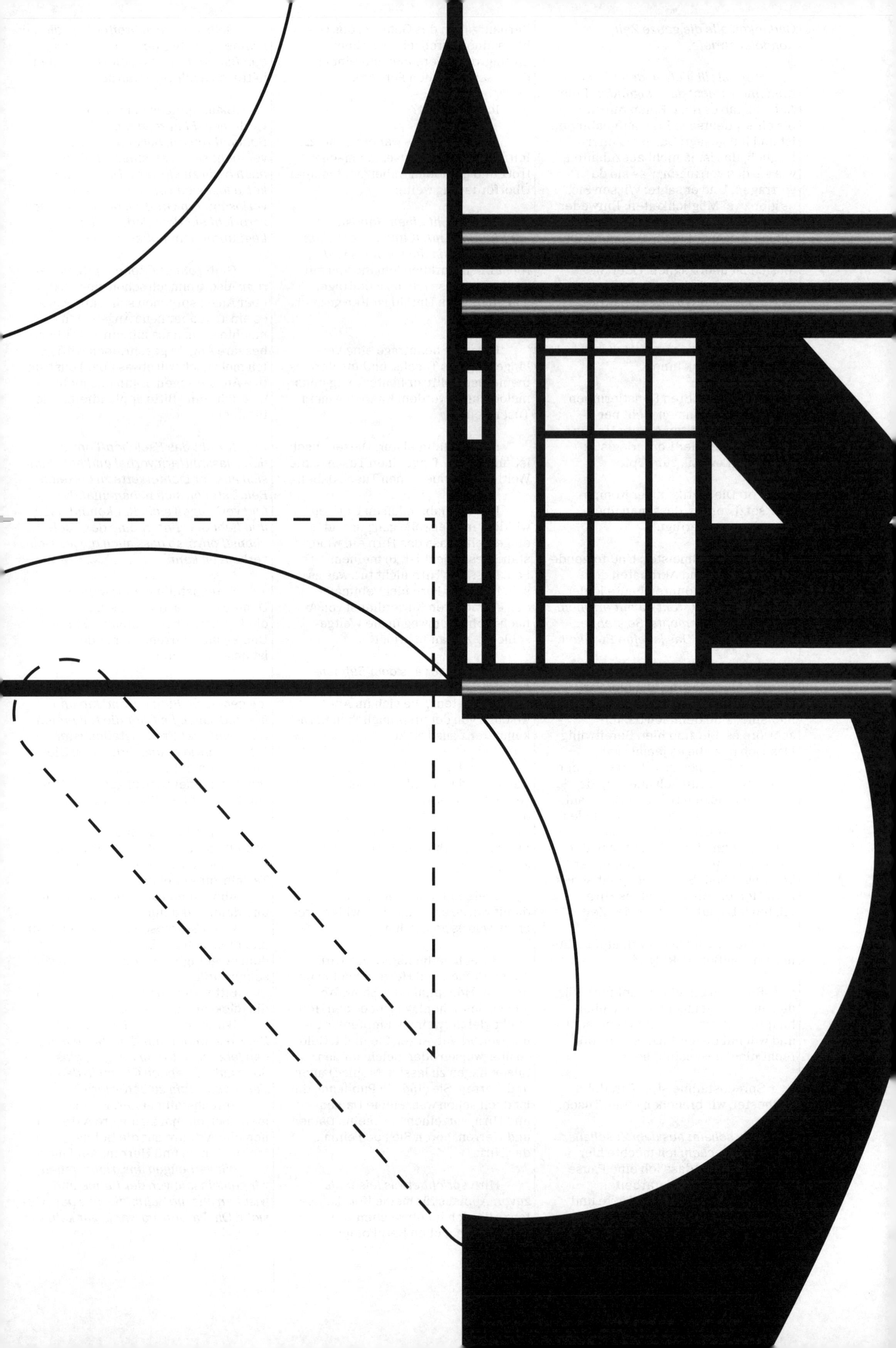

The Logistics of My Heart.
A Little Circus Play
by Heike Geißler

*The circus performance
takes place on stage. It is a safe municipal theater. And everything that
happens or doesn't happen has been
rehearsed in advance. Alas, there
will be no final result, no surprises,
no wonders, and no salad. What does
salad have to do with it? Before the
little circus play begins I enter, walk
to the middle of the stage, gather all
my courage and say the following:*

"The place where it would be
possible to gather information regarding the exact reasons why which things
are not working has been surrounded
by police barriers, in front of which
a man is standing who doesn't speak,
who just stares past me with his arms
crossed, who is ignoring me and
doesn't hear that I'm the supervisor,
the person responsible for him standing there in the first place and
responsible for him going away again.
He is ignoring me. I do a handstand
and all kinds of different tricks,
but the man with extremely muscular
arms, which make me think of time,
of the time invested in arms and
the logic of training, simply ignores
me. This cannot be happening!"

*I then lie down. I am now lying
in the middle of the stage, looking up-
wards into the stage lights and
catastrophes are happening in my
head, all kinds of things come crash-
ing down from overhead onto my
body. In reality nothing happens. Or
so it seems. The stage is not elaborately decorated. A few strings of lights
with real light bulbs are about to be
turned on, thus suggesting a circus tent.
The circus is over. The circus can
finally begin again.*

*Three main figures are standing
on the stage. I'm not sure exactly
what they look like. Maybe they're
rectangles. Or feather dusters. Or balloons. Their names are Red, Yellow,
Blue and originally they were supposed to remind us of the colors of
political parties but then I abandoned
that idea. Blue especially doesn't
remind us at all of a political party
because just as Blue was about
to remind us of a political party the
following happened: one part of
Blue didn't want to be blue anymore
but another part wanted to definitely
stay blue. Blue then split up into
Blue and Beige. Beige demanded the
RAL color cards so that it could
pick out a different color, but I didn't
have time for that just then. You
see, even in the text production industry there can be delivery problems.*

*So here we have a stage, on it the
suggestion of a circus tent. And
this suggestion will certainly be good
enough for you. A total of five actors
are present. K is female and definitely looks human. At some point a
Brain speaks from offstage. On the
left edge of the stage smoke billows
forth from behind a kind of screen
where the Witch is sitting. A Witch in*

*her witches' kitchen. I really wanted
a witch and a cauldron to be part of this
little play. It's a circus with a witches'
cauldron. What can I say? It is what
it is. Of course there's also a Ringmaster. And now we begin.*

*Like I say, I'm lying on the stage
thinking about all these catastrophes
even though nothing is happening
to me. The truth is that it has nothing
to do with me. For now I'll just keep
quiet. The strings of lights go on. A
person can object to kitsch. But no one
can object to strings of lights. Not in
this little play.*

Blue *climbs onto the middle of
the stage, stands on the edge and
shakes with laughter:* I can't possibly
speak this text. This text wasn't
intended for me. I'll make a fool of
myself if I speak this text.

Red *goes running by her/him,
nimbly:* You'll only make a fool of yourself if you say the word "fool". But
you don't care about anything anyway.

Blue *holds her/his hands over
her/ his ears:* I cannot hear what Red is
saying. On principle I can never hear
anything that Red is saying.

Red *pretends to jump rope:* My
current employment and leisure
conditions are in my opinion abysmal.
Something or someone is always getting in the way. I need sterile, uninterrupted time and fair colleagues.

Yellow: The dramatic text delivered for me is full of fear and has been
returned for this reason. I will not
speak a text that is so full of fear, as it
will have a bad influence on me. In
my experience every invocation of fear
only serves to reinforce my fears and
so I don't want to appear here, I really
don't, and I can't imagine that my labor
union would condone such a thing—
the labor union that I still haven't gotten around to organizing. What can
I do in the meantime to avoid speaking
the text that I do not wish to speak?
Will there be any repercussions for me
if instead of speaking the text intended
for me to speak I just improvise?

K *walks around the stage: She
does some stretching exercises as she
approaches the left corner, where
smoke is rising from behind the screen.
She holds her nose.* What is that?

I am still lying on the stage: I
just wanted to say that nothing works
anymore. No, that's not true. I just
wanted to say that I am against the
efficient working of any and all
things. Or I am against the idea that
everything always has to look as if
it worked extremely well. For now, ab-
solutely nothing here is working. Even
saying what exactly doesn't work
doesn't work.

Blue *walks over to me, stands
there and looks more or less past me:*
That is a completely unacceptable

way of speaking. A way of speaking that's wholly and entirely intended to fail. How can one live like that?

K: Can you all smell that too? What is that smell?

Ringmaster: Ladies and Gentlemen! Welcome, welcome, welcome! Don't go anywhere. Be here when in a few moments this and that happens or doesn't! Ladies and Gentlemen! How are you doing? Are you all here? Have you all made it safe and sound? Did you all find the way to us or is the theater so empty because there was no way? Ladies and Gentlemen, I cannot do everything for you! Where will your thoughts take you? I would like to know exactly where your thoughts are taking you so that I can go to this place and remove it, ram an advertising display into the ground there: Sold! Or I would like to steal the image now taking shape inside your heads. Ladies and Gentlemen, I have no idea where this sudden animosity towards you has come from. I don't know what has gotten my goat, whether and whatnot and etcetera. Ladies and Gentlemen, are you still there?

Blue: I should have left a long time ago. Does anyone want to see a backflip?

Ringmaster: Ladies and Gentlemen! You won't believe what amazing things can meet with success and failure. Ladies and Gentlemen, where are you?

Witch *peers out from behind the screen:* You can smell it now! It'll soon start having its effect.

Yellow: It wasn't supposed to have an effect, that wasn't planned. It was only supposed to smell.

Ringmaster: I decide what has been planned here and what hasn't.

I: Not even I decide what has been planned here and what hasn't.

Witch: It will have its effect in a few minutes. It will gush into the auditorium, where the audience is sitting, and from there into the whole wide world.

Ringmaster *quietly:* What is she talking about?

Blue: It's time for the great success. I'm here for the great success. Wherever I am, everything is successful. What's started must be finished. That's how it'll always be.

Red: It has started.

Yellow: It would be a good idea to now perform a short version of the famous clown routine "The Well-Trained Flea." So the animal trainer Abdul Rachil Arom, played by August, enters the circus ring with his

acrobatic flea. The acrobatic flea is capable of doing a *salto mortale* and now does one. *Voilà!* After that comes the perilous double *salto mortale*. *Et voilà!* The flea will then perform a triple *salto* backwards. No other trainer possesses such a flea, a flea of such strength! The trainer "glances at his hand: the flea is no longer there. He sees it on the carpet and attempts to catch it. The flea leaps away. August attempts to grab it. The flea flees to the edge of the ring and into the audience as August continues chasing after it. He finally catches the flea and returns to the middle of the ring. He puts the flea on his right hand." The flea is supposed to perform another salto but doesn't. August as trainer tries again to make it do a salto but has no luck. "He knits his brows, shrugs his shoulders, puts the flea on his left hand and goes up to a member of the audience. 'Excuse me, this isn't mine!'"[1]

I: I have never particularly liked orderly sequences, order in general, or effective procedures. I find everything orderly, systematic, etc. profoundly suspicious. Regulated procedures get on my nerves. Regulated procedures broke my heart. I know it sounds a little ridiculous but I would like to disrupt every form of order, every structure simply relatively generally and increasingly often.

Blue yawns loudly and clearly and goes on yawning as he walks back and forth across the stage.

K rolls forwards, not particularly gracefully, seems to hurt herself on the hard stage floor. She continues to do her stretching exercises, reaching her arms high into the air.

Ringmaster: Ladies and Gentlemen! Now what were you expecting? Don't go and say later that you were actually expecting something different because you really weren't expecting anything at all! Oh, say whatever you want.

Yellow: I believe that a new text has arrived for me. I'll go and have a look. *Hurries across the stage.* The text has to be somewhere.

Witch: There is no serum that will save the world, but there is a counter-logistics serum, and we have it right here.

Yellow: Where is that text? *Continues walking around. Asks in the direction of the audience.* Have you seen my new text?

K nods in the direction of the stage lights. A tightrope descends from overhead. The wire comes to a halt around thirty centimeters above the floor. It is then fastened offstage so that it is relatively taut.

1 Tristan Rémy (ed.), "Der dressierte Floh," in *Klassische Clown-Nummern,* Berlin 1974, p. 34 f., here p. 35.

2 Lech Kalita, "Listen to Each Other," in *Sonic Meditations by 10 Listeners,* Chicago 2017, p. 15.

3 Alfred Sohn-Rethel, "Eine Verkehrsstockung in der Via Chiaia", in *Das Ideal des Kaputten,* Freiburg and Vienna 2018, pp. 13–23, here p. 14.

4 Ibid.

5 Ibid., p. 15.

6 Ibid.

7 Ibid.

8 Ibid.

Ringmaster: Ladies and Gentlemen! Behold: truly untrained powers moving across the high wire. Mortally dangerous! Excitement and suspense! Remain calm and make no commotion. No other circus in the world would dare show you such an act.

K climbs up and begins moving along the wire. Before making it even a meter, she falls. Though she has only fallen from a short distance a murmur of alarm is heard onstage. All the actors hurry over and make sure she's okay.

K rises, stands like a strong clown before the audience, flexes her arms, showing her muscles, which she may or may not have. Again she climbs onto the wire.

Ringmaster: Ladies and Gentlemen! Are you watching? Behold! Wonders always happen where they're least expected. Wonders always happen where *gestures to the audience* you are least expected! Wonders cannot be rehearsed!

K moves forward, steadied by Red on the left side and Yellow on the right. She makes it all the way to the other side. Everyone on stage claps. K bows.

Ringmaster: A round of applause! Fanfare! Where have you ever seen such a thing? Only here! A round of applause for K, master of the high wire!

Yellow discovers a text at the end of the high wire, picks it up, looks it over and speaks over the applause: No, this text isn't new at all. This one is exactly like the other one that I don't wish to speak. I reject this text. And I reject being worn down by the same thing over and over again. I will not speak the text that I have rejected. I will now speak a random text: "Find a partner. One person is a listener, the other is a speaker. The speaker speaks whatever comes to her mind at this very moment. The listener listens, but tries not to focus on words and narration. She listens to the sound of speaker's words. How does it sound when you don't try to understand words? What is the melody of her words?"[2]

Ringmaster: Fanfare! Bravo!

Yellow: I am taking a stand against all texts that I don't wish to speak. I am taking a stand against the circulation of texts that I don't wish to speak. I leave all texts that I don't wish to speak unspoken by the wayside. I will no longer have anything to do with any texts that I do not wish to speak.

Ringmaster: A round of applause for our artistes!

K: I have decided against the false promise of a preestablished harmony.

Blue: Don't make me laugh.

K: I have decided once again and as a matter of principle against the false promise of a preestablished harmony.

I: I would join you in this.

Blue: You wouldn't bear it for a single day.

Ringmaster: Fanfare!

K and I circle around and around the stage before finally paying the Witch a visit. We act manly because it wasn't really intended for the Witch to be shown exclusively in the context of femininity. It only happened by mistake. "By mistake"—you know what I mean. You will perhaps or hopefully realize that this mistake is the result of a certain logistics. A logistics that I would like to disrupt, but do you have any idea how little time I have? And do you have any idea how hard it is for me to watch my every word? Watching just a single word only leads me to say another one that I had been adeptly shielding from the world. Inside of me a strange logistics is always in operation that should be disrupted. I apologize for this.

Witch holds up a test tube from which smoke billows out in different alternating colors: And what an effect it will have, and what an effect it can have.

Ringmaster: Ladies and Gentlemen! You still don't believe what amazing things can meet with success or failure? Ladies and Gentlemen! Please join me now in welcoming a star that we had barely dared hope to be able to present to you today. He cannot be counted on. He can be counted on. Decide for yourselves, Ladies and Gentlemen. A little donkey from Napoli. Ladies and Gentlemen, clap loudly in your heads, even while clapping quietly in real life—just this once in order to avoid frightening the little donkey. Ladies and Gentlemen, the little donkey!

The life-sized photograph of a little donkey is carried to the middle of the stage. A little donkey "that is particularly popular as a children's toy. Light gray, small with a fat stomach, somewhat larger than a St. Bernard, on short, stocky legs with a thick wool coat, intentionally given an exaggeratedly thick head for a very good reason—a figure that serves, so to speak, as a symbol of stubbornness whenever it defies the wishes of its owner."[3]

Ringmaster: Ladies and Gentlemen! "You will fall in love at first sight."[4]

Blue does the splits, rises, does the splits again, and so on and so forth: "And this thing just stood there not moving a muscle, so solid and so versatile, the way only a stubborn donkey can just stand there. He clearly refused to take a single step despite all the dramatic gestures and cursing and despite the whip his owner was brandishing threateningly over him."[5] *To the audience.* You will have noticed that a hero is being made out of this donkey while I am being deprived of the chance to show what I am capable of. You are fully consciously and explicitly being distracted from my potential.

Red *walks around as if she/he were blind, groping her/his way forwards with outstretched arms, carefully placing one foot after the next. All the while her/his eyes are open:* It's time to show what you're not capable of.

Ringmaster: Ladies and Gentlemen! There will now be gridlock.

Red *runs his hands along a string of lights, then holds it tightly as the lights sway back and forth:* "It would almost have been possible to say that the traffic savored the gridlock."[6]

Ringmaster: An audience now appears that embraces the gridlock with affection.

Red *stands on her/his tiptoes, then crouches down, then sinks all the way to the ground, then crawls towards me using only her/his arms:* "Despite the feverish crisis people remained connected to the little donkey, climbed out of their vehicles, crossed the street with their hands full of hay, parsley, nettles and even flowers, which they held up to the animal's mouth and nose, thus revealing an intimate knowledge of its diet and of competent animal care. It was as if they had grown the greens in their cars."[7]

Ringmaster: A round of applause for these people! Please clap even if you don't have any parsley in your pocket. Please clap all the more if you don't have any parsley in your pocket! And please cheer for the little donkey, Ladies and Gentlemen, because "it didn't move an inch, either forwards or backwards."[8]

Blue: I can do a forwards summersault on the high wire. Does anyone care?

Ringmaster: Most honored audience! Are you doing well in your seats?

Witch *bows towards the audience:* The secret of the serum will not be revealed. Whether it has an effect is unfortunately still disputed. Just between you and me.

Ringmaster: Most honored audience! The following individual will now appear: Yellow as Viktor the Great, as you all have or have not yet come to know him. Ladies and Gentlemen, a round of applause for Yellow as Viktor the Great.

Yellow *stands directly behind the Witch, who, however, moves aside. Yellow attempts to imitate the Witch's movements:* I am now willing to speak the intended text but am not able to do so. I ask that this be understood not as a criticism of Viktor but rather as an expression of my irritation, for which I would now like to take some time.

Red *now lying next to me, turns over on her/his back and speaks in the direction of the stage lights:* I will stand in. Forgive me, I haven't rehearsed. I am not prepared to recite this synopsis. Forgive me, I will read instead. I am now Viktor the Great and you will learn the following about me: "The fuel depot! In the last few months he was twice able to damage a series of solid supply hoses with the blade of a shovel in such a way that the hoses burst from the water pressure. No one saw him do it. What's more, whenever he got a chance he clandestinely rendered individual items useless: a truck tire, an elevator wire, three locks, a tilting mechanism. He secretly loosened the safety bolts on a railway car so that forty tons of sand poured onto the main rail line as the car was being moved, blocking the line for hours.
This was his rebellion. His anonymous contribution to the defense of the homeland. He now considered the construction site his operative field. It was his duty to cause the enemy as much damage as possible.
And the following day! Together with his group he was to spend the whole day rolling gasoline drums. A months-long fuel supply for several hundred trucks! He had never had such an opportunity before. Putting several hundred trucks out of service, even if for just a day or two until the fuel was replaced, would mean that a gigantic operation would be delayed, production would begin later than planned, maybe a whole hour later! That hour, Viktor knew this better than most others here, that hour would potentially mean that a hundred or a hundred fifty tons of tire rubber, dozens of guns and armored vehicles would be sent out late! Hundreds of human lives might be saved—Ukrainians, Russians, Belarusians … Maybe a whole village. Maybe a whole regiment!"[9]

Ringmaster: Bravo! A round of applause for Viktor, a round of applause for Red! Do I hear the audience calling for an encore? Ladies and Gentlemen, you will have to provide the encore yourselves. Awaken your inner Viktors.

Please don't feel overly personally addressed. Being overly personally addressed may elicit a defensive reaction. Of course I would very much like to know that you are an obstacle, wherever you happen to be. Be an obstacle for yourselves or for all normal operations. And not necessarily an obstacle

for me. Over the short or long term please be on my side.

Yellow: I wholly and entirely resist the notion that a logistics is required in order to criticize logistics.

That would be an example of something you could say.

K enters from the left with a pony. Strictly speaking she is leading the photograph of the little donkey on a halter behind her. "Pony" has been printed on the little donkey. She sits down on the edge of the stage and makes it seem as if the little donkey/pony were grazing.

Ringmaster: Ladies and Gentlemen! Things will now get serious. Things will now get deadly. Ladies and Gentlemen, because this "small, limping Belgian" will now enter "flanked by two SS soldiers who yanked him up when his knees failed and towed him all the way to the scaffold that was visible from a great distance and had already served as the final station for so many prisoners. With well-trained motions they opened the noose dangling down and wrapped it around the Belgian's emaciated throat.
"After a successful escape! This man, whose body now swung on the rope stiffly and frighteningly long, tracing a half circle, its face and the swollen tongue turned in the murderers' direction, had, as the oldest inmate on the block, Viktor whispered, just made it all the way to the other side of the river before being recaptured. The dogs had lost his trace."[10]

Red, Yellow, Blue, K, the Witch and I sit down next to K on the edge of the stage. By the way, the whole time I've been writing condolence letters in my head.

Witch *stands on the edge of the stage and reads the following:* "There was an uproar. // An uproar until a // German woman stood up and said: 'It is insupportable, it is unbearable, the way you recite that which you are reciting.' And he said: 'You know what, there are two possibilities. Either it is insupportable for me and I can no longer bear to retell the story because the subject is in itself so insupportable. Or you have to bear it. And I prefer to continue my speech on the insupportable here.' Something like that."[11]

Ringmaster: Let's all pause and reflect for a moment.

I: The greatest artists do not appear personally. The greatest acrobats of counter-logistics fell victim to logistics.

Red: A criticism of expertise requires that one have certain forms of expertise.

9   Manfred Künne, *Buna. Roman eines Kunststoffes,* Halle und Leipzig 1985, p. 60.

10   Ibid., p. 114.

11   Daniela Herzberg and Anne Ipsen, *Sprachwurzellos. Eine Lange Nacht über den Schriftsteller und Nervenarzt Hans Keilson,* Deutschlandradio 2018. Manuscript: http://www. deutschlandfunk.de/eine-lange-nacht-uber-den-schriftsteller-und-nervenarzt.media.3b45a58 a042a60237cb325922ea 2bd94.pdf.

12   Paul van Olffen, "The Essence of One-Year Deep Listening Exploration," in *Sonic Meditations by 10 Listeners,* Chicago 2017, p. 21 f., here p. 21.

Ringmaster: And the following acrobats of counter-logistics were unfortunately not able to be here today. *He stands there with his mouth open not saying anything. He stands there like that for then seconds. This is an eternity.*

Brain *speaks from offstage:* But they are here. They have all gathered here. All who are gone and who are not here are nevertheless here. I swear it. They are here. I enthusiastically permit all those who have ever existed to come onstage and introduce themselves. I appeal again and again to anyone who has ever existed. I appeal to all victims who have ever existed. I associate all things that work in the present, every well executed procedure in the present, with an event in the past. Am I a political brain? I am a slow brain. I am totally state of the art.

Yellow: "You don't have to do anything, just LISTEN."[12]

Blue: I wasn't made for this profession at all. I wasn't made for this show in any way, shape or form and I certainly don't want to be exposed as having such a nature.

Ringmaster: Parade! Orchestra, we need a fanfare.

Brain *seems to speak from among the audience:* I would hereby like to make known that I need a break, that I am no longer able to successfully process all the information and texts while adhering to emotional standards and the status quo. This is a union-negotiated break for the fulfillment of the mind's central task—the mind of an average, medium-sized person with an average workload.

I: Seriously?

Brain: No, that was a joke. I am not taking a break. In spite of and in consideration of my being overwhelmed I will continue on.

Blue *does a handstand on the edge of the stage. K and I stand up and steady her/him on the left and right:* Does someone really insist that I contribute to my being exposed with all my ineptitudes?

Brain: I hereby request that the fanfare be extended. And as it is my fanfare it should at least be a little more melodic today. Can this be my fanfare?

Ringmaster: This fanfare is for everyone! Carry forth a fanfare into the world! Make sure to always have a fanfare with you!

I: By the way, in the meantime I have completely adjusted to the fact that the brain is a resistant object. In my case. That the brain doesn't do what it's supposed to. That the brain can't even carry out the simplest courier service, deliver something from A to B without making detours in every possible direction.

Brain *once again from the stage lights, very loud:* A round of applause for my core competency, which expresses itself in deviation from the original core competency.

Ringmaster: Ladies and Gentlemen! I forgot to announce it, but that was the highlight of the show. Bravo! I hereby request that the Brain repeat what it just said.

Yellow: Excuse me, but if it did that it would totally contradict what it just said.

Ringmaster: The Brain, Ladies and Gentlemen, once again with the highlight of the show. Where has this ever been done before? Where is the highlight shown twice? Please recommend us! Don't forget to wire money or leave some behind on your seats. Ladies and Gentlemen, you are an audience, which is better than nothing. Ladies and Gentlemen, behold once again the Brain.

Brain *speaks somewhat more softly:* A round of applause for my core competency, which expresses itself in deviation from the original core competency.

Yellow *stands on the edge of the stage, legs spread and arms akimbo:* I would have liked a bit of that applause for myself.

Blue: You have to earn applause. *She/he now shows all the floor acrobatic tricks ever known. Then she/he attempts to climb up a string of lights. The string of lights comes loose, is torn down and goes out. Most of the light bulbs shatter on the floor. Blue is lying on the floor underneath the cable.*

Yellow *walks around on tiptoes:* Now, if I were to be expected to speak a text about fear then it would be a text about new fears. I would like for a text about new and improved fears to be written for me. I mean, I want to say something about constructive fears. Is that not possibly possible? A round of applause for me, please!

K pulls the little donkey/pony past the glass shards and helps Blue free herself/himself from the string of lights. Both then stand next to one another and take a bow. Red joins them, raising the back legs of the little donkey/pony so that it too can take a bow.

Ringmaster: Ladies and Gentlemen, you are a wonderful audience! Ladies and Gentlemen, unfortunately our time is over.

Red, Yellow, Blue, K, the Witch and I *walk back and forth on the edge of the stage and speak in chorus the following sentences:* The ringmaster pretends to direct or conduct us: This show was not intended for you, was only delivered to you by mistake. Please return this show to ___

If you did not order this show please call us and we will arrange an appointment for it to be picked up.

The following pick-up appointments are available: ___

If you would like to exchange this show please send it back with the enclosed return notice.

Please explain why you are returning the show.

We repeat this three times. The Witch makes a fluttering motion with her hands to direct the last billow of smoke rising from the test tube towards the audience.

Ringmaster: All of our actors will now return to the stage. Ladies and Gentlemen, a round of applause!

We bow. Then we exit the stage together and wipe the make-up from our faces. Oh, sorry, there was no make-up.

Das BMW-Werk, automatisierte Arbeit und der logistische Staat

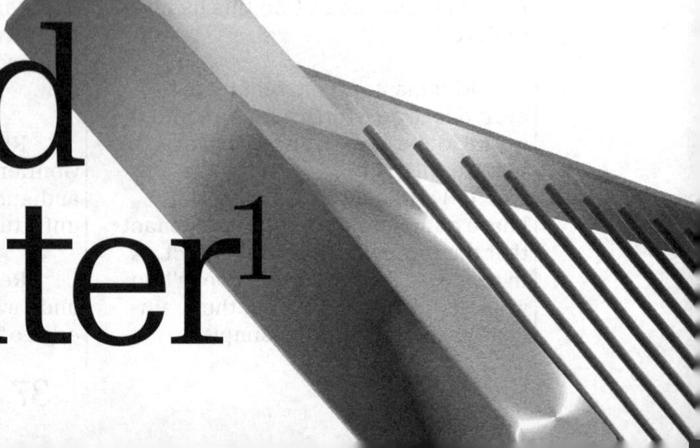

Ned Rossiter[1]

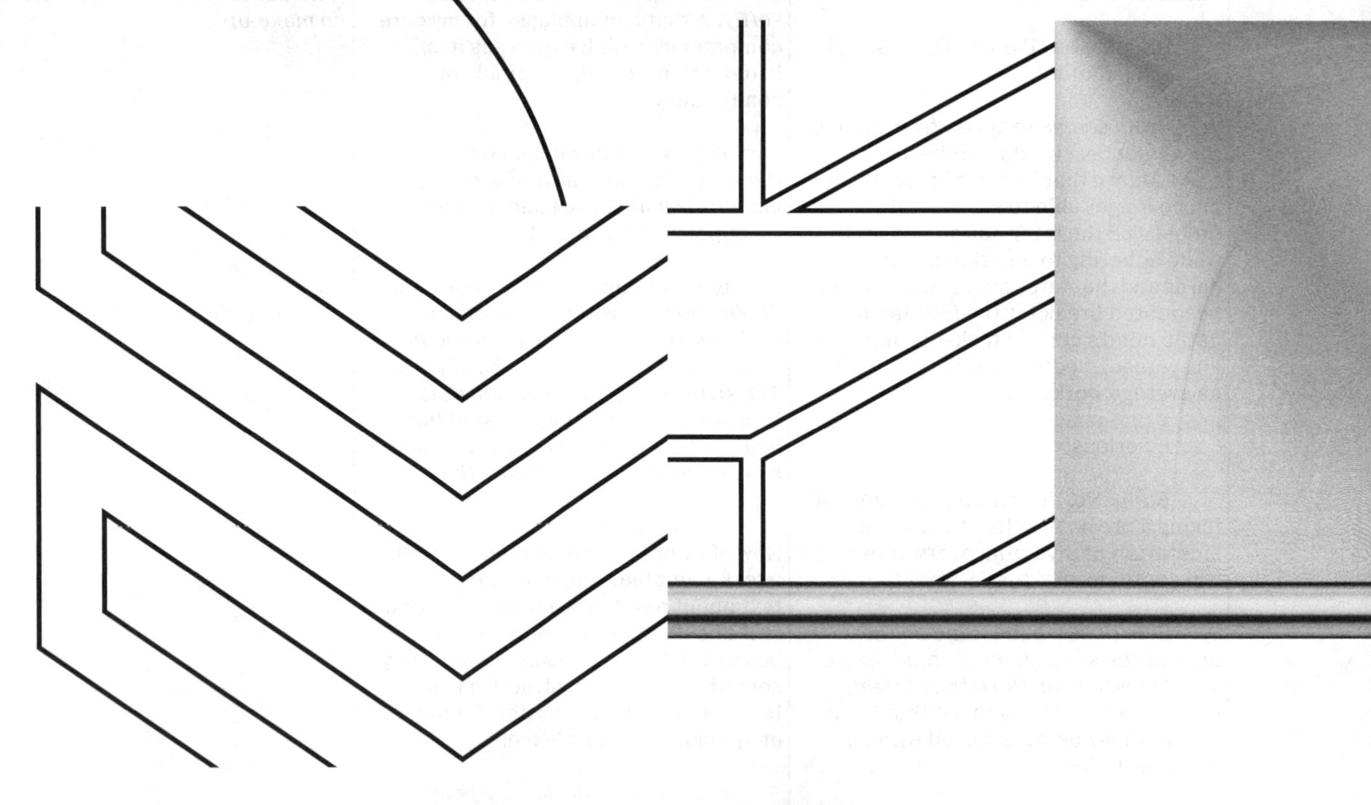

Logistische Arbeit ist das, was übrig bleibt, nachdem die überflüssige postindustrielle Arbeit entsorgt wurde. Von 135.000 Arbeiterinnen und Arbeitern, die sich um eine Stelle in dem 2005 eröffneten, von Zaha Hadid entworfenen BMW-Werk in Leipzig bewarben, erhielten nur 5500 einen Job. Hinzu kamen rund 3000 Leiharbeitskräfte. Die ostdeutsche Stadt Leipzig wurde, nachdem sie aus den Ruinen des Zweiten Weltkriegs auferstanden war, im Zuge der Wiedervereinigung, die zum Zusammenbruch zahlreicher ehemaliger Staatsunternehmen führte, erneut verwüstet. Zur Jahrtausendwende waren die Arbeitslosenzahlen noch immer fast doppelt so hoch wie in Westdeutschland. Aktuell (2018) liegt die Arbeitslosenrate in Leipzig bei ungefähr zehn Prozent und hat sich damit ein wenig von den immerhin 15 Prozent der letzten Jahre erholt.[2]

Die Geschichte von BMW ist einzigartig und zugleich, so meine These, bezeichnend für einen allgemeinen globalen Trend, der die Welt neu formatiert, auch wenn dabei bedeutende (strukturelle, geografische, soziale) Faktoren bisweilen für Abweichungen sorgen. In den 1960er Jahren geriet BMW in eine Krise. Angesichts des drohenden Bankrotts und einer möglichen Übernahme durch Daimler-Benz benötigte der Autobauer einen „Business Angel", wie er eigentlich eher mit Technologieunternehmen vor dem Platzen der Dotcom-Blase 2000 bis 2001 in Verbindung gebracht wird. Die dunkle Seite des deutschen Wohlstands, der während des Dritten Reiches auch von der Familie Quandt angehäuft wurde, sprang mit einem Rettungspaket ein, das die Grundlage für das heutige Unternehmen BMW bilden sollte. Dieser Teil der Geschichte ist allgemein bekannt. Der Quandt-Konzern konnte nicht nur Militäruniformen und Rüstungsgüter liefern, sondern produzierte auch „Batterien [...] in einer Qualität [...], die erst den U-Boot-Krieg im Atlantik [ermöglichte] und später den Start von Hitlers ‚Wunderwaffe', der V2-Rakete", die von Friedrich Kittler und seinen Anhängern so sehr fetischisiert wurde.[3] Die Geschichte von BMW bietet uns damit auch die Gelegenheit zu einem genealogischen Abstecher in die Geschichte der sogenannten deutschen Medientheorie, wie sie in der anglophonen Wissenschaft rezipiert wird. Eine ausführlichere Darstellung, als sie hier möglich ist, würde auch die Grundlagen für eine Einbeziehung der Arbeitskräfte in das fachliche Koordinatensystem der deutschen Medientheorie legen, die durch Kittlers Werk geprägt wurde, welches unter anderem für sein Ausblenden der sozialen Frage bekannt ist.

Bemerkenswert ist das Leipziger BMW-Werk weniger wegen seiner germanischen Architektur, die Zaha Hadid geschickt in Szene gesetzt hat, als vielmehr für die Integration eines topologischen, plastischen Raumes in das ansonsten starre Format eines Automobilwerks. Die Idee zu einer flexiblen „Fingerstruktur" für Produktion, Lagerung und interne Logistik kam BMW-Führungskräften bei Besuchen japanischer Automobilhersteller, deren Fabriken von innen heraus gebaut wurden. Sie bietet unzählige Möglichkeiten, die Montagehalle durch eine Umgestaltung des Raumes entsprechend den schwankenden Anforderungen der Just-in-Time-Produktion zu vergrößern oder zu verkleinern.

Der räumliche Fußabdruck des BMW-Werks insgesamt ist zwar nur annähernd festgelegt. Wo aber der Raum zur Grenze wird, eröffnet die Reproduktion der BMW-Unternehmenswerte einen neuen Horizont für die Entstehung und Konsolidierung dessen, was ich den „logistischen Staat" nenne.[3] Die Durchdringung bzw. das Eindringen der Corporate Governance in den sozialen Bereich kennzeichnet BMW als eine formgebende Kraft, die sich auf weltweiter Ebene reproduzieren lässt. Ob in Leipzig, Shenzhen oder Mexiko, BMW hat ein Format gefunden, um die ganze Welt mit Fahrzeugen zu versorgen, die nicht länger von fossilen Brennstoffen, sondern von erneuerbaren Energien angetrieben werden. Dass BMW den Anspruch hat, sich an einer Reihe sozialer, kultureller und ökologischer Aktivitäten in Leipzig und dem Leipziger Umland zu beteiligen, ist weniger ein Hinweis auf die Umsetzung einer guten Corporate Citizenship als vielmehr ein Zeichen dafür, wie machtlos der Staat geworden ist und dass er sich gezwungen sieht, Hoheitsrechte an Körperschaften des privaten Rechts abzutreten. Das ist alles andere als die allgemein verbreitete Vorstellung vom starken deutschen Staat.

Das Ganze ließe sich auch als politisch notwendiger, strategischer Schachzug deuten – und vielleicht auch als eine Bedingung des Deals mit Sachsens Landesregierung, Leipzig als Standort der Wahl für das neue BMW-Werk zu unterstützen, zumal der Hauptsitz des Unternehmens in München liegt. Bei einer kleinen Werksbesichtigung im Juni 2016 wurde uns von einem unlängst pensionierten Vizepräsidenten von BMW mitgeteilt, das Werk „hätte überall auf der Welt angesiedelt werden können". Dem offiziellen Diskurs des Unternehmens zufolge tut die Firma Gutes in der Welt. Angesichts des unermüdlichen Beharrens auf der revolutionären Leistung von BMW, ein offenes System der Unternehmensführung eingeführt zu haben, war die Werkstour beunruhigend surreal, denn dieser rehabilitierte Diskurs der Dotcom-Ära – der in der gegenwärtigen Unternehmenskultur und auch an den Universitäten weit verbreitet ist – traf in zahlreichen Fällen auf einen nicht mal ansatzweise kaschierten Widerspruch. Alle Unternehmen verfügen über Hierarchien und Befehls- und Kontrollstrukturen, und BMW bildet da keine Ausnahme. Daran ist natürlich nichts wirklich Neues, außer dass es als warnende Erinnerung dafür dient, dass die politische Form des Staates nicht im Absterben begriffen ist, wie Michael Hardt vor einigen Jahren erklärt hat, sondern vielmehr zu einer polymorphen Entität mutiert ist, die unter bestimmten Bedingungen Hoheitsrechte an Unternehmensführungen abtritt, die die Regierungsorgane als hilfreiche Erweiterungen des logistischen Staates betrachten.[5]

Mexikanische Wirtschaftsfunktionäre gaben kürzlich bekannt, dass das neue BMW-Werk, das in San Luis Potosí – einer Stadt fünf Autostunden nordwestlich von Mexiko-Stadt – auf der grünen Wiese gebaut werden soll, zehn Jahre lang keine Gemeinde- und Bundessteuern zahlen muss. Laut Oliver Zipse, BMW-Produktionsvorstand, wird „das dort entstehende Produktionssystem durch den Einsatz innovativer Technologien führend in Sachen Produktivität und Nachhaltigkeit sein".[6] Die Entscheidung für den Standort San Luis Potosí, der 2019 die Produktion aufnehmen und „mindestens" 1500 neue Arbeitsplätze mit einer Produktionskapazität von 150.000 Einheiten schaffen soll, „basierte auf Kriterien wie dem breiten Zulieferernetzwerk und qualifizierten lokalen Arbeitskräften sowie der technischen und sozialen Infrastruktur".[7] Mexiko gilt in aktuellen Branchenumfragen als das „neue China des Westens" und ist für viele Automobilhersteller interessant, auch für Audi, Daimler-Nissan und Volkswagen: „Durch das Freihandelsabkommen NAFTA ist Mexiko als Standort für Autobauer mit Blick auf den US-Markt äußerst interessant. [...] In kaum einem anderen Land sind die in der Autoindustrie gezahlten Stundenlöhne so niedrig wie in Mexiko. Trotz des Aufschwungs der Autoindustrie sanken einer Anfang des Jahres von Alex Covarrubias Valdenebro und der Friedrich-Ebert-Stiftung in Mexiko veröffentlichten Studie zufolge die Stundenlöhne in Mexikos Autoindustrie zwischen 2008 und 2012 um mehr als 10 Prozent[.]"[8]

Auch wenn es nicht die architektonische Handschrift von Zaha Hadid tragen wird, ist in dem neuen Werk in Mexiko doch eine klare Übereinstimmung mit dem Gestaltungsauftrag, der Ideologie und der Funktion der Leipziger Fabrik erkennbar – wenn auch mit beträchtlichen lokalen Abweichungen. So werden Automatisierung und Robotik am mexikanischen Standort neue Dimensionen der Verschmelzung von Mensch und Maschine erreichen. Jaclyn Trop berichtet in *Forbes:* „[...] Manager planen den Einsatz von Robotern für eine Reihe von Aufgaben,

1   Ned Rossiter, Western Sydney University.

2   Leipzig, Agentur für Arbeit, https://statistik. arbeitsagentur.de/Navigation/ Statistik/Statistik-nach- Regionen/BA-Gebietsstruktur/ Sachsen/Leipzig-Nav.html [zuletzt aufgerufen: 31.07.2018].

3   Julia Bonstein, Dietmar Hawranek und Klaus Wiegrefe, *NS-Vergangenheit: Ende des Schweigens.* In: *Der Spiegel,* 8. Oktober 2007, http://www.spiegel.de/spiegel/ print/d-53203443.html [zuletzt aufgerufen: 31.07.2018].

4   Für eine ausführlichere Darlegung des Konzepts des logistischen Staates siehe Ned Rossiter, *Software, Infrastructure, Labor: A Media Theory of Logistical Nightmares,* New York 2016.

5   Michael Hardt, *The Withering of Civil Society.* In: *Social Text* 14 (4), 1995, S. 27–44.

6   Vgl. Diana T. Kurylko, *BMW's Mexico Plant will have Wide Range.* In: *Automative News,* 20. Juni 2016, http:// www. autonews.com/article/ 20160620/OEM01/160619876/ bmws-mexico-plant-will-have- wide-range [zuletzt aufgerufen: 31.07.2018].

7   Vgl. Horatiu Boeriu, *BMW celebrates ground-breaking for new plant in Mexico which will produce the 2019 3 Series.* In: *BMW Blog,* 16. Juni 2016, http://www.bmwblog. com/2016/ 06/16/bmw-breaks-ground-new- mexico-plant-will-produce-2019- 3-series/ [zuletzt aufgerufen: 31.07.2018].

8   Vgl. Andreas Knobloch, *Mexiko: Subventionen für BMW in der Kritik.* In: *Deutsche Welle,* 2. Januar 2015, https:// www.dw.com/de/mexiko- subventionen-für-bmw-in-der- kritik/a-18146469 [zuletzt aufgerufen: 31.07.2018].

vom Transport der Teile bis hin zur Freigabe des Autos vom Fließband. Getestet wird auch ein 6,5-Kilo-Exoskelett, das die Arbeiterinnen und Arbeiter wie einen Rucksack tragen. Das Gerät, das den Iron-Man-Comics entsprungen sein könnte, soll die Arbeitssicherheit erhöhen und die Belastung von Schultern, Nacken und Handgelenken verringern. Bei meinem Besuch sah ich diese Woche, wie es die Arme eines Arbeiters stützte, während dieser über Kopf Unterbodenverkleidungen und Hitzeschutzbleche an einer langen Schlange von SUVs, Modell X3, montierte. Wenn die Roboter die Probetests bestehen, wird BMW sie in seinen Werken einführen. Das Exoskelett findet im militärischen und im medizinischen Bereich Anwendung, wurde aber laut BMW-Planungsingenieur Frank Pochiro bisher noch nicht in der Automobilproduktion eingesetzt: ‚Ich bin durch einen TED-Vortrag darauf gestoßen.'" [9]

Schwer zu sagen, was das Zeitalter der Automatisierung letztendlich für die Arbeitskräfte bedeutet. Die Automatisierung begleitet uns schon seit einigen Jahrhunderten und hat das moderne Zeitalter der industriellen Produktion und Fertigung geprägt. Diese Entwicklung bedeutete jedoch nicht das Ende der Lohnarbeit, die sich diversifizierte und neue Wege fand, in einem kapitalistischen System des ständigen Wandels und regelmäßiger Krisen zu bestehen. Dennoch scheinen wir jetzt in eine neue Phase einzutreten, in der die Automatisierung das Kommando übernimmt. Es lässt sich kaum vorstellen, wie sich die menschliche Arbeit unter diesen Umständen neu erfinden kann, da die digitalen Automatisierungsmethoden Erwerbsarbeit in vielen Wirtschaftszweigen überflüssig machen.

Die Automatisierung schafft neue Welten

Die Automatisierung hat eine lange Geschichte. Von der ersten industriellen Spinnmaschine, der „Spinning Jenny", bis zum Fließband im Automobilbau ist die industrielle Moderne vermittels der Automatisierung mit den Arbeitserfahrungen und -bedingungen verknüpft. Die Automatisierung fungierte als Bindeglied und half, die rassistische und geschlechtsspezifische Arbeitsteilung aufzubrechen. Mit der Integration digitaler Technologien in städtische und ländliche Räume und deren Ausbau steht die Automatisierung erneut im Zentrum eines epochalen Wandels von Arbeit und Leben, Wirtschaft und Gesellschaft. [10] Die Bereiche Transport und Lagerung stehen beim wirtschaftlichen und technologischen Wandel durch Automatisierung an vorderster Front. Eine Untersuchung der Transaktionsdaten, die in diesen Branchen durch die Systeme zur Abwicklung der Geschäftsprozesse generiert und analysiert werden, könnte den Konnex zwischen Arbeit und Automatisierung aus der Perspektive digitaler Lenkung aufzeigen.

Ein Teil des Diskurses über die Automatisierung der Arbeit erfolgt im Rahmen von Debatten über die Globalisierung der Wirtschaft und die Verlagerung von Dienstleistungen ins Ausland („Offshoring"). Der Technologiesektor spielte auch eine zentrale Rolle dabei, die Vision einer Zukunft ohne Beschäftigung voranzutreiben, in der Roboter und intelligente Systeme die Utopie eines von Freizeit und ständigem Konsum bestimmten Lebens möglich machen. Diese Szenarien, die zum Teil an frühere Zukunftsvisionen wie die von André Gorz erinnern, werfen Fragen zu nachhaltigen Geschäftsmodellen und zur Reproduktion der Gesellschaft auf – hierzu zählt auch die Aussicht auf ein universelles Grundeinkommen. [11] In vielen Ländern argumentieren die Verfechter industrieller Innovation, die Automatisierung sei eine notwendige Voraussetzung für die Sicherung zukünftiger Arbeitsmärkte und nationaler Wettbewerbsvorteile, weil sie neue Gesellschaftsverträge und innovative Kulturen hervorbringe.

Weiter verbreitet ist wohl das dystopische Narrativ, wonach die nahe Zukunft von enormen disruptiven, bahnbrechenden Technologien bestimmt sein wird: Die Massen treiben ziellos in einer Welt ohne Arbeit umher, in der die Tyrannei der Roboter das Kommando übernommen hat. Unter solchen Bedingungen würde die Sicherheit liberaldemokratischer Regierungsführung zu einer Fußnote in der Geschichte der von Maschinen bestimmten Volkswirtschaften. Wer einen Weg abseits des „neuen Katastrophismus" finden will, der die heutigen Zukunftsszenarien beherrscht, muss sich auf die empirischen Bedingungen in der Datenwirtschaft konzentrieren, die im Zentrum der digitalen Automatisierung steht. [12]

Dagegen steht eine Strömung, die von einer Wiedereingliederung der menschlichen Arbeitskraft durch andere Mittel ausgeht. Kritikerinnen und Kritiker aus Disziplinen wie der Wissenschafts- und Technikforschung stellen die Richtigkeit von Prognosen infrage, die das Ende der Arbeit für die Masse proklamieren, und betrachten die Automatisierung im Kontext eines längeren historischen Zyklus, bei dem es keineswegs selten zur Entwicklung neuer Arbeitsformen kam. [13] Feministische Wissenschaftlerinnen und Wissenschaftler weisen zudem darauf hin, dass die moderne technologische Entwicklung die Frauen von der Zwangsarbeit im Haushalt befreit und ihnen den Zugang zu neuen Rollen in den durch Automatisierung veränderten Belegschaften ermöglicht hat. [14] In ähnlicher Weise versuchen sowohl linke als auch rechte Strömungen des Akzelerationismus, maschinenbasierte Ökonomien mit der im kapitalistischen Weltsystem verwirklichten Demokratie in Einklang zu bringen. [15]

Infrastruktureller Imperialismus und der logistische Staat

Wie in der Geschichte kolonialer Ökonomien des 19. Jahrhunderts dienen die Peripherien des Imperiums als Labor zur Erprobung neuer Modelle und Praktiken der Kapitalakkumulation. Im 21. Jahrhundert korreliert die aktualisierte Version dessen, was Philip Stern den „company-state" (die Handelskompanie als Staat) nennt, mit dem, was ich als „infrastrukturellen Imperialismus" bezeichne. Dessen Territorialität wird definiert durch die für Infrastrukturmaßnahmen charakteristischen technischen Präferenzen, politischen Ökonomien und Führungsmethoden. Unter diesen Bedingungen geht die logistische Arbeit über das Diktat der Zeit- und Sequenzgenauigkeit des Lieferketten-Kapitalismus hinaus. Wie die Infrastruktur, der sie unterworfen ist, wird die logistische Arbeit zu einem plastischen Verbund aus Maschine und Fleisch: sowohl moduliert als auch modularisiert in einer Welt, die zunehmend entsprechend den Echtzeitberechnungen des logistischen Staats formatiert und gestaltet wird.

Harold Adams Innis zufolge tendierte der „Territorialstaat" der alten Zivilisationen und ihrer Reiche aufgrund der materiellen Eigenschaften der vorherrschenden Transportsysteme und Kommunikationstechnologien zu einer räumlichen bzw. zeitlichen Abhängigkeit („spatial or temporal bias"). [16] Dadurch waren diese Gesellschaften anfällig für externe Kräfte, die in der Lage waren, infrastrukturelle Schwachstellen oder Kapazitätsgrenzen auszunutzen. Der logistische Staat hingegen umfasst beide Dimensionen gleichzeitig: Die globalen Netzwerke der Lieferketten erweitern die territoriale Reichweite der Produzenten und Lieferanten, die für den Betrieb des logistischen Staates erforderlich ist. Warenwirtschaftssysteme (ERP-Software) normieren die Arbeitsproduktivität und koordinieren die Waren- und Finanzbewegungen in Echtzeit, während Rechenzentren die Daten speichern, verarbeiten und übermitteln, die mit logistischen Operationen verbunden sind, welche wiederum von Computersystemen gesteuert werden. Diese infrastrukturellen Komponenten schaffen die Möglichkeit imperialer Herrschaft für den logistischen Staat. Wichtig ist, dass die hier beschriebenen räumlichen und zeitlichen Dimensionen weder synchron noch räumlich äquivalent sind: Zeit und Raum sind jeweils individuell, sie bilden Schichten oder, wahrscheinlicher noch, eine komplexe Wellenbewegung aus Ebenen, die sich in manchen Fällen überlappen oder kreuzen, während sie in anderen Fällen kollidieren oder sich trennen.

Der logistische Staat entsteht aus dem, was Maurizio Lazzarato als Sozialstaat der europäischen Nachkriegszeit bezeichnet, der wiederum eine Abkehr vom Nationalstaat darstellte: „Der Sozialstaat als neue Art von Staat hat wenig mit dem Nationalstaat gemein, dessen Autonomieverlust zu seinem allmählichen, aber unaufhaltsamen Verschwinden führte, wie Schmitt beklagt."[17] Die Übernahme des Konzepts Sozialstaat in Europa nach 1945 sowie die Identifikation mit diesem ist, so Lazzarato, „symptomatisch für einen tiefgreifenden Wandel im Wesen und in der Ausübung von Souveränität". Diesem Wandel liegt die bestimmende Kraft von Wirtschaft, Wissenschaft und Industrie zugrunde, an die sich die „politischen und administrativen Systeme der Gesellschaft" anpassen müssen.[18] Lazzaratos Definition des liberalen Sozialstaates ist nicht zu verwechseln mit dem keynesianischen (oder sozialdemokratischen) Staat, einem Regierungsmodell, das charakteristisch war für das Europa der Nachkriegszeit und das nach dem Aufkommen des Neoliberalismus zum Synonym für den Wohlfahrtsstaat und dessen Krise wurde. Nach Lazzaratos Ansicht hatte der Sozialstaat bereits einen Pakt mit dem Kapital geschlossen.

Die Tatsache, dass BMW-Fabrikanlagen als souveräne Entitäten operieren können, die dem Staat äußerlich sind bzw. mit ihm zusammenarbeiten, kann als eine Art infrastruktureller Imperialismus gedeutet werden. Dabei handelt es sich nicht allein um einen Konnex von Staat und Unternehmen zur Regulierung des Wettbewerbs in Markt und Gesellschaft – seit dem Aufkommen des Ordoliberalismus in den 1950er Jahren ein Merkmal des deutschen Verständnisses von Staatsbildung –, sondern um eine Art institutioneller Eingliederung in die Infrastruktur. Paradoxer- und vielleicht sogar perverserweise wird der logistische Staat in gewisser Hinsicht entpolitisiert, da es auf der Infrastrukturebene „weniger Politik" gibt. Im entpolitisierten logistischen Staat findet nicht bloß eine Abgabe der Verantwortung an ausgelagerte Unternehmen statt, der logistische Staat steht vielmehr für die technische Festlegung der Freiheit von Entscheidungsträgern in Verwaltung und Exekutive, sobald Letztere in der Infrastruktur aufgehen. Die Regierung wird nicht mehr von mehr oder weniger intelligenten Amtspersonen gesteuert; deren Rollen werden nun in Netzwerkökonomien und Infrastrukturprozessen technisiert, von denen Fabriken wie BMW eine wichtige Komponente darstellen.

So vorläufig diese Beispiele auch sind, sie verdeutlichen dennoch, dass sich das territoriale Imaginäre des logistischen Staates durch Netztopologien und extraktive Infrastrukturen in einer Weise konstituiert, die nicht unbedingt der territorialen Logik des Nationalstaates entspricht. Demnach definiert sich der logistische Staat durch die Fähigkeit, sein territoriales Imaginäres entsprechend der Dynamik der Infrastruktursysteme anzupassen und zu verschieben, die bis heute nationale mit imperialen Dimensionen der Führung verflechten. Zusammen liegen diese Faktoren der Wertgewinnung aus Bewegung und Arbeitskraft zugrunde.

Der infrastrukturelle Imperialismus des logistischen Staates operiert auf transkontinentaler und interregionaler Ebene. Die logistischen Infrastrukturen immanente Territorialität der Macht stellt die hoheitlichen Rechte des Nationalstaates in einem Transformationsprozess infrage, welcher Formen der Subjektivität und Arbeit hervorbringt, die dem Staat nicht verpflichtet sind. Das gar nicht so ferne Szenario der Produktion nationaler digitaler Währungen durch ausgelagerte Serverfarmen für Bitcoin-Mining im Ausland ist ein weiteres mögliches Beispiel und verdeutlicht einmal mehr, in welchem Maße Staaten durch die digitale Infrastruktur ausgerechnet der technischen Strukturen beraubt werden, mit denen politische Arbeit gestaltet wird. Das ist nicht unbedingt ein Grund zur Klage – die Befreiung der Politik vom Staat lässt die technischen Bedingungen erkennen, die mit dem politischen Charakter betrieblicher Prozesse verwoben sind.

Die Form der Arbeitsorganisation in der entstehenden souveränen Form des logistischen Staates wird wohl in erster Linie eine kollektive Aufgabe sein, bei der ein besonderes Augenmerk auf logistische Strukturen und infrastrukturelle Prozesse zur Normierung der Wertschöpfung in Echtzeit gelegt wird. Doch die maschinenbasierte Logik des infrastrukturellen Imperialismus und des logistischen Staates ist nicht unverwundbar. Eine Politik der kleinen Störimpulse könnte der dem logistischen Staat innewohnenden Macht am ehesten ihre Grenzen aufzeigen.

9   Vgl. Jaclyn Trop, *BMW Breaks Ground On Its First Plant In Mexico To Make Its Bestselling 3-Series Sedan.* In: *Forbes,* 16. Juni 2016, http:// www.forbes.com/sites/jaclyntrop/2016/06/16/bmw-breaks-ground-on-its-first-plant-in-mexico-to-make-its-bestselling-3-series-sedan/#1334046c150a [zuletzt aufgerufen: 31.07.2018].

10   Carl Benedikt Frey und Michael A. Osborne, *The Future of Employment: How Susceptible are Jobs to Computerisation?,* University of Oxford, 17. September 2013, http://www.oxfordmartin.ox.ac.uk/downloads/academic/The_Future_of_Employment.pdf. Siehe auch Bernard Stiegler, *Automatic Society.* Bd. 1: *The Future of Work,* Übers. a. d. Franz. Daniel Ross, Cambridge 2016 sowie Judy Wajcman, *Automation: Is it Really Different this Time?.* In: *The British Journal of Sociology* 68 (1), 2017, S. 119–127.

11   André Gorz, *Abschied vom Proletariat,* Übers. a. d. Franz. Heinz Abosch, Frankfurt am Main 1980.

12   Vgl. John Urry, *New Catastrophic Futures.* In: *What is the Future?,* Cambridge 2016, S. 33–53.

13   Siehe Wajcman, *Automation,* wie Anm. 10.

14   Ursula Huws, *Labor in the Global Digital Economy: The Cybertariat Comes of Age,* New York 2014.

15   Siehe Nick Land, *Teleoplexy: Notes on Acceleration.* In: Robin Mackay und Armen Avenassian (Hg.), #*Accelerate: The Accelerationist Reader,* Falmouth 2018, S. 509–520; Alex Williams und Nick Srnicek, *Die Zukunft erfinden: Postkapitalismus und eine Welt ohne Arbeit,* Übers. a. d. Engl. Thomas Atzert, Berlin 2016; Frank Pasquale, *Rethinking the Political Economy of Automation.* In: *Concurring Opinions,* 16. Oktober 2016, https://concurringopinions.com/archives/2016/10/rethinking-the-political-economy-of-automation.html [zuletzt aufgerufen: 31.07.2018]. Siehe auch Félix Guattari, *Die drei Ökologien,* Übers. a. d. Franz. Alec A. Schaerer, Wien 1994.

16   Zum Territorialstaat siehe Gordon Branch, *On Google Maps, State Formation, and the International Politics of Cartography.* In: *Theory Talks* 65, 10. November 2014, http://www.theory-talks.org/2014/11/theory-talk-65.html [zuletzt aufgerufen: 31.07.2018].

17   Vgl. Maurizio Lazzarato, *Governing by Debt,* Übers. a. d. Franz. Joshua David Jordan, South Pasadena 2015, S. 52.

18   Ebd.

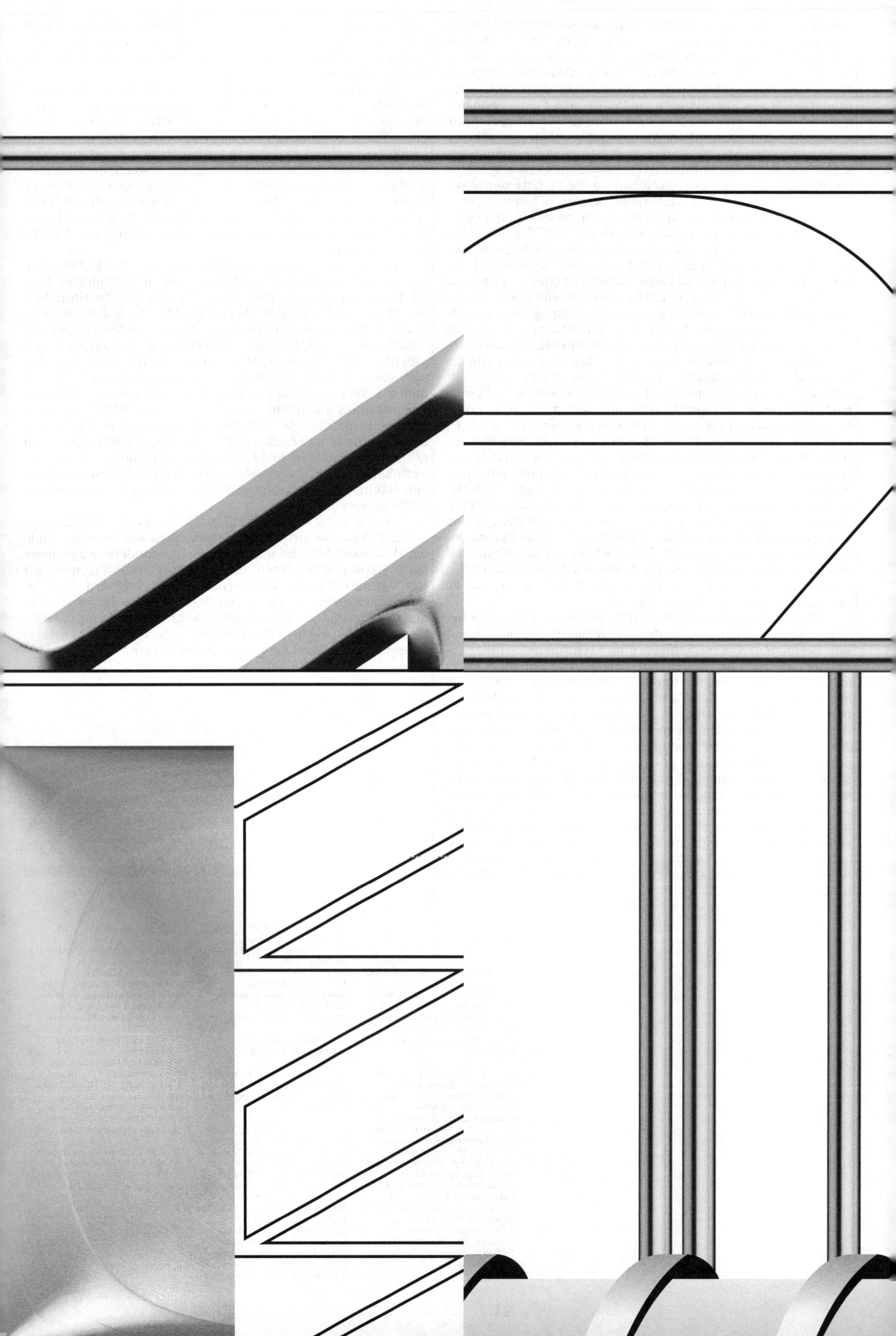

BMW Factory, Automated Labor and the Logistical State
by Ned Rossiter[1]

Logistical labor is that which remains after the surplus of post-industrial labor has been cast aside. One hundred and thirty-five thousand workers applied for a job at the Zaha Hadid designed BMW plant in Leipzig, which opened in 2005. Only 5,500 were offered jobs. Three thousand more have since filled the ranks of temp workers. As a former GDR city that reemerged from the ruins of the Second World War, Leipzig was ravaged again with the reunification of Germany, which precipitated the collapse of many of its former state-run industries. By the turn of the new century, unemployment rates were still approximately double that of western Germany. Unemployment in Leipzig in 2018 now sits somewhere around ten per cent, recovering somewhat from the high levels of fifteen per cent in recent years.[2]

The story of BMW is at once peculiar and, I want to suggest, indicative of a wider global trend that involves the formatting of the world, albeit one with important variational forces (structural, geographic, social). By the nineteen sixties, BMW was in crisis. On the brink of bankruptcy and takeover by Daimler-Benz, it needed something like an "angel investor," a figure more typically associated with the dot-com years prior to the tech wreck of 2000 to 2001. The dark soul of German wealth amassed during the Third Reich by the Quandt family stepped in with a rescue package that would provide the foundation for the BMW corporation that we see today. This story is well known. Along with supplying military uniforms and armaments, the Quandt industrial group was also "able to produce batteries of sufficiently high quality to make [possible] both the submarine war in the Atlantic and, later, the launch of Hitler's 'miracle weapon,' the V-2 rocket," so fetishized by Friedrich Kittler and his protégés.[3] The story of BMW thus also provides us with a genealogical detour in the history of so-called German media theory as it is received in the Anglophone academy. A more developed account than what I am able to provide here would also set the ground for the inclusion of labor in the disciplinary coordinates of German media theory inflected by the work of Kittler, which among many things is renowned for its oversight of the social question.

The Leipzig BMW plant is less remarkable for the Teutonic architectural design Zaha Hadid astutely played up to than for the integration of a topological, plastic space within the otherwise fixed format of the car assembly factory. Capable of innumerable options to extend and shrink the factory floor by configuring space in response to the fluctuating demands of just-in-time production, the concept of designing a flexible "finger" structure for production, storage, and internal logistics was gleaned by BMW management personnel from tours to Japan's car manufacturing plants, whose factories were made from the inside out.

In terms of its total spatial footprint, the BMW plant is relatively fixed. But where space is a limit, the reproduction of BMW corporate values becomes a new horizon for the emergence and consolidation of what I call the "logistical state."[4] The penetration and intrusion of corporate governance into the social domain indexes BMW as a plastic force replicable on a planetary scale. Whether it is Leipzig, Shenzhen, or Mexico, BMW has hit on a format for supplying a world with vehicles transitioning from carbon fuel to renewable energies. That BMW feels a compelling urge to participate in a range of social, cultural, and ecological activities in Leipzig and its region is less a signal of good corporate citizenship at work and more indicative of how emaciated state power has become, that it finds itself having to cede sovereign authority to corporate entities. This is not the usual imaginary conjured up by the robust German state.

We could also read this as a politically necessary and strategic move—and perhaps also a condition of the deal with Saxony's regional government to support Leipzig as the preferred site for the new BMW plant for a company whose headquarters are based in Munich. On a small group tour of the plant in June 2016, we were told by a recently retired vice-president of BMW that the factory could have "gone anywhere in the world." The discourse promulgated by officials is one of corporate conviction that it is making good in the world. Tirelessly insisting on its revolutionary credentials for adopting an open system of corporate management, the BMW tour was disturbingly surreal for the way this rehabilitated dotcom-era discourse—one that extends across much contemporary corporate culture, including universities—appeared in numerous instances of not even faintly disguised contradiction. Every organization has hierarchy and systems of control and command, and BMW is certainly no exception. There is nothing particularly novel about this, of course; except it does serve as a salutary reminder that the political form of the state has not so much withered, as Michael Hardt declared some years ago, so much as transmogrified into a polymorphous entity that under certain conditions cedes authority to corporate executives who regard governmental organs as auxiliary extensions to the logistical state.[5]

Mexican economic officials recently announced that the new BMW plant to be built on a 300-acre greenfield site in San Luis Potosí, a city five hours drive north-west of Mexico City, will not have to pay local or state taxes for ten years. BMW board member for production, Oliver Zipse, reported that the "the production system being established there will be a leader in productivity and sustainability, thanks to the use of innovative technologies."[6] Scheduled to begin production in 2019 and generating "at least" 1,500 new jobs with a production capacity of 150,000 units, "the decision to locate in San Luis Potosí was based on criteria such as the broad supplier network and qualified local workforce, as well as the technical and social infrastructure."[7] Considered in recent industry surveys as the "new Western China," Mexico holds attraction for many car manufactures, including Audi, Daimler-Nissan, and Volkswagen: "Due to the free-trade agreement NAFTA, Mexico is crucial logistically for carmakers' sales ambitions in the US. And hourly wages paid in the car industry in Mexico are among the lowest globally. According to a number of recent studies, hourly wages dropped by more than 10 percent between 2008 and 2012 despite a tangible upswing in the industry."[8]

No matter that it won't bear the architectural signature of Zaha Hadid, in this new Mexico plant we nonetheless see a clear correspondence with the design brief, ideology, and function of the Leipzig factory, albeit with important local variations. Automation and robotics, for instance, will reach new cyborgian heights at the Mexico plant. As Jaclyn Trop reports in *Forbes*: "[…] managers are auditioning robots for a range of jobs, from transporting parts to releasing the car from the assembly line. The plant is also testing a 14-pound exoskeleton that workers wear like a backpack. During my visit this week, I watched the Iron Man-esque device, designed to advance safety and reduce shoulder, neck and wrist fatigue, support a worker's arms as he reached overhead to install undorbody panels and heat shields on a procession of X3 crossovers. If the robots pass the trial tests, BMW will roll them out across its plants. The exoskeleton has military and medical applications but hasn't been used in automotive production, according to BMW Planning Engineer Frank Pochiro: 'I discovered it on a TED talk.'"[9]

1   Ned Rossiter, Western Sydney University.

2   Leipzig, Agentur für Arbeit, https://statistik.arbeitsagentur.de/Navigation/Statistik/Statistik-nach-Regionen/BA-Gebietsstruktur/Sachsen/Leipzig-Nav.html [last accessed July 31, 2018].

3   Julia Bonstein, Dietmar Hawranek and Klaus Wiegrefe, "Breaking the Silence: BMW's Quandt Family to Investigate Wealth Amassed in Third Reich," *Der Spiegel*, October 12, 2007, http://www.spiegel.de/international/germany/breaking-the-silence-bmw-s-quandt-family-to-investigate-wealth-amassed-in-third-reich-a-511193-2.html [last accessed July 31, 2018].

4   For an extended elaboration of the concept of the logistical state, see Ned Rossiter, *Software, Infrastructure, Labor: A Media Theory of Logistical Nightmares*, New York: Routledge, 2016.

5   Michael Hardt, "The Withering of Civil Society," *Social Text* Should read: vol. 14, no. 4, 1995, pp. 27–44.

6   Diana T. Kurylko, "BMW's Mexico Plant will have Wide Range," *Automative News*, June 20, 2016, http://www.autonews.com/article/20160620/OEM01/160619876/bmws-mexico-plant-will-have-wide-range [last accessed July 31, 2018].

7   Horatiu Boeriu, "BMW celebrates ground-breaking for new plant in Mexico which will produce the 2019 3 Series," BMW Blog, June 16, 2016, http://www.bmwblog.com/2016/06/16/bmw-breaks-ground-new-mexico-plant-will-produce-2019-3-series/ [last accessed July 31, 2018].

8   Andreas Knobloch, "Mexican Subsidies for BMW under fire," DW, February 1, 2015, http://www.dw.com/en/mexican-subsidies-for-bmw-under-fire/a-18167227 [last accessed July 31, 2018].

9   Jaclyn Trop, "BMW Breaks Ground On Its First Plant In Mexico To Make Its Bestselling 3-Series Sedan," Forbes, June 16, 2016, http://www.forbes.com/sites/jaclyntrop/2016/06/16/bmw-breaks-ground-on-its-first-plant-in-mexico-to-make-its-bestselling-3-series-sedan/#1334046c150a [last accessed July 31, 2018].

Ned Rossiter
BMW Factory, Automated Labor and the Logistical State

It is hard to say conclusively what is in store for labor in an age of automation. Automation has been with us for more than a few centuries, and defined the modern era of industrial production and manufacturing. Wage labor didn't end during these periods, but rather diversified and found new ways to subsist within a capitalist system under constant transformation and periodic crisis. Having said that, it seems that we are now entering a new period in which automation takes command. It is not easy at the current conjuncture to imagine how labor will reinvent itself as digital modes of automation make redundant employment across many sectors in the economy.

Automation Makes Worlds

Automation has a long history. From the "spinning jenny" to the assembly line of car manufacturing, automation tied industrial modernity to the experience and conditions of labor. Automation functioned as a connecting device across racialized and gendered divisions of labor. With the integration and extension of digital technologies into urban and rural spaces, automation is again at the centre of an epoch-defining period in the transformation of labor and life, economy and society.[10] Transport and warehousing sectors are on the frontline of economic and technological change wrought by automation. A study of transactional data generated and analyzed within business processing systems operative in these sectors would register the labor-automation nexus from the perspective of digital governance.

Part of the discourse on the automation of labor is framed within debates on economic globalization and the offshoring of services. The tech sector has also been a key driver in promoting a future without employment, where robots and intelligent systems deliver the utopian imaginary of leisure-driven life tasked with perpetual consumption. Reminiscent to some extent of earlier visions, such as those of André Gorz, these scenarios raise questions of sustainable business turnover and social reproduction—including the prospect of a universal basic income.[11] Advanced manufacturing initiatives in many countries maintain that automation is a necessary condition for securing future labor markets and ensuring national competitive advantages by devising new social contracts and cultures of innovation.

A dystopian narrative is perhaps more pervasive, in which the near future is underscored by enormous technological disruption. The masses are cast adrift in a world without work, where the tyranny of robots take command. In such conditions the security of liberal democratic governance becomes a footnote in the history of machine-driven economies. Finding a path beyond the "new catastrophism" that haunts scenarios of the future requires attention to empirical conditions within data industries at the centre of digital automation.[12]

A countervailing claim envisages the reabsorption of labor through other means. Questioning the accuracy of reports declaring the termination of employment for many, critics from disciplines such as science and technology studies (STS) consider automation in a longer historical cycle that has more often resulted in development of new forms of work.[13] Feminist scholars have also noted the ways in which modern technological development liberated women from the bonded labor of domestic chores, enabling entry into new roles in workforces transformed by automation.[14] Similarly, both leftist and right-wing variations of accelerationism seek to reconcile machine-driven economies with democracy realized within a capitalist world system.[15]

Infrastructural Imperialism and the Logistical State

As with the history of nineteenth century colonial economies, the peripheries of empire serve as the laboratory for testing new models and practices of capital accumulation. The twenty-first century update of what Philip Stern calls the "company state" correlates with something I term "infrastructural imperialism," whose territoriality is defined by the technical propensities, political economies, and governance techniques peculiar to infrastructural operations. Under these conditions, logistical labor goes beyond the just-in-time and just-in-sequence regimes of supply chain capitalism. Like the infrastructure to which it is subjugated, logistical labor becomes a plastic composite of machine and flesh, both modulated and modularized in a world increasingly formatted according to the real-time calculations of the logistical state.

Within an Innisian framework, the "territorial state" of ancient civilizations and their empires was predisposed toward a spatial or temporal bias as a result of the material properties of prevailing transport systems and communication technologies.[16] And this made these societies vulnerable to external forces that were able to exploit such infrastructural oversight or limits to capacity. The logistical state, by contrast, encompasses both of these dimensions simultaneously. The global networks of supply chains expand the territorial reach of producers and suppliers required for the operation of the logistical state. Enterprise resource planning (ERP) software systems calibrate labor productivity and coordinate the movement of goods and finance in real-time, and data centres store, process and transmit the data integral to logistical operations governed by computational systems. These are the infrastructural components that generate the possibility of imperial rule for the logistical state. Importantly, the spatial and temporal dimensions described here are not synchronic or spatial equivalents. Time and space is peculiar to each, forming layers or, more likely, a complex undulation of planes that overlap and intersect on some occasions, while colliding and disconnecting on others.

The logistical state evolves from what Maurizio Lazzarato identifies in post-war Europe as the social state *(Sozialstaat)*, which in turn is a departure from the nation-state: "the social state is new kind of state that has little to do with the nation-state whose loss of autonomy led to its gradual but inevitable disappearance which Schmitt laments."[17] Lazzarato suggests that the adoption of, and identification with, the concept of the social state across Europe after World War II "is symptomatic of a profound change in the nature and exercise of sovereignty." At the core of this change lies the determinate force of the economy, science, and industry, around which the "political and administrative systems of society" must adapt.[18] This reading by Lazzarato of the liberal social state is not to be confused with the social democratic state, a model of governance peculiar to post-war Europe that has become synonymous with the social-welfare state and its crisis following the advent of neoliberalism. For Lazzarato, the social state had already forged a pact with capital.

The capacity of BMW factory complexes to operate as sovereign entities external to, or in conjunction with, the state can be understood as a form of infrastructural imperialism. This is not just a question of a state-corporate nexus to regulate competition in markets and society, which has been a feature of German state formation since the advent of ordoliberalism in the nineteen fifties, but a kind of institutional subsumption into infrastructure. Paradoxically and perhaps even perversely, the logistical state becomes in a sense depoliticized, because at the level of infrastructure there is "less politics." The depoliticized logistical state is not merely an abnegation of responsibility to outsourced corporates, but rather a technical determination of governance peculiar to the administrative and executive roles of government when they become baked into the infrastructure. The governance of government no longer operates according to the presumption of more-or-less intelligent human functionaries; these roles are technicized into network ecologies and infrastructural operations of which factories such as BMW are a critical constituent part.

Provisional as such examples are, they nonetheless serve to highlight how the territorial imaginary of the logistical state is constituted through network topologies and infrastructures of extraction in ways that do not necessarily conform to the territorial logic of the nation-state. Conceived in such a way, the logistical state is defined by a capacity to adapt and shift its territorial imaginary according to the dynamics of infrastructural systems that to this day enmesh national with imperial scales of governance as they bear upon the capture of value through the calculation of movement and performance of labor.

The infrastructural imperialism of the logistical state operates on transcontinental and intra-regional scales. The territoriality of power immanent to logistical infrastructures contests the sovereign authority of the nation-state in a process of transformation, producing forms of subjectivity and labor not beholden to the state. The not too distant scenario where national digital currencies are produced through off-shored Bitcoin mining farms serves as another possible case, and amplifies this point in which digital infrastructure, paradoxically, depletes states of the technical structures which structure the work of politics. This is not necessarily a cause for lament—the liberation of politics from the state registers the technical conditions enmeshed with the politics of operations.

How to organize labor within the emergent sovereign form of the logistical state may, in the first instance, be a collective task attentive to logistical media and infrastructural operations that calibrate the production of value in real-time. Yet the machinic logic of infrastructural imperialism and the logistical state is not immune from vulnerabilities. A politics of the glitch might best define the limits of power within the logistical state.

10   Carl Benedikt Frey and Michael A. Osborne, "The Future of Employment: How Susceptible are Jobs to Computerisation?", University of Oxford, September 17, 2013, http://www.oxfordmartin.ox.ac.uk/downloads/academic/The_Future_of_Employment.pdf. See also Bernard Stiegler, *The Automatic Society. Volume 1: The Future of Work,* trans. Daniel Ross, Cambridge: Polity, 2016 and Judy Wajcman, "Automation: Is it Really Different this Time?", *The British Journal of Sociology* vol. 68, issue 1, 2017, pp. 119–27.

11   André Gorz, *Abschied vom Proletariat,* Frankfurt, Europaische Verlagsanstalt 1980.

12   John Urry, "New Catastrophic Futures," in *What is the Future?,* Cambridge, Polity 2016, pp. 33–53.

13   See Wajcman, "Automation."

14   Ursula Huws, *Labor in the Global Digital Economy: The Cybertariat Comes of Age,* New York, Monthly Review Press, 2014.

15   See Nick Land, "Teleoplexy: Notes on Acceleration," in Robin Mackay and Armen Avession (eds), *#Accelerate: The Accelerationist Reader,* Falmouth: Urbanomic, 201, pp. 509–20; Alex Williams and Nick Srnicek, *Inventing the Future: Postcapitalism and a World without Work,* London and New York: Verso, 2016; and Frank Pasquale, "Rethinking the Political Economy of Automation," *Concurring Opinions,* October 16, 2016, https://concurringopinions.com/archives/2016/10/rethinking-the-political-economy-of-automation.html. See also Félix Guattari, *The Three Ecologies,* trans. Ian Pindar and Paul Sutton,London and New Brunswick, The Athlone Press, 2000.

16   On the territorial state, see Gordon Branch, 'On Google Maps, State Formation, and the International Politics of Cartography', Theory Talks, no. 65, November 10, 2014, http://www.theory-talks.org/2014/11/theory-talk-65.html [last accessed July 31, 2018].

17   Maurizio Lazzarato, *Governing by Debt,* trans. Joshua David Jordan, South Pasadena, Semiotext(e), 2015, 52.

18   Ibid.

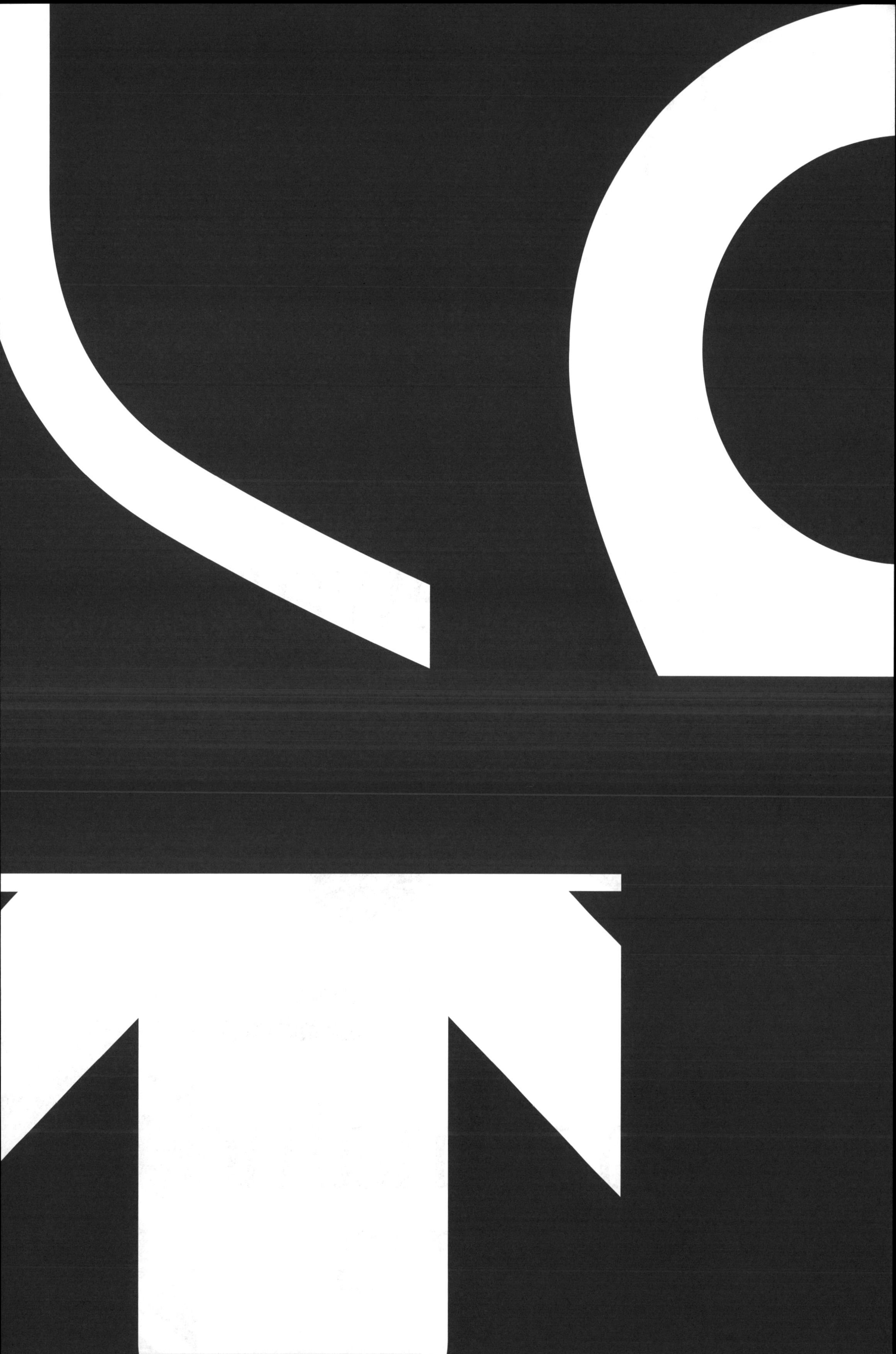

Monströse Logistik: Megaschiffe, Megahäfen und Infrastrukturen der Gewalt[1]

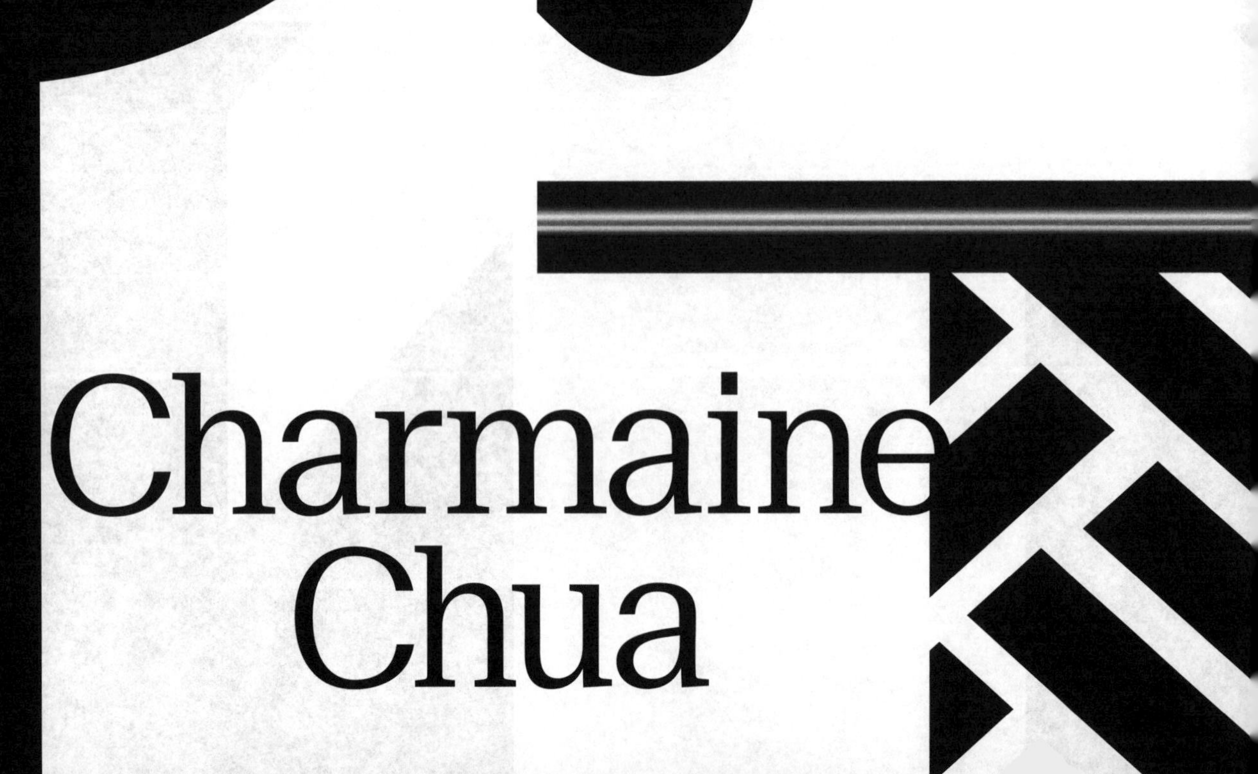

Charmaine Chua

Seit fünf Jahren liefern sich die weltweit größten Reedereien einen Wettstreit um den Titel „Größtes Schiff der Welt". Den Anfang machte A. P. Møller Mærsk im Februar 2013 mit dem Stapellauf des ersten von 20 Megaschiffen der Triple-E-Klasse, das über eine Containerkapazität von 18.000 TEU verfügt („Twenty-foot Equivalent Units" oder 20-Fuß-Standardcontainer). „Größere Schiffe als die Triple-E", so der damalige CEO Eivind Kolding, „werden Sie so bald nicht zu sehen bekommen."[2] Kaum ein Jahr später kündigte die China Shipping Container Lines die *CSCL Globe* an: ein 19.100-TEU-Schiff, das im November 2014 ausgeliefert wurde. Es folgten die *MSC Oscar* mit 19.224 TEU und neue Aufträge für 20.000-TEU-Schiffe von Mærsk. 2016 bestellte schließlich die OOCL sechs 21.000-TEU-Schiffe. Nach aktuellem Stand beansprucht die OOCL Hong Kong den Titel für das erste Schiff, das die 21.000-TEU-Marke überschritten hat – es wurde 2017 fertiggestellt. Um die Größenordnungen zu verdeutlichen: Ein 18.000-TEU-Schiff kann 864 Millionen Bananen transportieren, ein 21.000-TEU-Schiff fasst 1,1 Milliarden Bananen. Das entspricht einer Banane pro Person in den USA und in Kontinentaleuropa zusammen. Und es ist nicht abzusehen, an welchem Punkt die physischen Grenzen der Technik den Expansionsbestrebungen der Reedereien ein Ende setzen werden.

In den 60 Jahren seit 1956, als mit der *Ideal X* das erste wirtschaftlich erfolgreiche Containerschiff der Welt in Newark (New Jersey) ablegte, sind die Transportkapazitäten der Containerschiffflotte um 1200 % gestiegen; in den letzten zehn Jahren waren es immerhin noch um die 80 %. Megaschiffe ab 18.000 TEU haben sich in der Seeschifffahrt unglaublich schnell durchgesetzt, da sie aufgrund geringerer Slotkosten (Kosten pro Container) wirtschaftlicher sind. Während die Skaleneffekte dieser Schiffe aus der Sicht eines einzelnen Unternehmens, das seine Kosten senken möchte, vorteilhaft erscheinen, gilt dies keineswegs für die gesamte Branche. Der Boom der Megaschiffe bläht die weltweite Frachtschiffflotte auf und verschärft das Problem der Überkapazitäten, denn der weltweit zur Verfügung stehende Laderaum übersteigt bei Weitem das zu transportierende Gütervolumen. Schlimmer noch, die immer größeren Schiffe erfordern eine entsprechende Erweiterung der Infrastruktur an Land. Viele Häfen sehen sich gezwungen, erhebliche Anpassungen vorzunehmen, um den ständigen Anstieg des Ladevolumens zu bewältigen, was für die ortsansässige Bevölkerung im Umland der Hafenstädte eine unverhältnismäßige Belastung in finanzieller und ökologischer Hinsicht darstellt.

In diesem Beitrag werden die sozialen, räumlichen und politischen Auswirkungen der gigantischen Ausmaße des Infrastrukturausbaus untersucht. Die Weltwirtschaft ist und wird immer abhängiger vom Wachstum der Logistikkreisläufe, allerdings ist die mit der Forderung nach zeitgenauer Anlieferung einhergehende Zunahme umfangreicher gebauter Umgebungen für diesen Gütertransport bisher kaum untersucht worden. Das Besondere an globalen Lieferketten ist, dass sie die Koordination schneller und liquider Handelskapitalströme erfordern und zugleich auf dichte, ortsgebundene Transitinfrastrukturen angewiesen sind, um ihre Güter zu bewegen. Dabei hat die Nachfrage nach kürzeren Lieferzeiten und einem schnelleren Logistiknetzwerk zu erheblichen Infrastrukturanpassungen geführt, die zugunsten privater Gewinne aus öffentlichen Mitteln finanziert werden, während die Risiken vergesellschaftet und von den ärmsten Bevölkerungsgruppen entlang der Lieferkette getragen werden.

„Es ist ein Wettrüsten" – Die politische Ökonomie des Megaschiff-booms

Auf den ersten Blick scheint die neoklassische Wirtschaftslogik den Boom der Megaschiffe erklären zu können: Seit der internationalen Normierung der Schiffscontainer sind die Schiffe immer größer geworden, um ihre Wirtschaftlichkeit über die Entfernung zu steigern. Größere Schiffe ermöglichen es den Reedereien, bei den Treibstoff- und Besatzungskosten Skaleneffekte zu nutzen, wodurch sie die Container-Stückkosten senken und durch Kostenersparnis wieder Gewinne erwirtschaften können. Ein einziges Megaschiff

1 Dieser Beitrag ist die überarbeitete Fassung eines Vortrags auf dem *Sonic Acts Festival* in Amsterdam im Februar 2017.

2 World Maritime News Staff, *First Triple-E Class Vessel Launched.* In: *World Maritime News*, 4. März 2013, https://worldmaritimenews.com/archives/77907/first-triple-e-class-vessel-launched-south-korea/ [zuletzt aufgerufen: 24.07.2018].

kann heute so viel Fracht transportieren wie früher drei Schiffe, was die Treibstoffkosten und die Anzahl der Crewmitglieder um die Hälfte reduziert. Diese Strategie spielte für die Gewinnmaximierung großer Containerschiffsreedereien wie Mærsk eine entscheidende Rolle: Mit dem Ersteinsatz ihrer Super-Postpanamax-Schiffe sind die Frachtkosten von 3108 Dollar pro TEU im Jahr 2012 auf 2100 Dollar im Jahr 2017 gesunken.[3]

In mikroökonomischer Hinsicht ermöglichen Kostensenkungen größeren Unternehmen die Sicherung von Marktanteilen am globalen Containervolumen. Einzelne Reedereien begründen die Bestellung größerer, technologisch weiter entwickelter und verbrauchsarmer Schiffe mit der Wettbewerbsdynamik auf Unternehmensebene: Je größer die Schiffe und je größer deren Anteil an der Firmenflotte, desto eher sind sie in der Lage, Konkurrenten durch die Senkung der Slotkosten zu verdrängen.

Auf Branchenebene stößt dieses Kalkül allerdings schnell auf größere Probleme. In den vergangenen Jahren haben Unternehmen so viele Schiffe angeschafft, dass Hunderte dieser Giganten gleichzeitig in Dienst gestellt wurden, was es den Reedereien erschwerte, Nachfrage und steigendes Angebot aufeinander abzustimmen. Seit der Finanzkrise 2008 hat sich das Handelsvolumen nur leidlich erholt, und die Kapitalerträge fallen weiterhin niedrig aus. Also transportieren Schiffe zwar Güter über die Ozeane, schöpfen dabei aber ihre maximale Ladekapazität bei Weitem nicht aus, was in der Branche als „Überkapazität" bezeichnet wird.[4] Überkapazitäten stellen für die Containerschifffahrt eine angebotsseitige Herausforderung dar: Wenn sie nur zur Hälfte beladen unterwegs sind, schmelzen die Ersparnisse bei den Treibstoff- und Slotkosten, der eigentliche Grund für den Bau dieser großen Schiffe, weitgehend dahin, und die Unternehmen sind gezwungen, ihre Frachtraten zu senken.

Überkapazitäten sind ein Problem mit schwerwiegenden Folgen. Am 30. August 2016 meldete Hanjin, die siebtgrößte Reederei der Welt, unter der erdrückenden Last von 5,4 Milliarden Dollar Schulden Konkurs an. Ihre 85 Schiffe blieben vor Asien, Europa und Nordamerika liegen, da Gläubiger eilig Vermögenswerte beschlagnahmen wollten und die Häfen den Hanjin-Schiffen das Anlegen verweigerten, da unklar war, wer die Gebühren bezahlen würde. Infolge der Insolvenz saßen mehr als 80 riesige Containerschiffe, eine halbe Million Container, 3.000 Seeleute und Waren im Wert von 14,5 Milliarden Dollar auf offener See fest. Hanjins Konkurs ist zum Teil auf den Branchentrend zurückzuführen, in dessen Zuge der Einsatz immer größerer Schiffe ohne entsprechenden Handelszuwachs eine so große Transportkapazität auf dem Markt hervorbrachte, dass sich negative Auswirkungen der Risikospekulation bemerkbar machten. Einigen Analysten zufolge führten eine geringe Frachtnachfrage, Probleme mit Überkapazitäten und die dadurch schrumpfenden Gewinnspannen dazu, dass die vier führenden Reedereien 2017 einen kumulierten Verlust von 3,5 Milliarden Dollar zu verbuchen hatten.[5]

Mainstream-Ökonomen halten die wachsende Zahl von Megaschiffen zwar für ein „lösbares" Problem – Angebot und Nachfrage könnten wieder ins Gleichgewicht gebracht werden –, doch durch die Anreize auf der Ebene des Einzelunternehmens entsteht ein branchenweites Überkapazitätsparadox, das einen enormen Druck auf die Infrastruktur der öffentlichen Hand ausübt, auf die die Unternehmen angewiesen sind. Jedes Mal, wenn ein noch größeres Megaschiff mit noch mehr Ladekapazitäten auf den Markt kommt, erfordert das enorme öffentliche Investitionen in die Erweiterung der entsprechenden Häfen. Da Schifffahrtsnetzwerke auf ein instabiles und dynamisches Zusammenspiel technischer, sozialer und finanzieller Infrastrukturen angewiesen sind, die auf unterschiedlichen lokalen und regionalen Ebenen geplant und hergestellt werden, können die Megaschiffe die in sie gesetzten wirtschaftlichen Erwartungen nur erfüllen, wenn die Hafenstädte in der Lage sind, diese immer massiveren „Körper" aufzunehmen.

Das Wachstum der Megaschiffe ist an und für sich schon ein faszinierendes wirtschaftliches Rätsel, mehr Aufmerksamkeit aber verdiente die Vergesellschaftung der Risiken, die private Investitionen in immer größere Megaschiffe für die Hafeninfrastrukturen der Küstengebiete mit sich bringen. Die Reedereien mögen ihre Investitionen in das Größenwachstum ihrer Schiffe zwar als Maßnahme zur Senkung ihrer Stückkosten verstehen, doch der damit einhergehende Bedarf an entsprechenden Hafenanlagen erfordert hohe öffentliche Ausgaben. Die inneren Widersprüche des kapitalistischen Kreislaufs zeigen sich nicht nur in der Unfähigkeit der Frachtschifffahrt, eine hausgemachte Überangebotskrise zu meistern, sondern auch in den Auswüchsen und Unsicherheiten innerhalb des Logistiknetzwerkes. Anders als das Schiff sind die Hafenanlagen, Schienennetze und andere Verkehrsinfrastrukturen an Land fest in die Landschaft eingebunden und tragen zu einer ungleichen geografischen Entwicklung von Räumen der Kapitalakkumulation bei. Daher hat eine ausführlichere Darstellung der politischen Auswirkungen immer größerer Megaschiffe zu untersuchen, ob und wie die Rentabilität von Sachinvestitionen in Gestalt des Baus von Megaschiffen unmittelbar vom Aufbau entsprechender Terminal- und Hafeninfrastrukturen andernorts abhängig ist und also zu einer dezentralen Unsicherheit *(networked uncertainty)* im Spannungsfeld des Kapitals und dessen Abhängigkeit von staatlichen Investitionen in die Logistikkreisläufe führt.

Hafenerweiterungen und die unerträgliche Verbreitung logistischer Gewalt

Tatsächlich beginnt man in den Häfen weltweit gerade erst zu verstehen, welche Folgen die wachsende Zahl der Megaschiffe hat. Terminals, die gebaut wurden, um Fracht von Schiffen früherer Größenordnungen zu löschen, haben nun Mühe, die Fracht von Schiffen zu bewältigen, deren Ladekapazität sich bis 2005 verdoppelt hatte und heute, 2018, viermal so groß ist.

Da alle Häfen die Konkurrenz von schnelleren und effizienteren Umschlagplätzen fürchten, investieren sie viel Anlagekapital in die Modernisierung ihrer Infrastruktur. Die Aussicht auf größere Schiffe mit mehr Frachtvolumen, die ihre Häfen anlaufen, und auf die mit dem steigenden Schiffsverkehr einhergehenden Einnahmen hat die Wettbewerbsdynamik unter den urbanen Zentren und Staaten erhöht. Wichtige Seehäfen von Long Beach am Pazifik bis New Jersey am Atlantik investieren in kostenintensive Anpassungen, sodass bereits von einem „Krieg der Häfen" gesprochen wird.[6] So hat zum Beispiel der Frachtverkehr im Hafen von Los Angeles seit den frühen 1980er Jahren um 700 % zugenommen: Der Import- und Exportumschlag des Hafens beläuft sich heute auf zehn Millionen Container pro Jahr.

Um dieses Transportaufkommen zu bewältigen und seine Wettbewerbsfähigkeit zu steigern, hat der Hafen von Los Angeles zweimal in Folge Infrastrukturanpassungen in Form von Landaufschüttungsmaßnahmen, Brückenerhöhungen und Ausbaggerungen vorgenommen. Der Bau eines Megahafens ist sowohl in finanzieller als auch in räumlicher Hinsicht eine Mammutaufgabe: Für Tiefwasserhäfen müssen die Fahrrinnen nicht nur einmal ausgebaggert, sondern fortwährend freigehalten werden, um den ständigen Sandablagerungen durch die Gezeiten entgegenzuwirken. Inseln werden gesprengt. Kräne müssen erhöht oder gar durch größere ersetzt werden. Die Lagerflächen an den Kais müssen erweitert werden, um immer mehr Container aufzunehmen, die den Hafen jederzeit erreichen können. Im Hinterland müssen Autobahnen, Eisenbahnkorridore oder intermodale Anlagen die geballte, zu jeder Tages- und Nachtzeit in die Stadt strömende Fracht bewältigen können. Die Staupläne der Lagerflächen müssen heute auf die Unterbringung von bis zu dreimal größeren Containerladungen ausgelegt sein als noch vor wenigen Jahren. Diese Infrastrukturanpassungen müssen wegen der ständig größer werdenden Megaschiffe wiederholt vorgenommen werden und verursachen in Häfen auf der ganzen Welt weitreichende Verzögerungen. Sobald die Schiffskapazität an nur einem Hafen die Kapazitäten des Terminals zur effizienten Be- und Entladung übersteigt, führt das zu weltweiten Verschiebungen.

David Harvey verweist auf die einzigartig konkrete Beschaffenheit des Kapitals, das in die Infrastrukturentwicklung investiert wird: „das Kapital [erzeugt] notwendigerweise eine physische Landschaft nach seinem Ebenbild".[7] Diese Entwicklungsform beinhaltet ein hochgradig qualitatives Element, das sich einer simplen quantitativen Messung ökonomischer Kosten entzieht. Anders als hochfluide Geldströme sind Infrastrukturen eine Form gebundenen Kapitals, das „in einer physischen Form [...] für einen relativ langen Zeitraum fixiert" wird, und „[a]uch für soziale Ausgaben gilt in gewisser Weise, dass sie durch staatliche Verpflichtungen räumlich gebunden und damit immobil werden."[8]

Hierbei ist wichtig zu bedenken, wie ungleich die Folgen der gewaltigen Erweiterungen aufgrund der Anforderungen der immer zahlreicheren Megaschiffe verteilt sind. Heute kämpfen Hafenstädte um den Status als Logistik-Drehkreuz, denn ein Standbein als Verteilungszentrum ist mittlerweile, da viele Produktionsstätten outgesourct oder in den Süden verlagert wurden, eines der wichtigsten Mittel zur Absicherung staatlicher Einnahmen. Da diese von Harvey so genannten „spatial fixes" langlebige physische und soziale

3   Maersk Line, *Maersk Strategy and Performance – Q1 2017*, S. 15, http://investor.maersk.com/static-files/93f633a3-8235-4ed9-bac5-c1cfc6fcc2ae [zuletzt aufgerufen: 14.07.2018].

4   Maritime Executive Staff, *Megaship Herd Mentality*. In: *The Maritime Executive*, 9. Februar 2015, https://www.maritime-executive.com/article/megaship-herd-mentality#gs.kXyh8fA [zuletzt aufgerufen: 07.08.2018].

5   Richard Milne, *Maersk Misses Profit Forecasts as Global Trade Growth Slows*. In: *Financial Times*, 9. Februar 2018, https://www.ft.com/content/89200c9e-0d7d-11e8-8eb7-42f857ea9f09 [zuletzt aufgerufen: 14.07.2018].

6   Vgl. dazu beispielsweise Martin Danyluk, *Fungible Space: Competition and Volatility in the Global Logistics Network*. In: *International Journal of Urban and Regional Research* (im Druck) und Jeffrey Spivak, *The Battle of the Ports*. In: *American Planning Association*, Mai/Juni 2011, http://aapa.files.cms-plus.com/Battle%20of%20the%20Ports%20-%20Planning%20mag%20-%20May_June%202011.pdf.

7   David Harvey, *Die Geographie des „neuen" Imperialismus: Akkumulation durch Enteignung*. In: Christian Zeller (Hg.), *Die globale Enteignungsökonomie*, übers. v. Ingar Solty und Christian Zeller, Münster 2004, S. 183–215, hier S. 186.

8   Ebd. Diese geografische Unbeweglichkeit (einer bestimmten Art) fixen Kapitals ist eine Dimension des Harvey'schen Begriffes „spatial fix". Gleichzeitig bezeichnet er die räumliche Ausdehnung bzw. Verschiebung kapitalistischer Infrastruktur (Standortschließung und -verlagerung) zur provisorischen Behebung der immanenten Tendenz zur Überakkumulation. (A.d.Ü.)

Infrastrukturen voraussetzen, ihre Rendite aber erst viele Jahre später durch die darauf aufbauenden Produktionstätigkeiten in die Zirkulationssphäre zurückfließen, gehen Städte und Staaten ein hohes Risiko ein, wenn sie in teure Infrastrukturen investieren, die bereits überholt sein können, lange bevor sie sich amortisiert haben. Staaten, die nicht in der Lage sind, öffentliche oder private Mittel in die komplexe, unbewegliche und schnell überholte Hafenmaschinerie und groß angelegte Infrastrukturen zu investieren, haben bald das Nachsehen.

So hat das Wachstum der Lieferkettennetzwerke die Staaten dazu gebracht, die Umweltkosten und die öffentliche Finanzierung privater Infrastrukturen als notwendige Entwicklung zu rechtfertigen, um von potenziellen wirtschaftlichen Vorteilen der Logistikbranche zu profitieren. Auch wenn der Wert von Infrastrukturprojekten von ihrer Dauerhaftigkeit und der entsprechenden Fähigkeit abhängt, eine Einnahmequelle für den Staat zu erschließen, sieht sich der Staat seinerseits dazu veranlasst, Infrastrukturen zu errichten, deren Hauptzweck weder in einem unmittelbaren Nutzen für die Öffentlichkeit noch in der Erfüllung gemeinschaftlicher Bedürfnisse besteht, sondern in der Kanalisierung der Kapitalströme von Unternehmen. Außerdem fördert er hier Strukturen der Stadtplanung und Entscheidungsfindung, in denen auf Mobilitätssteigerungen fokussierte Unternehmen über eine unglaubliche Macht verfügen und darüber bestimmen, wo, wie und für welche Infrastrukturen öffentliche Mittel ausgegeben werden. Während Staaten sich gedrängt sehen, den Raum als sicheren Raum für Logistikströme zu organisieren, entwickeln lokale Akteure Lenkungsstrukturen und -konzepte, wonach die wirtschaftliche Zukunft vor Ort von der Optimierung zukünftiger Hafenkapazitäten und der Rationalisierung öffentlicher Infrastrukturinvestitionen zugunsten privater Gewinnerwartungen abhängen würde. Andererseits werden Formen von Enteignung, Umweltrassismus und Prekarisierung mit der Notwendigkeit gigantischer Erweiterungen gerechtfertigt. In diesem Sinne sind Infrastrukturen des Welthandels mehr als nur technische Vorrichtungen der Mobilmachung von Materie für den Zugang zu den Ressourcen der Menschheit.[9] Sie sind auch die physische Erscheinungsform der staatlichen Pläne zur künftigen Gestalt seiner Produktivkräfte.

Das Alameda-Corridor-Projekt in Südkalifornien ist ein Beispiel für die Rolle des Staates bei der Finanzierung von Logistikkomplexen. Die Planung der Hafenerweiterung begann in den 1980er Jahren mit der Ausarbeitung des Masterplans für den San Pedro Bay Port 2020 und des Alameda-Corridor-Projekts. Zentraler Aspekt beider Vorhaben war die Umsetzung zentraler Infrastrukturprojekte, um zukünftigem Wirtschaftswachstum den Weg zu ebnen. Neben Anpassungen wie dem Ausbaggern des Hafens zur Vertiefung der Fahrrinnen für große Schiffe sah der Plan den Bau eines weitläufigen Verteilungssystems im Hinterland vor, das die Häfen von Los Angeles und Long Beach mit Eisenbahn, Autobahn und intermodalen Anlagen verbindet.[10] Der daran anschließende Vorschlag für den 2,4 Milliarden Dollar teuren Bau des Alameda-Korridors sollte die Einführung neuer institutioneller Regelungen nach sich ziehen, die es seinen Befürwortern ermöglichte, regionale, bundesstaatliche und staatliche Mittel zu beantragen. Um dem Logistikprojekt Zugang zu Mitteln zu verschaffen, die sonst Autobahn-, Stadtbahn- und anderen öffentlichen Verkehrsprojekten vorbehalten waren, gründeten die Befürworter des Korridors entsprechende Entscheidungsorgane wie die Alameda Corridor Transportation Authority (ACTA), die Lobbyarbeit für eine deutliche Unterstützung durch die Los Angeles County Metropolitan Transport Authority (LACMTA) und die Hafenkommissionen der San Pedro Bay Ports leistete. Führende Vertreterinnen und Vertreter dieser Institutionen erklärten öffentliche Ausgaben für Verteilungsnetzwerke mit dem Argument für notwendig, dass Investitionen in die Logistik im öffentlichen Interesse seien. Das Argument überzeugte und so unterzeichnete Präsident Bill Clinton kurz darauf ein Bundesdarlehen über 400 Millionen Dollar. Die Entscheidung basierte darauf, dass regionale, bundesstaatliche und staatliche Akteure das Logistiknetzwerk Südkaliforniens erfolgreich als „ein der Bundesfinanzierung würdiges öffentliches Gut" dargestellt hatten.[11] Letztlich stammten die 2,4 Milliarden Dollar zur Fertigstellung des Alameda-Korridors aus verschiedenen öffentlichen und privaten Quellen, darunter aus Kommunalanleihen („Revenue Bonds"; 51 %), US-Bundesanleihen (18 %), den Häfen (18 %), Zuschüssen des Bundesstaates Kalifornien (8 %) und anderen (5 %), vor allem der LACMTA.[12]

Das Beispiel des Alameda-Korridors zeigt, dass die Schaffung eines Zirkulationsraums jenseits spezifischer wirtschaftlicher Investitionen in Schienennetze, Straßen und andere materielle Verbindungen durch die öffentliche Hand auch eine *politische* Investition ist, die die Reproduktion der Produktionsverhältnisse *als* öffentliches Gut betrachtet. „Tatsächlich", so der Geschäftsführer des Hafens von Los Angeles Larry Keller, „ist die Nutznießerin der erfolgreichen Fertigstellung und des erfolgreichen Betriebs des Alameda-Korridors die amerikanische Öffentlichkeit, für die unsere Leistungsfähigkeit im US- und Weltgüterverkehr von entscheidender Bedeutung ist."[13] Mit dieser Darstellung, so Juan De Lara, setzt Keller die Interessen des Kapitals in eins mit denen einer nicht näher definierten „amerikanischen Öffentlichkeit" und rechtfertigt anhand dieser Gleichung den Einsatz öffentlicher Gelder für die Schaffung einer Logistikstruktur im Interesse des Kapitals. Diese Gleichsetzung ist bestimmend für das gesellschaftliche Leben und sieht das Gemeinwohl im Wirtschaftswachstum versinnbildlicht, und doch beruht diese Vorstellung auf ungleichen Machtverhältnissen, in denen die Räume und Menschen aufgrund ihrer Beziehung zu den Lieferketten kategorisiert werden.

Die 700-prozentige Steigerung des Frachtaufkommens im Hafen von Los Angeles seit den frühen 1980er Jahren hat zu einer ungleichen Verteilung der Umweltbelastungen in Südkalifornien geführt.[14] Es handelt sich zunächst um räumliche Belastungen: Das Frachtvolumen in den Häfen von Los Angeles und Long Beach ist von zehn Millionen Containern in den frühen 2000er Jahren auf 17,5 Millionen im Jahr 2017 gestiegen.[15] In dieser dicht besiedelten urbanen Region und als gebaute Umgebung, die nur auf die Hälfte der heutigen Containerstückzahlen ausgelegt ist, mussten die Häfen von Los Angeles und Long Beach Raum finden, um alle Import- und Exportgüter lagern und transportieren zu können. Die 1981 vorgeschlagene Lösung war der bereits erwähnte Alameda-Korridor. Dabei handelt es sich um eine etwa 32 Kilometer lange Güterzugtrasse, die die Häfen von Los Angeles und Long Beach an das transkontinentale Eisenbahnnetz anbindet. Mindestens die Hälfte der Trasse verläuft dreigleisig in einem zehn Meter tiefen und 15 Meter breiten offenen Einschnitt durch die ärmsten Viertel von Los Angeles.

Der Bau des Korridors wurde damit gerechtfertigt, dass es den Häfen und Küstenregionen Südkaliforniens an Platz mangelte, um das zunehmende Frachtaufkommen zu bewältigen. Durch einen Eisenbahnkorridor, über den die Container zügig aus den Häfen in die südkalifornische Metropolregion „Inland Empire" transportiert würden, so die Logistikbefürworter, könnten Transportunternehmen Staus vermeiden, ihre Just-in-Time-Liefertermine einhalten und „billiges Land" für Investitionen in größere Lagerflächen nutzen.[16] Als die Befürworter des Alameda-Korridors – größtenteils das politische und wirtschaftliche Establishment – öffentliche Investitionen damit rechtfertigten, dass „die Hauptnutznießerin" eines erweiterten Logistik- und Verteilungsnetzwerks „die amerikanische Öffentlichkeit" sei,[17] spielten die Auswirkungen des Korridors auf die Bevölkerung vor Ort für sie keine Rolle. Die Städte entlang des Alameda-Korridors waren die Hauptleidtragenden des Strukturwandels in den 1970er und 1980er Jahren. Zwischen 1978 und 1982 gingen in den Städten südlich des Zentrums von Los Angeles mehr als 75.000 Arbeitsplätze im produzierenden Gewerbe verloren. Es ist auch kein Wunder, dass der Strukturwandel zu Veränderungen in der demografischen Zusammensetzung der Region führte: Ehemals weiße Arbeitervororte, durch die nun der Alameda-Korridor verläuft, werden heute vor allem von African Americans und Hispanics bewohnt. In Städten wie South Gate stieg der hispanische Anteil an der Bevölkerung von 4 % im Jahr 1969 auf 46 % im Jahr 1980 und 83 % im Jahr 1990. Ähnliche Veränderungen der Bevölkerungsstruktur gab es in Maywood, Lakewood Bellflower und Bell – allesamt vom Alameda-Korridor betroffene Städte.[18]

Ferner kommt es zu ökologischen Belastungen: Transportemissionen aus den Häfen von Los Angeles und Long Beach machen schätzungsweise 59 % der Gesamtemissionen der Stadt aus,[19] während etwa ein Drittel aller Güterverkehrsemissionen des Bundesstaates Kalifornien in der Region Los Angeles auftreten.[20] Viele Fahrzeuge im Logistikbereich, darunter Lkw, Züge und Containerschiffe, werden mit Diesel oder Schweröl betrieben, die krebserregende Giftstoffe freisetzen. Die Luftreinhaltungskommission State of California Air Resources Board schätzt, dass allein im Jahr 2008 etwa 3700 Kalifornierinnen und Kalifornier an Krebserkrankungen gestorben sind, die durch den Güterverkehr und Dieselemissionen verursacht wurden. Die Kommission schätzt außerdem, dass jährlich noch weit mehr Menschen – 18.000 – an überhöhten Feinstaubkonzentrationen aus Dieselabgasen sterben.[21] Darüber hinaus betrifft die Hafenerweiterung unverhältnismäßig viele Gebiete Südkaliforniens mit einer großen Zahl von armen Einwohnerinnen und Einwohnern mit afro-amerikanischem und hispanischem Hintergrund. Wie die Daten einer Gesundheitserhebung im Los Angeles County belegen, treten in den Gemeinden von Long Beach in der Nähe des Hafens von Los Angeles häufiger Asthma, koronare Herzkrankheiten und Depressionen auf (durchschnittlich 2,9 %) als in anderen Gemeinden von Los Angeles.[22]

Als ich im November 2014 an einer „Gifttour" durch diese Städte teilnahm, lag jedes Mal, wenn ich aus dem Bus stieg, ein penetranter Ölgestank in der Luft. Robert Cabrales, Community Organizer bei der Nichtregierungsorganisation Communities for a Better Environment, versucht mit der „Gifttour" das Bewusstsein für die Giftstoffe und Umweltschäden zu wecken, denen die von der Logistikbranche verwüsteten Viertel ausgesetzt sind. Cabrales erzählt mir, die Notwendigkeit des globalen Güterverkehrs werde ständig als Argument herangezogen, um Umweltverschmutzung, Verdrängung und die Überwachung ganzer Stadtviertel zu rechtfertigen. „Der Alameda-Korridor hat viele Viertel zweigeteilt. Er hat Familien aus ein und derselben Straße auseinandergerissen."[23] Laut Cabrales haben die Gemeinden, die gegen Verdrängung, Zwangsräumung und Umweltverschmutzung in ihren Vierteln ankämpfen, ständig vor Augen, wie die globale Lieferkette an ihnen vorbeizieht, während sie unter den Folgen leiden. „Wir wissen, dass diese Güter weiterhin durch unsere Städte kommen werden, aber sie kommen nicht zu uns. Sie kommen nicht aus der Gemeinde, und die Gewinne bleiben nicht vor Ort. Wir müssen den globalen Güterverkehr im Auge behalten, denn wir sehen ihn ja täglich."[24]

Als der Alameda-Korridor am 12. April 2002 mit großem Tamtam eröffnet wurde, versammelten sich Privatinvestoren, Mitglieder des Repräsentanten-

9   Julie Chu, *When Infrastructures Attack: The Workings of Disrepair in China.* In: *American Ethnologist* 41 (2), 2014, S. 351–367.

10   Vgl. Steven P. Erie, *Globalizing L.A.: Trade, Infrastructure, and Regional Development,* Stanford (CA) 2004.

11   Juan De Lara, *Inland Shift: Race, Space, and Capital in Southern California,* Berkeley 2018, S. 45.

12   Ebd., S. 46.

13   Larry Keller, in: *The Alameda Corridor Project: Its Successes and Challenges,* Washington 2001, www.house. gov/reform, 2001 [zuletzt aufgerufen: 14.07.2018].

14   Ebd.

15   Vgl. die Website des Port of Los Angeles: https://www. portoflosangeles.org/ [zuletzt aufgerufen: 14.07.2018].

16   Vgl. De Lara, wie Anm. 11, S. 56.

17   Vgl. *The Alameda Corridor Project,* wie Anm. 13.

18   Will W. Recker, *Mitigating the Social and Environmental Impacts of Multimodal Freight Corridor Operations at Southern California Ports.* In: *University of California Transportation Center Digital Library,* 2008, https://escholarship.org/ uc/item/5dg5w4kp [zuletzt aufgerufen: 14.07.2018].

19   Human Impact Partners, *Los Angeles and Long Beach Maritime Port HIA Scope.* Verfasst für die United States Environmental Protection Agency. Arbeitsentwurf, 17. Mai 2010.

20   Vgl. Recker, wie Anm. 18, S. 1. Eine OECD-Studie zu Schifffahrtsemissionen bestätigt, dass diese Zahl in anderen großen Häfen ähnlich hoch ist. Dabei machen die Emissionen des Hafens von Hongkong 89 % der Gesamtemissionen der Stadt aus. Der Hafen von Rotterdam verursacht 23 bis 40 %. Vgl. Olaf Merk, *The Competitiveness of Global Port-Cities: Synthesis Report,* OECD 2014, S. 33, https://www. oecd.org/cfe/regional-policy/ Competitiveness-of-Global-Port-Cities-Synthesis-Report.pdf [zuletzt aufgerufen: 07.08.2018].

21   State of California, Air Resources Board, *Methodology for Estimating Premature Deaths Associated with Long-Term Exposure to Fine Airborne Particulate Matter in California,* 2008, www.arb.ca.gov/research/ health/pm-mort/pm-mortdraft. pdf [zuletzt aufgerufen: 14.07.2018].

22   Human Impact Partners, wie Anm. 19.

23   Persönliches Interview mit Robert Cabrales, Communities for a Better Environment, 5. November 2014.

24   Ebd.

hauses und der Hafenkommissionen am Wasser, um ihn als Jobmaschine, als eine der ersten öffentlich-privaten Partnerschaften in der Region und als Schlüssel zum künftigen Erfolg der Häfen von Los Angeles und Long Beach zu feiern. Der langjährige Bürgermeister von Los Angeles, Richard Riordan, hatte schon Jahre zuvor erklärt, der kalifornische Goldrausch werde im Vergleich zu dem fortwährenden Boom durch die direkte Anbindung der lokalen Häfen an das nationale Schienennetz verblassen.[25] Der Dokumentarfilm *The Forgotten Space* präsentiert diese Eröffnungsszene eher nüchtern. Der Film zeigt eine Aufnahme des Hafens von Long Beach an einem typisch sonnig-heißen Tag.[26] Eine prächtig kostümierte Musikkapelle sitzt auf der Bühne, während die Kamera von Männern in Businessanzügen zu den Containern schwenkt, die auf Schiffen durch den Hafen gleiten. Eine mit einer wehenden US-Fahne geschmückte Lokomotive trägt den Schriftzug „Building America". Vor diesem Hintergrund verkündet die Stimme des kalifornischen Kongressabgeordneten Stephen Horn sehr gewichtig: „Ich bin überzeugt, dass wir heute hier an der Seidenstraße des neuen Jahrtausends versammelt sind. Sie liegt gleich hinter uns, denn Kalifornien ist das Tor zum pazifischen Raum und zu Lateinamerika. Dass wir heute hier sind, zeigt auch, dass wir den Ereignissen des 11. September die Stirn bieten. Wir blicken nicht nach innen, sondern nach außen. Und das ist sehr wichtig für uns. Unsere Anwesenheit hier zeigt auch die Freiheit, die daraus entsteht, auf dem neuesten Stand der Technik zu sein, im großartigsten Bundesstaat der Vereinigten Staaten von Amerika."[27] Die Idee von Welthandel, die in diesen Äußerungen des Kongressabgeordneten steckt, ist sehr aufschlussreich: Indem er den Alameda-Korridor als „Seidenstraße des neuen Jahrtausends" bezeichnet, knüpft Horn das wirtschaftliche Wohlergehen des Bundesstaates Kalifornien an dessen Fähigkeit, als Verbindungsweg für den Welthandel zu fungieren.

Die politischen Prozesse rund um den Bau des Alameda-Korridors verdeutlichen beispielhaft, wie kompliziert die interessegeleiteten Beziehungen zwischen Unternehmen, Stadt und Staat sind. Dabei werden über die Köpfe der Bürgerinnen und Bürger wie auch der ärmsten Bevölkerungsgruppen hinweg Verhandlungen darüber geführt, wie und wo Infrastrukturen für den globalen Güterverkehr errichtet werden. Obwohl es sich bei Verkehrs- und Infrastrukturprojekten meist um nationale Projekte handelt, sind sie doch insofern global, als sie einerseits symbolisch für die Verflechtung der Städte mit globalen Handelsnetzwerken stehen und andererseits die wechselseitige wirtschaftliche Abhängigkeit vom weltweiten Handelsvolumen in den einzelnen Häfen spiegeln. Da staatliche, bundesstaatliche und kommunale Verwaltungen die Infrastruktur als wesentlichen Bereich staatlicher Intervention und Investition betrachten, werden solche Projekte oft als *globale* Projekte der Moderne dargestellt, die Städte imaginieren und zu erschaffen suchen, die dem Bild moderner, wirtschaftlich prosperierender Orte von „Weltrang" entsprechen.

In diesem Sinne erweisen sich die Infrastrukturen des globalen Güterverkehrs als Zeichen, dass der Staat auf eine Zukunft fortgesetzter Kapitalakkumulation setzt und dieser Hoffnung anhand einer physischen Verkehrsinfrastruktur konkrete Gestalt verleiht. Einerseits soll die Lieferketteninfrastruktur dafür sorgen, Güter reibungsloser durch die Stadt zu transportieren, gleichzeitig aber fixiert und verankert der Bau solcher Infrastrukturen gebaute Umgebungen im Territorium und bürdet der Öffentlichkeit – *zu deren Vorteil* solche Infrastrukturen offiziell gebaut werden – unverhältnismäßige ökologische, räumliche und soziale Lasten auf. Statt Megaschiffe und Megahäfen allein unter dem Aspekt ihres potenziellen wirtschaftlichen Nutzens zu betrachten, können wir diese Infrastrukturen als materialisierte Wette auf eine fortgesetzte Kapitalakkumulation verstehen. Während der Konnex von Staat und Kapital diese stabile Zukunft zu errichten sucht, indem er die erweiterte Reproduktion des Kapitals durch das Wachstum globaler Logistikräume fördert, belasten diese Infrastrukturen die Öffentlichkeit, denn sie fixieren konkrete Durchgangsräume mittels umstrittener und asymmetrischer Neudimensionierungs- und Enteignungsprozesse. Daher ist es wichtig, die Erweiterung der Logistikinfrastruktur nicht nur als das materielle Verkehrssystem zu verstehen, das sie ermöglicht, sondern auch als irrationale Rationalität, die mit dem Erweiterungswahn einhergeht. Julie Chu zufolge treten Infrastrukturen „typischerweise als nachgeordnete Agenten der Verteilung auf. Sie sind Teilobjekte, die, um sinnvolle soziale Formen zu sein, ständig auf andere Ströme und Transaktionen verweisen müssen."[28]

Wenn wir die Verkehrsinfrastruktur als grundlegendes materielles Netzwerk verstehen, das die Mobilität des Kapitals reguliert und diese über die Menschen stellt, dann übersteigt ihre Bedeutung für Kapital und Staat in einer kapitalistischen Wirtschaft die rein mikroökonomischen Überlegungen zu Slotkosten oder betriebswirtschaftlichen Gewinnen. Transportinfrastrukturen verweisen auch auf das Vertrauen seitens Staat und Kapital in eine kontinuierliche wirtschaftliche Prosperität: Großinvestitionen in die Verkehrsinfrastruktur sind Spekulationen auf ein stetes Wachstum des Handelsvolumens und damit auf den anhaltenden Wohlstand der Nationen. Megaschiffe, die in feierlichen Zeremonien mit einer Flasche Champagner vom Stapel gelassen werden, enorme staatliche Investitionen in Automatisierungstechnologien und in große

Visionen von Handelshäfen – all diese grandiosen Infrastrukturen, oft unvernünftig im Ausmaß und Tempo ihres Wachstums, sind ebenso Symbole und Projekte der Moderne, wie sie wirtschaftliche Gebrauchsgegenstände sind.[29]

Im Kern sind Logistikprojekte monumentale Projektionen der *Dauerhaftigkeit* der kapitalistischen Zukunft, es geht ihnen nicht primär um die Versorgung des Gemeinwesens. Ungeachtet der jüngsten terminologischen Verschiebung, waren Infrastrukturen noch nie nur langlebige öffentliche Projekte zur Förderung der lokalen Wirtschaft oder zur organisierten Versorgung der Öffentlichkeit. Wenn wir aber die Infrastrukturentwicklung in den Kontext der Kapitalakkumulation stellen, die technische Systeme und Räume zu schaffen sucht, welche den Warenverkehr über große Entfernungen hinweg gewährleisten sollen, können wir die scheinbare Dauerhaftigkeit und Größe dieser Infrastrukturen als Quelle einer fragilen Spekulation und dauerhaften Ungeheuerlichkeit verstehen. Als ungeheure und beeindruckende Infrastrukturgebilde sind sie greifbar gewordene Versprechungen und Wetten auf künftiges kapitalistisches Wachstum. Zusätzlich zu ihrer Rolle bei der Zirkulation und Verwertung des Kapitals erfüllen Megaschiffe und Megahäfen auch semiotische und symbolische Funktionen: Sie übertragen Projektionen ökonomischer Macht in den Körper einer ungeheuren logistischen Infrastruktur.

So gesehen, privatisieren die spekulativen Investitionen von Staaten und Kapital das Eigentum an den Verkehrsmitteln und gleichzeitig vergesellschaften sie die Risiken, indem sie die Auswirkungen dieser Infrastrukturen ungleich auf die Bevölkerung verteilen. Da es im industrialisierten globalen Norden mittlerweile normal ist, mit einem Mausklick eine Warenlieferung binnen Zweitagesfrist auszulösen, ist es wohl wichtiger denn je, sich bewusst zu machen, dass die beschleunigten Praktiken der Just-in-Time-Konsumption, Distribution und Produktion von der politischen Wirklichkeit nicht zu trennen sind, sondern zur aktiv betriebenen Prekarisierung und Enteignung schwächster Bevölkerungsgruppen beitragen. Dieselben Infrastrukturen, die den Güterverkehr erleichtert und effizienter gemacht haben, haben gleichzeitig das Leben und die Mobilität der einkommensschwachen Gemeinden in deren Umgebung wesentlich erschwert. Deshalb ist es wichtig, die vielfältige, gewaltsame Art und Weise zu beleuchten, in der Logistiksysteme, die eigentlich für das Lebensnotwendige und für Arbeitserleichterung sorgen sollen, letztendlich Ungleichheit, Ausweglosigkeit und „das Risiko eines vorzeitigen Todes" mit sich bringen.[30]

25   Betty Karnette, *Alameda Corridor: Linking National Rail Network to Local Ports*. In: *Los Angeles Times*, 18. August 1994, http://articles.latimes.com/1994-08-18/news/hl-28 697_1_alameda-corridor-local-ports-ports-of-long-beach [zuletzt aufgerufen: 26.07.2018].

26   Allan Sekula und Noel Burch (Reg.), *The Forgotten Space*. Doc.Eye Film und WILDart Film 2010.

27   Nach dem Transkript der Rede des Kongressabgeordneten Stephen Horn in: *The Forgotten Space*, 2010, ab Minute 41:27.

28   Vgl. Chu, wie Anm. 9, S. 353.

29   Vergleichbare Argumente in einem anderen Kontext finden sich in der Literatur zu Wasserkraftwerken als Projekten der Moderne. Siehe z. B. James L. Kenny und Andrew Secord, *Public Power for Industry: A Reexamination of the New Brunswick Case, 1940–1960*. In: *Acadiensis* 30 (2), 2001, S. 84–108; W. J. T. Mitchell *Landscape and Power*, Chicago und London 2002 (1994) sowie Erik Swyngedouw, *Liquid Power: Contested Hydro-Modernities in Twentieth-Century Spain*, Cambridge (MA) 2015.

30   Vgl. Ruth Wilson Gilmore, *Golden Gulag: Prisons, Surplus, Crisis, and Opposition in Globalizing California*, Oakland 2007, S. 33.

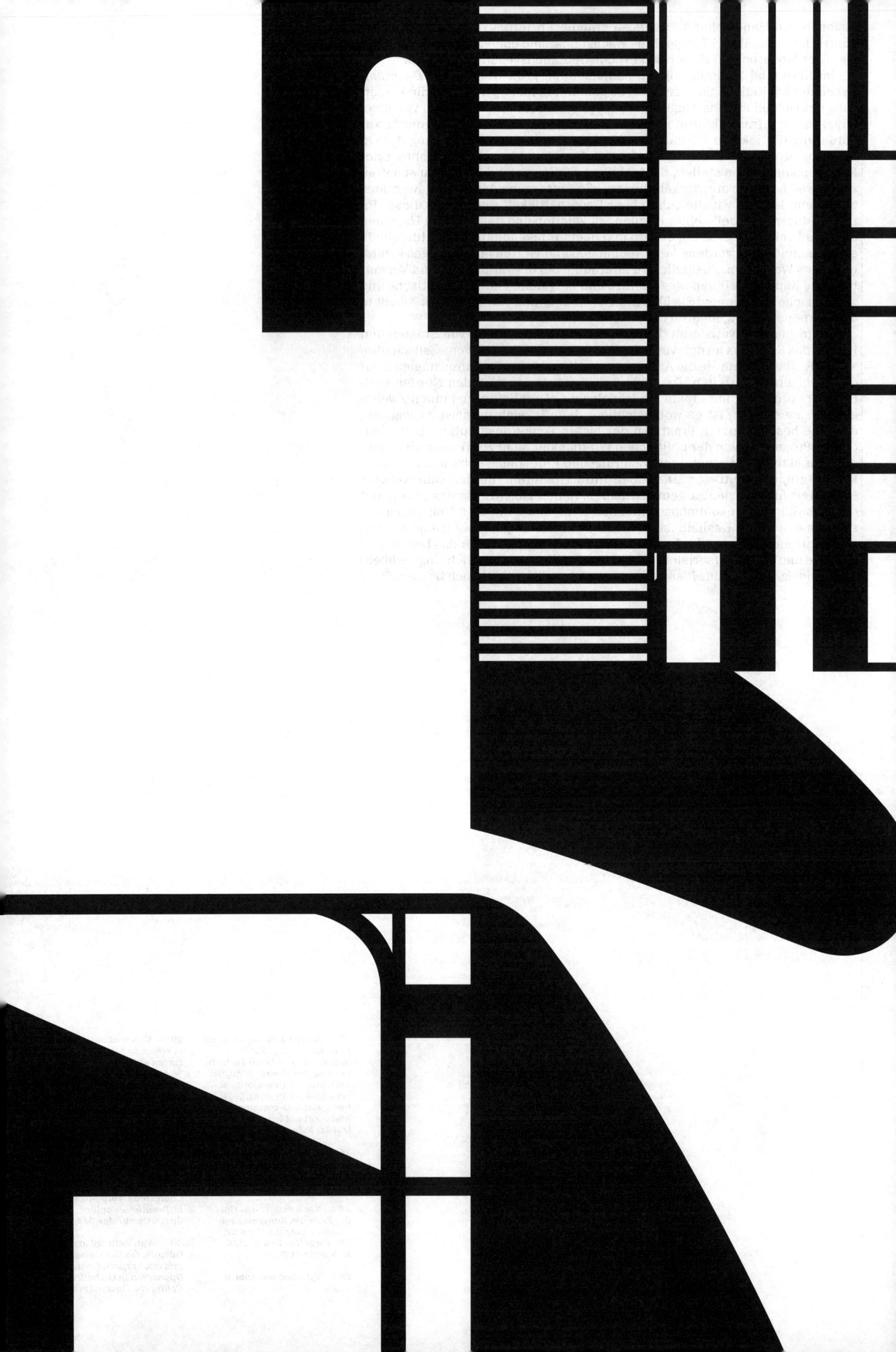

Logistical Monstrosities:
Megaships, Megaports, and Infrastructures of Violence[1]
by Charmaine Chua

In the past five years, the world's largest shipping companies have been locked in a battle for the title of "World's Largest Ship." First, AP Moller Maersk launched the first of twenty Triple-E class megaships with a capacity of 18,000 TEU (twenty-foot equivalent units). "The Triple-E," then-CEO Eivind Kolding declared, "will be the biggest ships you will see for some time."[2] Less than a year later, China Shipping Container Lines announced the CSCL Globe, a 19,100 TEU ship launched in November 2014. Then came the MSC Oscar at 19,224 TEU, followed by new 20,000 TEU Maersk ship orders. Finally in 2016, OOCL ordered six 21,000 TEU ships—and that, for now, is where things stand, with the OOCL Hong Kong claiming the title of the first ship to cross the 21,000 TEU Mark when it was delivered in 2017. To provide these numbers with a sense of scale, a single 18,000 TEU ship can carry 864 million bananas, while a 21,000 TEU ship can hold 1.1 billion bananas: one for every person in the United States and on the continent of Europe combined. It is unclear at which point the physical limits of engineering will impede the expansive ambition of shipping liners.

In the sixty years since the world's first commercially successful container ship *Ideal X* set sail from Newark, New Jersey in 1956, container-carrying capacities have increased by 1200%, and in the last ten years alone, by 80%. Megaships of 18,000 TEU and above have come to dominate the shipping industry with a startling rapidity, on the basis that they achieve greater efficiencies by lowering slot costs. While the economies of scale provided by these ships seem beneficial from the perspective of an individual company seeking to lower its costs, this is much less the case for the industry as a whole: as the rush of megaships bloat the global shipping fleet, they exacerbate overcapacity, where the total cargo space available on all the world's ships far exceeds the trade volumes they would help transport. Worse, these ship expansions demand a corresponding expansion of built space on land. Ports are frequently confronted with the need to make heavy infrastructural adaptation to support the new peaks in shipping volume, placing disproportionate financial and environmental burdens on the communities surrounding these port cities.

In this essay, I seek to examine the social, spatial and political effects of monstrous scales of infrastructural expansion. As the global economy has come to depend increasingly on the growth of logistical circuits, an under-examined outcome of demands for just-in-time delivery is the corresponding growth in large-scale built environments to enable the movement of such goods. What is particular about global supply chains is that they simultaneously require the coordination of fast, liquid flows of commercial capital, at the same time as they depend on dense, rooted transit infrastructures to move their goods. In the process, the demand for faster consumption and a speedier logistical network has prompted heavy infrastructural adaptations that draw on public funds for private benefit, while their risks are socialized, borne by vulnerable populations situated along the supply chain.

"It's an Arms Race": Megaship Expansion in Economic Logic

At first blush, neoclassical economic rationales for the megaship boom seem to make sense: since the international standardization of the shipping container, ships have sought to increase in size to increase their efficiency over distance. Building bigger vessels allows ship owners to capture economies of scale in fuel and crew costs, allowing them to lower the unit costs per container and restore profitability through cost-saving measures. If a single mega-vessel can now carry what it used to take three ships to transport, fuel costs can be cut by as much as fifty per cent, and crew sizes reduced by almost half. These measures have been crucial for maximizing the profits of large container lines such as Maersk: since their super-post-panamax ships have launched, their freight costs have gone down from $3,108 per TEU in 2012, to $2,100 in 2017.[3]

In micro-economic terms, these cost reductions allow larger corporations to capture the market share of global container capacity. For individual carriers, the rationale for ordering bigger, more technologically advanced and fuel-efficient ships is based on competitive dynamics at the firm level: the

1   This essay is a revision of a talk originally given at the Sonic Acts festival, Amsterdam in February 2017.

2   World Maritime News Staff, "First Triple-E Class Vessel Launched," *World Maritime News,* March 4, 2013.

3   Maersk Line, *Maersk Strategy and Performance – Q1 2017,* p. 15, http://investor. maersk.com/static-files/93f6 33a3-8235-4ed9-bac5-c1cfc6fcc2ae [last accessed July 14, 2018].

bigger the ships and the larger the proportion of the fleet comprised of them, the greater the ability to edge out competitors by lowering slot costs.

At an industry-wide level, however, these calculations quickly begin to meet with wider problems. In the last few years, companies have supplied so many vessels that hundreds of behemoth ships have come into service at the same time, making it difficult for carriers to match demand with burgeoning supply. Since the 2008 financial crisis, trade volumes have not recovered sufficiently, and returns on capital have remained low, resulting in ships transporting goods across the oceans with far less than their maximum loads, resulting in what the industry terms "overcapacity."[4] Overcapacity poses a supply-side challenge for the shipping industry: if ships only travel half-filled, the fuel and slot cost savings these large ships were designed for are largely cancelled out, forcing companies to drive down their freight rates.

This overcapacity problem carried heavy consequences. On August 30, 2016, under the weight of a $5.4 billion debt, the seventh largest shipping company in the world, Hanjin, filed for bankruptcy. Its eighty-five ships across Asia, Europe and North America were stranded as creditors rushed to seize assets and ports refused to allow Hanjin ships to dock because of uncertainty over who would pay their bills. The bankruptcy left more than eighty massive container ships, half a million containers, 3,000 sailors, and $14.5 billion worth of goods stranded at sea. Hanjin's bankruptcy was a result, in part, of an industry where the expansion of ship sizes brought so much container capacity onto the market without accompanying trade growth that ships began to suffer the weight of over-speculation. According to some analysts, low freight demand, overcapacity problems, and the consequent tightening of profit margins led to the top four carriers sustaining a cumulative loss of $3.5 billion in 2017.[5]

Although mainstream economists approach megaship expansions as a problem that can be "solved" by bringing supply and demand back into equilibrium, incentives at the level of the individual firm create an industry-wide paradox of overcapacity, placing immense pressure on the public infrastructure on which they rely. Each time megaships increase in size and capacity and lumber their way onto the market, they demand huge outlays of public finances on the construction of corresponding ports. Because shipping networks depend on unstable and dynamic ensembles of physical, social, and financial infrastructures that are conceived and constructed at different local and regional scales, the extent to which megaships can fulfill their projected economic outcomes depends on the ability of port cities to support their growing bodies.

Thus, while the growth of megaships presents an intriguing economic puzzle in and of itself, less examined is the socialization of risk that private investments in megaship growth places on the port infrastructures of various hinterlands. While shipping liners may understand their investment in burgeoning ship sizes as efforts to reduce per unit costs, their corresponding demand on corresponding ports require intensive outlays of public finances. The internal contradictions of capitalist circulation do not only come to the fore in view of the shipping industry's inability to forestall a self-made overcapacity crisis, but also in the monstrosity and uncertainty revealed in logistics' networked structure. Unlike the ship, ports, railways and other landed transportation infrastructures are fixed into the landscape, contributing to the uneven geographical development of spaces of capital accumulation. A fuller account of the political impacts of megaship growth thus should examine how the viability of infrastructural investment in megaship building directly hinges on the production of related port and terminal infrastructure elsewhere, producing a networked uncertainty between capital and its dependence on state investments in logistical circuits.

Port Expansion and the Unendurable Distribution of Logistical Violence

In fact, ports worldwide are only just beginning to understand the impact of this growing presence of megaships. Terminals originally built to discharge cargo from an earlier era of ship sizes are now struggling to handle cargo from ships that in 2005 had twice, and now in 2018 four times those carrying capacities.

All ports fear being replaced by the quicker, more efficient passage, so they invest heavy fixed capital in upgrading their infrastructure. The prospect of receiving bigger ships with larger volumes of cargo has increased the competitive dynamics of urban centers and nations seeking to attract big ships to their ports, and the revenue associated with increased maritime traffic. Major seaports from Long Beach to New Jersey have been investing in capital-intensive adaptations, leading to what some have called the "battle of the ports."[6] Cargo traffic in the Port of Los Angeles, for example, has increased 700 % since the early nineteen eighties, and the port now has a ten million containers per-year throughput of imports and exports.

To accommodate this traffic as well as to increase its competitiveness, the port of Los Angeles has engaged in two consecutive rounds of infrastructural adaptation through landfill, bridge-raising, and dredging projects. Building a megaport is a mammoth task, both financially and spatially. Channels must be dredged to make way for a deepwater harbor, not only once but repeatedly, in order to counter the tides that are constantly depositing sand. Islands are blown up. Crane heights must either be raised, or replaced by larger ones al together. Yard space in the docks must be increased to support the higher volumes of containers entering the port at any one time. In the hinterland, highways, railroad corridors or intermodal systems are required to support the concentration of cargo coming into the city at any one time. Stowage plans for dockyards now have to accommodate up to three times the container loads coming into port than just a few years ago. These infrastructural modifications, which have to be made repeatedly as megaships have continued to grow, have caused widespread delays in ports across the globe. Once vessel capacity exceeds a terminal's ability to efficiently load and unload increasingly bigger ships, backlogs reverberate around the globe.

David Harvey notes the uniquely concrete nature of capital invested in infrastructural development when he writes that "capital necessarily creates a physical landscape in its own image."[7] This form of development has a highly qualitative element that escapes simple numeric measurement in the context of economic costs. Whereas flows of money are highly fluid, infrastructure is a form of fixed capital which "becomes literally fixed in some physical form for a relatively long period of time," and in which "social expenditures also become territorialized and rendered geographically immobile through state commitments."[8]

In this respect, it is important to consider how the demands of megaship expansion distribute the consequences of monstrous expansion unevenly: today, port cities battle to become logistics hubs because gaining a foothold as a distribution gateway has become one of the chief ways to maintain state revenues now that many manufacturing plants have been outsourced or relocated to the South. Because spatial fixes involve long-lived physical and social infrastructures that take many years to return their value to circulation through the productive activity that they support, cities and nations take large risks in investing in costly infrastructure that may be superseded well before their costs can be amortized. States that do not have the ability to invest public and private funding into the heavy, immobile, and quickly superseded port machinery and large-scale infrastructure quickly lose out.

In this way, the growth of supply chain networks has prompted states to justify the environmental costs and public funding of private infrastructure as necessary developments to tap into the potential economic benefits of a logistics economy. If the value of infrastructural projects depends on their performance

4   Maritime Executive Staff, "Megaship Herd Mentality," *The Maritime Executive,* February 9, 2015, https://www.maritime-executive.com/article/megaship-herd-mentality#gs.kXyh8fA [last accessed August 8, 2018].

5   Richard Milne, "Maersk Misses Profit Forecasts as Global Trade Growth Slows," *Financial Times,* February 9, 2018, https://www.ft.com/content/89200c9e-0d7d-11e8-8eb7-42f857ea9f09 [last accessed July 14, 2018].

6   See for example Martin Danyluk, "Fungible Space: Competition and Volatility in the Global Logistics Network," *International Journal of Urban and Regional Research* (forthcoming), and Jeffery Spivak, "The Battle of the Ports," *American Planning Association,* May/June 2011, http://aapa.files.cms-plus.com/Battle%20of%20the%20Ports%20-%20Planning%20mag%20-%20May_June%202011.pdf.

7   David Harvey, "The 'New' Imperialism: Accumulation by Dispossession," *The Socialist Register,* vol. 40, pp. 63–87, here p. 66.

8   Ibid., p. 65

of durability and corresponding ability to obtain a revenue stream for the state, the state is in turn incentivized to build infrastructure whose primary purposes are neither immediately publicly functional nor responsive to collective need, but rather to channel corporate flows of capital, and facilitate a structure of urban planning and decision-making in which corporations seeking enhanced mobility have extraordinary power to make determinations over where and how public funding should be spent, and on which infrastructures. As states are pressured to organize space in a way that is made safe for logistics flows, local actors produce governance systems and rationales that argue that the region's economic future depends on optimizing future port capacity, rationalizing public investment in infrastructure for private benefit. In turn, forms of dispossession, environmental racism and vulnerability become justified through the necessity of monstrous expansion. In this sense, infrastructures of global circulation are more than just technical apparatuses for the mobilization of matter into legible human resources.[9] They are also the physical manifestation of the state's plans for the future shape of its productive forces.

The Alameda Corridor project in Southern California provides one example of the role the state has played in funding logistical complexes. Planning for port expansion began in the nineteen eighties with the creation of The San Pedro Bay Ports 2020 Master Plan and the Alameda Corridor project. Both plans highlighted the need for key infrastructural projects to make space for future economic growth. Amongst other adaptations like dredging the harbor to provide deeper channels for large ships, the plan called for the construction of a vast inland distribution system that could link the ports of Los Angeles and Long Beach with rail, highway and intermodal facilities.[10] The ensuing proposal to construct a $2.4 billion Alameda Corridor would involve the creation of new institutional arrangements that enabled Alameda Corridor proponents to apply for funding from regional, state and federal agencies. To enable the logistical project to gain access to funds otherwise reserved for freeway, light rail and other public transportation projects, proponents of the corridor formed governance institutions, including the Alameda Corridor Transportation Authority (ACTA), which lobbied for broad support from the Los Angeles County Metropolitan Transport Authority (LACMTA), and the San Pedro Bay Ports Harbor Commissions. Transportation leaders from these institutions framed the need for public funding of distribution networks on the basis that logistics spending was a public good. The argument would prove successful, as shortly thereafter President Bill Clinton signed a federal loan for $400 million, a decision based on regional, state and federal actors successfully framing Southern California's logistics network as "a public good worthy of federal funding."[11] In total, the $2.4 billion needed to complete the Alameda Corridor came from a mix of public and private sources, including revenue bonds (51%), federal loans (18%), the ports (18%), California State grants (8%), and other sources (5%), mostly from the LACMTA.[12]

The Alameda Corridor example suggests that beyond their specific economic investments in railways, roads and other physical conduits, the state's production of a space for circulation is also a *political* investment in treating the reproduction of the relations of production *as* the public good. "In reality," testified the executive director of the Port of Los Angeles, "the beneficiary of the Alameda Corridor's successful completion and operation is the American public, to whom our domestic and global transportation efficiency is critical."[13] In this framing, as Juan De Lara argues, Keller conflates the interests of capital with the interests of an undifferentiated "American public," and leverages this equation to justify the use of public funds for producing and constructing a logistical economy in the interests of capital. This conflation organizes social life through the treatment of economic growth as a proxy for public welfare, even as this conceit relies on uneven power relations that differentiate environments and people based on their relationship to systems of supply.

The 700% increase in cargo at the port of Los Angeles since the early nineteen eighties has placed uneven environmental burdens on the Southern California region.[14] The first burden is spatial: the volume of cargo coming into the ports of Los Angeles and Long Beach has increased from ten million in the early 2000s to 17.5 million in 2017.[15] With a densely populated urban area, and a built environment constructed to only receive half of current container loads, the Ports of Los Angeles and Long Beach have had to find space to hold and transport all the cargo that is being imported and exported. The solution proposed in 1981 was the Alameda Corridor, which I have mentioned earlier in the chapter. The Alameda Corridor is a twenty-mile long rail cargo expressway that links the ports of Los Angeles and Long Beach to a transcontinental rail network. At least half of the corridor cuts a three rail, ten-mile long, thirty-three-foot deep and fifty-foot wide open-air trench through Los Angeles's lowest-income neighborhoods.

The Corridor was built on the justification that the ports and coastal areas of Southern California lacked enough space to shoulder increased shipping loads. Logistics advocates suggested that by building a rail corridor that could ship containers quickly past the ports and into Southern California's "inland empire," shippers could avoid congestion, meet their just-in-time delivery demands and use "cheap land" to invest in larger warehouses.[16] If Alameda Corridor advocates—largely the political and business elite—justified public spending on the basis that the "main beneficiary" of an enlarged logistical

9   Julie Chu, "When Infrastructures Attack: The Workings of Disrepair in China," *American Ethnologist*, vol. 41, issue 2, 2014, pp. 351–367.

10   See Steven P. Erie, *Globalizing L.A.: Trade, Infrastructure, and Regional Development*, Stanford University Press, 2004.

11   Juan De Lara, *Inland Shift: Race, Space, and Capital in Southern California*, Berkeley, University of California Press, 2018, p. 45.

12   Ibid., p. 46

13   Larry Keller, in *The Alameda Corridor Project: Its Successes and Challenges*, Washington, US Government Printing Office. www.house.gov/reform, 2001 [last accessed July 14, 2018].

14   Ibid.

15   See the Port of Los Angeles website, https://www.portoflosangeles.org/ [last accessed July 14, 2018].

16   De Lara, 2018, p. 56.

17   Alameda Corridor Project 2001

18   Will W. Recker, "Mitigating the Social and Environmental Impacts of Multimodal Freight Corridor Operations at Southern California Ports," *University of California Transportation Center Digital Library*, 2008, https://escholarship.org/uc/item/5dg5w4kp [last accessed July 14, 2018].

19   Human Impact Partners, "Los Angeles and Long Beach Maritime Port HIA Scope," prepared for the United States Environmental Protection Agency, working draft, May 17, 2010.

20   See Recker, 2008, 1. An OECD study of shipping emissions found that this number is similarly high in other major ports, with Hong Kong's port emissions contributing to 89% of total city emissions, and Rotterdam's port contributing 23–40%. See Olaf Merk, *The Competitiveness of Global Port-Cities: Synthesis Report*, OECD 2014, p. 33, https://www.oecd.org/cfe/regional-policy/Competitiveness-of-Global-Port-Cities-Synthesis-Report.pdf [last accessed August 7, 2018].

21   State of California, Air Resources Board, "Methodology for Estimating Premature Deaths Associated with Long-Term Exposure to Fine Airborne Particulate Matter in California," 2008, www.arb.ca.gov/research/health/pm-mort/pm-mortdraft.pdf [last accessed July 14, 2018].

22   Human Impact Partners, 2010.

23   Personal Interview with Robert Cabrales, Communities for a Better Environment, November 5, 2014.

24   Ibid.

25   Betty Karnette, "Alameda Corridor: Linking National Rail Network to Local Ports," *Los Angeles Times*, August 18, 1994, http://articles.latimes.com/1994-08-18/news/hl-28697_1_alameda-corridor-local-ports-ports-of-long-beach.

26   Allan Sekula and Noel Burch (dirs.), *The Forgotten Space*, Icarus Films, 2012.

27   Transcribed from Congressman Horn's speech in *The Forgotten Space*, 2012.

distribution network was "the American public,"[17] they were not considering the corridor's impact on local populations. The cities along the Alameda Corridor bore the brunt of restructuring in the nineteen seventies and eighties: between 1978 and 1982, more than 75,000 manufacturing jobs were lost in cities south of downtown Los Angeles. Unsurprisingly, the restructuring corresponded to changes in the demographic composition of the region: once white working class suburbs are today majority Black and Latinx working class cities, whose neighborhoods the Alameda Corridor now buttresses or cuts through. In cities such as South Gate, the Latinx population increased from 4% of the population in 1969 to 46% by 1980, and 83% in 1990. Similar population changes occurred in Maywood, Lakewood Bellflower and Bell, all cities affected by the Alameda Corridor.[18]

The second burden is environmental. Shipping-related emissions from the ports of Los Angeles and Long Beach are estimated to contribute to a total of 59% of total city emissions,[19] while roughly one third of all goods movement emissions across the state of California are generated in the Los Angeles region.[20] Many of the vehicles associated with logistics complexes, including trucks, trains, and container ships, operate on diesel fuel or heavy fuel oil, which release cancer-causing toxins. The State of California Air Resources Board estimates that by 2008, approximately 3,700 Californians had died from cancer caused by exposure to logistics-related traffic and diesel emissions. It also estimates that far more—18,000—died annually from exposure to ambient levels of diesel particulate matter.[21] Furthermore, port expansion disproportionately affects parts of the Southern California region with high concentrations of poor, Black and Latinx residents. Data form the Los Angeles County Health Survey reveals that Long Beach communities in close proximity to the Port of Los Angeles experience higher rates of asthma, coronary heart disease and depression (2.9 percentage points on average), compared to other communities in Los Angeles.[22]

When I took a "toxic tour" of these cities in November 2014, there was a thick smell of oil in the air whenever we stepped off the bus. Led by Robert Cabrales, a community organizer with Communities for a Better Environment, the toxic tour is an effort to raise awareness around the toxicity and environmental harm experienced by these neighborhoods laid waste by the logistics industry. Cabrales tells me that the necessity of global goods movement is used constantly to justify the pollution, displacement and policing of neighborhoods: "The Alameda Corridor cut a line through many neighborhoods. It divided families across a street."[23] For Cabrales, communities who fight against displacement, eviction and pollution in their neighborhoods are constantly aware of the ways in which the global supply chain bypasses them while leaving them to suffer its effects. "We know that these goods are going to continue coming through our cities, but they don't come to us. They aren't from the community and the benefits don't stay here. We have to pay attention to global goods movement because we have no choice but to see it every day."[24]

When the Alameda Corridor opened on April 12, 2002 to much fanfare, private investors, members from the House of Representatives and harbor commissioners gathered by the waterfront to celebrate it as a job creator, one of the first public-private partnerships in the region, and a key to the future success of the ports of Los Angeles and Long Beach. Then Los Angeles Mayor Richard Riordan opined that the California Gold Rush would pale in comparison to the lasting boom that would come by linking local ports directly to the national rail network.[25] The documentary *The Forgotten Space* features the scene of this opening rather prosaically: the film opens onto the Port of Long Beach on a typically hot, sunny day.[26] A marching band fully decked out in regalia sits on a stage, while the camera pans from business-suited men taking pictures to the containers rolling by on ships in the port. A railroad engine belonging to Union Pacific is emblazoned with a flying American flag, accompanied by the words "Building America." Behind these scenes, the disembodied voice of California Congressman Stephen Horn declares with gravitas: "I believe that as we sit here today, right behind us is the Silk Road of the new millennium, because California is the gateway to the Pacific Rim and Latin America. And our being here today also is a further demonstration that we're standing up to what took place on September 11. We're not looking inward; we're looking outward, and that's a very important thing for us to do. And our presence here demonstrates the freedom born when we are on the cutting edge of technology, in the greatest state in the United States of America."[27] Embedded in Congressman Horn's comments is a set of depictions of global trade worth analyzing. By understanding the Alameda Corridor as "the Silk Road of the new millennium," Horn links the economic wellbeing of the state of California to its ability to act as a pathway of global trade.

The politics surrounding the construction of the Alameda Corridor exemplify the complicated relationships between corporate, city, and state interests that enmesh citizens and vulnerable populations within negotiations over how and where to build infrastructures of global circulation. Although transportation infrastructure projects are usually national projects, they are global in the sense that they both symbolically represent cities' intertwinement with global networks of trade, and are also economically interdependent on the global volumes brought into their port. As federal, state and municipal governments identify infrastructure as a critical area of state intervention and investment, such projects are often imagined as *global* projects of modernity, which imagine and seek to produce cities in the image of modern, "world class" spaces of economic wealth.

In this sense, infrastructures of global circulation manifest the state's bet on the future of continued capital accumulation by materializing this hope in physical transport infrastructures. Even as supply chain infrastructure seeks to make goods move more fluidly through the city, the construction of such infrastructure fixes and freezes built environments in territorial space, placing disproportionate environmental, spatial, and social burdens on the public *in the name of whose benefit* such infrastructures are built. Rather than think about megaships and megaports simply in terms of their potential economic benefit, then, we might understand these infrastructures as materialized bets on the durability of capital accumulation. As the state-capital nexus seeks to build this durable future, facilitating the expanded reproduction of capital through the growth of global logistics space, these infrastructures become burdens on the public that spatially fix concrete spaces of transit through contested and uneven processes of rescaling and dispossession. As such, it becomes important to understand the expansion of logistical infrastructure not only in terms of the physical system of circulation it enables, but also in terms of the irrational rationalities that these obsessions with monstrous expansion entail. In this sense, as Julie Chu argues, infrastructures "typically manifest as second-order agents of distribution; they are partial objects always gesturing to other flows and transactions for their completion as meaningful social forms."[28]

If we understand transport infrastructures to be the underlying material networks that regulate the mobility of capital over the mobility of people, then in a capitalist economy their function to both capital and the state goes beyond purely microeconomic concerns with slot costs or firm-level profits. Infrastructures of mobility also gesture toward the state and capital's faith in the durability of economic wellbeing: heavy investments in transportation infrastructure are a speculative bet on the continued growth of trade volumes, and thus the continued wealth of the nations. Megaships that are unveiled in grand ceremonies by the port and nudged into the water with a champagne bottle; heavy state investment in the automated technologies and grand vistas of the commercial port—these grandiose infrastructures, often insensible in the size and speed of their expansion, are as much figurations and projects of modernity as they are utilitarian economic objects.[29]

At the heart of logistical projects are monumental projections of the *durability* of capitalism's future, more so than they are about collective provisioning. Infrastructures, despite the recent terminological shift, have never only been durable public works that stimulate local economic development or collectively provision the public. Instead, once we contextualize the development of infrastructure within the context of capital accumulation that seeks to construct technical systems and spaces to ensure the flow of commerce across long distances, we can better understand the apparent durability and scale of these infrastructures as sources of both speculative fragility and durable monstrosity. As monstrous and grandiose infrastructural forms, they are materialized promises and bets on the future of capitalist growth. In addition to their role in the circulation and realization of capital, megaships and megaports also perform semiotic and symbolic functions that graft projections of economic power onto the body of monstrous logistical infrastructures.

Viewed in this way, the speculative investments made by states and capital privatize the ownership of the means of circulation, while socializing risks by distributing the effects of these infrastructures unevenly across the population. As the act of clicking on a button for a two-day shipping delivery has become normalized in the industrialized global North, it is perhaps more critical than ever that we are reminded that accelerated practices of just-in-time consumption, distribution, and production are not separate from political realities but contribute to the active precaritization and dispossession of vulnerable populations. The same infrastructures that have made flows of goods more possible and efficient have also rendered the lives and mobilities of the low-income communities around them much more difficult. In this way, it is critical that we interrogate the multiple and violent ways in which the logistical systems that are supposed to provision the conveniences and necessities of life actually distribute inequality, containment and "vulnerability to premature death."[30]

28   Chu 2014, p. 353.

29   For a different context in which such an argument is made, see the literature on hydroelectric dams as projects of modernity, for example James L. Kenny and Andrew Secord, "Public Power for Industry: A Reexamination of the New Brunswick Case, 1940–1960," *Acadiensis*, vol. 30, no. 2, 2001, pp. 84–108; W.J.T. Mitchell, *Landscape and Power,* Chicago and London 2002 (1994); and Erik Swyngedouw, *Liquid Power: Contested Hydro-Modernities in Twentieth-Century Spain,* Cambridge (MA), 2015.

30   Ruth Wilson Gilmore, *Golden Gulag: Prisons, Surplus, Crisis, and Opposition in Globalizing California,* Oakland, University of California Press, 2007, p. 33.

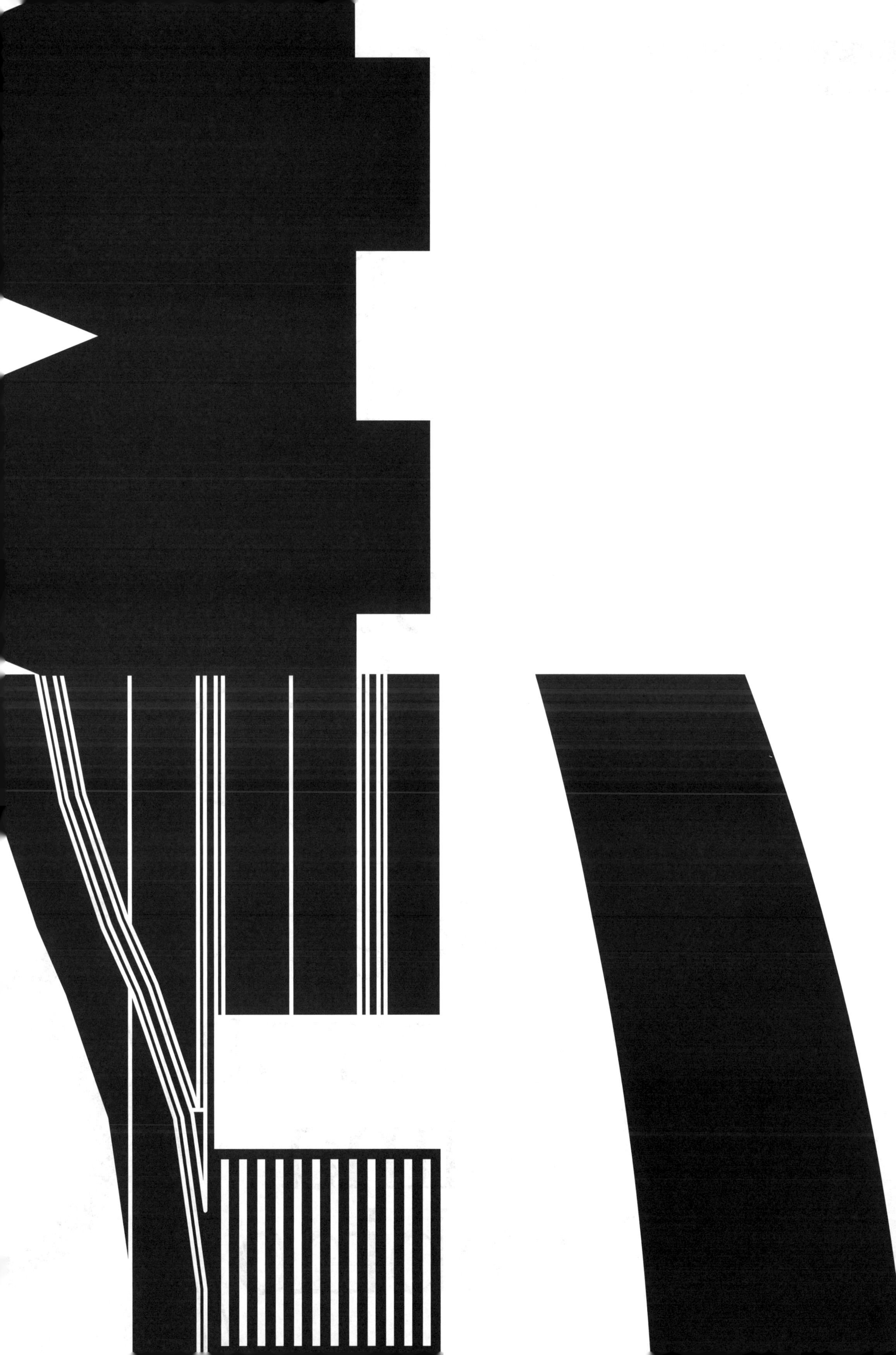

Die Neuerfindung von Anaklia: Testlauf-Landschaften entlang der Neuen Seidenstraße

Tekla Aslanishvili, Evelina Gambino

Küstenruinen

Nach einer kurzen Fahrt südwärts, von dem westgeorgischen Küstenörtchen Anaklia quer durch ein riesiges unwegsames Gebiet, wo einmal kleine Höfe gestanden hatten, verwandelt sich die holprige Straße für dreihundert Meter in einen Prachtboulevard. Unvermittelt und von Palmen gesäumt taucht er hinter einem Berg aus riesigen Betonwellenbrechern auf, nur um kurz darauf ebenso unerwartet in dem Busch- und Sumpfland zu enden, das die Umgebung Anaklias größtenteils prägt. Rechts vom Boulevard erhebt sich hinter den Palmen ein futuristisches Gebilde: Massive, von Stahlpfeilern getragene Glasflächen schweben im Raum, als versuchten sie voreinander und vor dem Boden zu fliehen. Bei näherer Betrachtung zeigt das aus der Ferne so glänzend und neu anmutende Gebilde bereits Zeichen des Verfalls – eine Folge des rauen Klimas, dem es an der georgischen Schwarzmeerküste ausgesetzt ist. Durch den häufigen Regen sind seine Kanten verrostet, und durch die salzhaltige Luft und den Wind hat die Metallbeschichtung abzublättern begonnen. Obgleich diese seltsame Landschaft die meiste Zeit verlassen ist – liegt sie doch zu weit entfernt von der Dorfmitte, als dass die Menschen auf ihren täglichen Besorgungsgängen dort vorbeikämen –, hat sie ein Eigenleben entwickelt, das auf all ihren Bauten Spuren hinterlassen hat. Und so hält auch die Tatsache, dass das Glasgebäude rund um die Uhr von Sicherheitspersonal bewacht wird, die Dorfjugend nicht davon ab, die unvollendete Prachtstraße als Rennstrecke zu nutzen. An ihrem Anfang und Ende stehen mit Kreide die Worte „Start" und „Ende" geschrieben. Zwar wischen Straßenkehrer sie regelmäßig weg, doch vor dem nächsten Rennen stehen sie wieder da.

Das Dorf Anaklia liegt im äußersten Nordwesten Georgiens, nur wenige Kilometer von Abchasien entfernt, einem De-facto-Staat, der seit dem Zusammenbruch der Sowjetunion Schauplatz mehrerer Kriege war. Die Siedlung, die derzeit nur mit dem Auto oder unregelmäßig fahrenden Minibussen erreichbar ist, soll demnächst ein Durchgangs- und Knotenpunkt für Waren und Menschen werden, der Georgien zu einer der wichtigsten Etappen des Zentralkorridors der „Neuen Seidenstraße" machen wird. Das auch unter dem Namen „One Belt, One Road" bekannte, von China initiierte Projekt soll die Volksrepublik mit dem europäischen Markt verbinden. Zu diesem Zweck wird ein beispielloses Logistikinfrastrukturnetz aufgebaut, das aus mehreren konkurrierenden Korridoren besteht. Diese transnationalen Korridore umfassen eine Reihe neuer und bereits bestehender Projekte. Die Idee, Anaklia zu einem Verkehrsdrehkreuz zu machen, ist jedoch älter als die chinesische Initiative. Das Seidenstraßen-Projekt dient lediglich als allerneueste Begründung für den logistischen Ausbau des Küstendorfs. Davor waren andere geopolitische und sozioökonomische Gründe angeführt worden. Zurückgebaut wurde keiner dieser früheren Vorstöße; heute bilden sie vielmehr die – mitunter verdeckte – Grundlage, auf der neue Entwicklungen Form annehmen. Seit Herbst 2017 ist ein beträchtlicher Teil des Gebiets für die Erschließungsmaßnahmen abgeriegelt, die für den Bau eines Tiefseehafens, dem künftigen Herzstück dieses neuen Drehkreuzes, notwendig sind. Der Hafen soll auf einem früheren Wohngebiet entstehen; die Häuser wurden bereits abgerissen und das Dorfleben von der Küste verdrängt. Dieser sichtbare Eingriff ist nur die der neueste einer ganzen Reihe mehr oder weniger invasiver Eingriffe in das Gemeindegebiet von Anaklia in jüngster Zeit. Im vorliegenden Text befassen wir uns mit den fragwürdigen Eigenarten dieser Eingriffe und gehen dabei auf ihre unterschiedlichen Aspekte ein, von ästhetischen über zeitliche bis hin zu ökonomischen, sowie auf die Arbeitsverhältnisse, die im Schatten und in Auseinandersetzung mit dem Gespenst der Logistik entstanden sind. Die Beobachtungen, die dieser Analyse zugrunde liegen, stammen aus unseren ineinandergreifenden Forschungsprojekten: ein Dokumentarfilm und eine Dissertation, in denen es um die Entwicklung von Anaklia als Stadt der Zukunft und Logistikzentrale geht sowie um die im Zuge dieses Prozesses hergestellten sozialen Verhältnisse.

Der Aufstieg der Logistik zum Kernelement des weltweiten Kapitalismus unserer Zeit ist eng verbunden mit der Schaffung neuer Formen der raumzeitlichen Organisation des globalen Raums, die sich wiederum aus vielfältigen, örtlich gebundenen raumzeitlichen Landschaften zusammensetzen und von diesen infrage gestellt werden. Die Grundlage für die Expansion des Logistiksektors in der zweiten Hälfte des 20. Jahrhunderts war die Entwicklung der Just-in-Time-Produktion (JIT). „JIT ist eine zirkulationistische Produktionsphilosophie, die sich am Konzept des ‚kontinuierlichen Flusses' ausrichtet, in dem alles, was nicht in Bewegung ist, eine Form der Verschwendung (‚Muda'), eine Profitschmälerung darstellt."[1] JIT funktioniert gemäß eines spezifischen Raum-Zeit-Regimes, das von einer, wie David Harvey es beschreibt, Zeit-Raum-Verdichtung gekennzeichnet ist.[2] Innerhalb dieses Regimes werden Eigenschaften wie „Geschwindigkeit" und „Lückenlosigkeit" zu Schlagwörtern einer Neuausrichtung von Raum und Zeit, die nach einer Ausdehnung auf globaler Ebene strebt.

Trotz aller Bemühungen um möglichst reibungslose und standardisierte Abläufe ist die Entwicklung der Logistik auch immer durch Zusammenstöße und gelegentliche Konflikte mit den unterschiedlichen lokalen Lebenswelten, die sie einzubinden beabsichtigt, und durch deren routinemäßige Aneignung gekennzeichnet.[3] Für uns stellen diese Zusammenstöße entscheidende Momente in der Umsetzung neuer, tiefgreifender Formen der Unterdrückung dar. Gleichzeitig eröffnen sie Möglichkeiten des Widerstands. Die unschönen Räume, die in der südlichen Kaukasusrepublik Georgien im Laufe eines Jahrzehnts des Logistikausbaus entstanden sind, stehen im Mittelpunkt unserer gemeinsamen Arbeit. Indem wir diese Räume und die Reibungen, die sie charakterisieren, untersuchen, wollen wir eine facettenreiche Geschichte von Übergängen, Blockaden, Ängsten und Projektionen erzählen und die dramatischen Veränderungen begreifen, die das Land nach dem Zusammenbruch der Sowjetunion erfasst haben.

In Georgien folgten die Investitionen im Logistiksektor auf Jahrzehnte der Unsicherheit durch Kriege und Wirtschaftskrisen, unterbrochen nur von der rücksichtslosen Privatisierung von Räumen und Dienstleistungen. Die aktuellen Versuche, das Land zu einem lückenlosen Transitkorridor zu machen, verändern sowohl seine innere Geografie als auch seine geopolitische Bedeutung.

In den nationalen Fortschrittsszenarien hat Georgiens nahe und zugleich mythische Zukunft als Transitkorridor längst einen zentralen Platz eingenommen und versetzt das Land in einen Zustand scheinbar immerwährender Erwartung und Vorwegnahme. In der Tat ist das (Er)warten auch über Georgien hinaus zu einer alles beherrschenden Tugend der kapitalistischen Zeitlichkeit geworden, die einen ganz eigenen Zeitbezug hervorbringt. In dieser Zeitlichkeit bestimmt ein ständig zurückweichender Horizont der Zukunft unser Handeln in der Gegenwart. In Georgien vermischt sich diese Erwartung – beziehungsweise die von ihrer dauernden Schmälerung herrührende Angst – mit dem Reigen von Kredit und Schulden, die seit der Einführung des privaten Bankwesens eine wichtige Funktion im Leben der verschiedenen Bevölkerungsgruppen eingenommen haben. In den gebauten Formen der Logistikprojekte laufen all diese raumzeitlichen Bezugspunkte zusammen.

1   Vgl. Jasper Bernes, *Logistics, Counterlogistics and the Communist Prospect.* In: *Endnotes* 3, 2013, S. 172–201, https://endnotes.org.uk/articles/21 [zuletzt aufgerufen: 16.08.2018].

2   Siehe David Harvey, *Spaces of Capital: Towards a Critical Geography,* New York 2001.

3   Siehe Anna Tsing, *Friction. An Ethnography of Global Connection,* Princeton (NJ) 2004, und dies., *Supply Chains and the Human Condition.* In: *Rethinking Marxism* 21 (2), 2009, S. 148–176.

Tekla Aslanishvili, Evelina Gambino
Die Neuerfindung von Anaklia: Testlauf-Landschaften entlang der Neuen Seidenstraße

Lasika

Die einführend beschriebene Landschaft hat die ihr zugedachte Aufgabe nie erfüllt. Sie ist der Überrest eines verfrühten Versuchs, Anaklia ins Zentrum globaler Logistikrouten zu rücken. Der ehemalige georgische Präsident Micheil Saakaschwili persönlich hatte den Bau des im Jahr 2011 vom georgischen Architekturbüro Architects of Invention entworfenen Gebäudes in Auftrag gegeben. Das „Rathaus" beherbergt neben Behörden und Trauungssälen in den oberen Stockwerken auch Büroräume und ist eines von drei Bauwerken, die in diesem öden Sumpfland errichtet wurden. Saakaschwili hatte damals den ambitionierten Plan, das Gebiet – benannt nach dem antiken Reich Lasika – in ein Logistik-Drehkreuz samt Sonderwirtschaftszone zu verwandeln.

2012 wurde unweit des Rathauses ein weiteres Bauwerk errichtet: die Pier Sculpture des deutschen Architekten und Künstlers Jürgen Hermann Mayer. Sie weist alle Merkmale der sogenannten Blob-Architektur auf, wenn auch auf minimalistische Weise. Mit den Algorithmen modernster Designsoftware wurden ihre weißen Metallkörper perfekt modelliert und ein ephemeres, aber zugleich sehr imposantes Gebilde geschaffen.

Saakaschwili, der Georgien ein Jahrzehnt lang regierte, kam 2003 in Folge der Rosenrevolution an die Macht und wurde nach mehreren Skandalen um Amtsmissbrauch wieder abgesetzt. Unter seiner Regierung öffnete sich das Land für eine neoliberale Wirtschaftspolitik und es wurden so rasante wie tiefgreifende Deregulierungs- und Privatisierungsprozesse in die Wege geleitet, die Georgiens Wirtschaft noch heute prägen. Der ehemalige Präsident war auch für seinen ausgefallenen Architekturgeschmack bekannt und übte während seiner Amtszeit einen erheblichen Einfluss auf die bauliche Entwicklung Georgiens aus. Er tat sich auch gern mit seinem Sinn für Raumkonzepte hervor, die sich zur Veranschaulichung seiner politischen Visionen eigneten.[4]

In seinen letzten vier Regierungsjahren beauftragte Saakaschwili das Architekturbüro J. MAYER H. mit einer Reihe von fließenden Gebäuden, die staatliche Einrichtungen zur Koordination und Steuerung des Waren- und Güterverkehrs auf georgischem Boden beherbergen sollten. Der Grenzübergang Sarpi, die neuen Flughafengebäude in Kutaissi und Mestia und der Bahnhof von Achalkalaki – der selbst Teil eines weiteren, sehnlichst erwarteten Logistikprojekts ist, der Bahnlinie Kars-Achalkalaki-Tiflis-Baku[5] – weisen alle die gleichen Gestaltungsmerkmale auf und setzen damit eine Ideologie der freien Formen und experimentellen Strukturen um, in denen Rechenleistung zum Einsatz kommt für die (Selbst-)Organisation der Steuerung von Raum, Arbeitskraft und Handel.

Hätte Saakaschwili 2012 die Wahlen nicht an ein vom Oligarchen Bidsina Iwanischwili geführtes Bündnis verloren, die Sonderwirtschaftszone Lasika hätte die Krönung seines wirtschaftlichen Credos und seines postmodernen Architekturfetischs sein können. Das gemeinsam mit dem damaligen Wirtschaftsminister Kacha Bendukidse – bekannt als der leidenschaftlichste Verfechter der freien Marktwirtschaft Georgiens – ins Leben gerufene Projekt sah ein teilautonomes Territorium vor, in dem der freie Handel ungeachtet aller Einschränkungen durch nationale Gesetze hätte florieren können, da Sondervorschriften den Einsatz verschiedener Devisen erlaubt und das Gros der Im- und Exportsteuern auf Güter aufgehoben hätten. Daneben waren weitere Standbeine geplant: der internationale Tourismus und Infrastrukturprojekte wie ein Seehafen und ein ultramoderner Flughafen, die sich für Lasika gleichermaßen bezahlt gemacht hätten.

Performative Raumprodukte

Schon in seiner Embryonalphase wurde dieser strahlend blaue, „lückenlose" Himmel allerdings von Widersprüchen getrübt, von denen die postsowjetische Entwicklung des Landes geprägt war. In einem unserer Interviews mit den Architekten, die am Entwurf des Rathauses mitgewirkt haben, stellte sich heraus, dass das Gebäude ursprünglich für eine andere georgische Hafenstadt bzw. ein anderes Industriezentrum gedacht war, nämlich für Poti. Dort wurde es im Rahmen des öffentlichen Wettbewerbs nicht angenommen, aber im Jahr darauf von Präsident Saakaschwili persönlich ausgewählt. Diesmal für die vorgeblich vollkommen neue Stadt Lasika. In einer offiziellen Stellungnahme des Architekturbüros heißt es, Ästhetik und Konstruktion seien stark von Yona Friedmans „Schwebender Stadt" beeinflusst. Wir möchten darauf hinweisen, dass Friedman bei diesem Projekt vor allem an Gestaltungsmethoden interessiert war, bei denen die Bewohnerinnen und Bewohner in den erratischen Planungsprozess einbezogen und die Anpassung des Wohnraums an ihre Bedürfnisse möglich werden würde. „Ich bin gegen jegliche vorgefertigte Planung", bekräftigte er in einem Interview mit *Archdaily*. „Es ist der Prozess des Austestens, der uns in allen Technologien vorwärts bringt. [...] Ein auf dem Papier entworfener Plan mag eine gute Idee sein, aber auch nicht mehr. Alles muss kontinuierlich getestet und verbessert werden."[6]

Für Friedman ist das Konzept des Austestens nur durch echte und vollkommene Mobilität, Flexibilität und Zufälligkeit in Bezug auf die räumliche Formgebung eines Gebildes, auf den physischen Körper der Bauwerke anwendbar. Beim Rathaus von Lasika wurden diese Prinzipien in ästhetischer Hinsicht umgesetzt, in funktionaler Hinsicht jedoch nicht. Anstatt sich nach den Bedürfnissen und Interessen der ortsansässigen Bevölkerung zu richten – nicht zuletzt, weil es ursprünglich für einen ganz anderen Zusammenhang geplant wurde –, ist es ein fremdartiges Objekt in einer öden Landschaft geworden. Eine Konstruktion, deren schwebende Raumkörper ihre zufällige Komposition nur vorgeben und deren einzige mobile Elemente die Schreibtische der Arbeitskräfte im Inneren der Großraumbüros sind. Die Gebundenheit und Entrückung der Konstruktion treten durch ihren aktuellen Verfall nur noch deutlicher hervor. Das Architekturbüro Architects of Invention insistiert hingegen, die Konstruktion sei „eine Verschmelzung von Bauwerk und Skulptur." Damit gibt es quasi selbst zu, dass das Gebäude Friedmans Prinzipien mehr fetischisiert als umsetzt, indem es sie in einer endgültigen materiellen Form fixiert.

Das Rathaus ist daher nicht nur sichtbarer Ausdruck all der großen ambitionierten Vorhaben, in Anaklia ein flexibles, technologiegesteuertes und sich selbst verbesserndes urbanes Leben zu entwickeln, sondern auch all der Fehler, die solche Fantasien unweigerlich beinhalten. Der dem Rathaus zugrunde liegende Betrug steht – ebenso wie dessen Unfähigkeit, sich einer im Wandel begriffenen Umgebung anzupassen oder dem tatsächlichen gesellschaftlichen Bedürfnissen zu entsprechen – für die wirkliche „Dummheit" vieler weiterer Smart-City-Bauprojekte (auch die modernerer Volkswirtschaften), in denen Intelligenz bloß simuliert wird.[7]

Der Bau des Rathauses und des angrenzenden Boulevards im Miami-Stil haben ihren Zweck, nämlich flexible Flächen für lokale Bedürfnisse zu liefern, nicht erfüllt. Die Form verdrängt den Inhalt: Das Gebäude, das mit akrobatischen Kunststücken und einer tollkühnen Schlacht gegen die Schwerkraft und die Gesetze der Physik beschäftigt zu sein scheint, ist ganz auf die Schaffung „des technologisch Erhabenen" ausgerichtet. Das baulich Erhabene dient als Zeichen für das, was Fredric Jameson als eine andere Art historisches Bewusstsein definiert, das Bewusstsein, als Nation die globale Bühne zu betreten.[8] „Die Architektur, die ehedem antagonistische, steht dem Wirtschaftssystem heute nicht nur zu Diensten, sondern verherrlicht dessen schlimmste Triebkräfte und errichtet ihre abstoßenden

Monumente mit einem Mantel aus Glas und Stahl von arroganter Wohltätigkeit, bar jeder gesellschaftlichen Funktion, wenn nicht der Zurschaustellung ihres eigenen Glanzes. Sie ist nun Struktur um der Struktur willen.“[9]

Die Gebäude sind also performative Strukturen: Sie sind Teil eines Diskurses, dessen Parameter auf globaler Ebene aufgestellt werden und durch den Austausch von Kapital in Form von Investitionen sowie durch Menschenströme in Form von Tourismus an Wert gewinnen, der dann lokal realisiert wird. Ob in Lasika, Tiflis, Baku, Astana, Kuala Lumpur, Shanghai oder London, „die Räume des Spektakels regen zu einer antizipativen Verwertungslogik an, das heißt zu Spekulationen in Vorwegnahme ökonomischer, ästhetischer und politischer Gewinne durch Verkehr und Vernetzung.“[10]

Präsident Saakaschwili hat es nicht für nötig befunden, einen fertigen Plan für Lasika auszuarbeiten, der den lokalen, kulturellen und historischen Gegebenheiten gerecht geworden wäre. In Interviews mit Vertretern des Anaklia Development Consortium (ADC), das für den Bau des Tiefseehafens in Anaklia verantwortlich zeichnet, wird zudem klar, dass es keinerlei Konzepte, Pläne oder Managementstrategien für die Stadt der Zukunft gab, die Saakaschwili vorschwebte. Die damalige Regierung entschied stattdessen, das Fundament für diese Entwicklung zu legen, indem sie willkürlich Objekte errichten ließ, mit denen die fetischisierten Schlüsselbegriffe des Supply-Chain-Kapitalismus ästhetisch angedeutet werden: Elastizität des Raums, Mobilität von Menschen und Waren, globale Standardisierung, algorithmisches Management, lückenlos, reibungslos.

Unter den Überresten dieser Vorhaben findet sich auch ein billig produziertes Werbevideo, das exemplarisch für das steht, was Keller Easterling das aufkommende Genre des urbanen Pornos nennt.[11] Es stellt den greifbarsten Beleg für Saakaschwilis Vision dar: „Aus dem Weltall nähern wir uns einem Punkt auf dem Globus. Grafiken mit Verbindungen und Flugzeiten zu bedeutenden Großstädten weisen diesen Flecken Erde, wo immer er auch sein mag, als das Zentrum globaler Aktivitäten aus … Eine sonore Kinotrailer-Erzählstimme beschreibt die erforderlichen Infrastrukturmaßnahmen. Während wir näher heranzoomen, reißen die Wolken auf und geben den Blick auf die unzähligen digitalen Sonnenreflexe einer strahlend neuen Wolkenkratzer-Metropole frei.“[12]

Die feierliche Eröffnung des Rathauses sollte symbolträchtig auf den Tag der georgischen Parlamentswahlen 2012 fallen. Das Wahlergebnis verdarb die Feier jedoch, denn die amtierende Regierung fuhr ein historisch schlechtes Ergebnis ein, welches das Ende von Saakaschwilis Amtszeit einläutete. In Folge dieser Niederlage verharrte das Projekt in den nächsten Jahren in einem Schwebezustand. 2015, nur drei Jahre später, verkündete die neue Regierung die Erschließung des Tiefseehafens von Anaklia.

Der Hafen von Anaklia

Anders als in Lasika, das ein staatliches Projekt war, wurde die Planung und Umsetzung des Tiefseehafens von Anaklia der privaten Arbeitsgemeinschaft Anaklia Development Consortium übertragen, bestehend aus zwei Firmen: dem georgischen Unternehmen TBC Holding und der amerikanischen Unternehmensgruppe Conti International, die eine auf 50 Jahre befristete Konzession für das Gebiet von Anaklia besitzen; danach gehen die Anlagen in Staatsbesitz über. Darüber hinaus hat die georgisch-amerikanische Unternehmenspartnerschaft mit der Erschließung einer Sonderwirtschaftszone begonnen, dazu zählt auch eine Smart City, die sich über ein Gebiet von 2000 Hektar in direkter Nachbarschaft zum Hafen erstreckt. Die ehemalige stellvertretende Wirtschaftsministerin Irma Kavtaradze bestätigte, dass „Anaklia City“ einzig und allein die Idee des Konsortiums war. Aber wie kann ein privates gewinnorientiertes Konsortium die „Vision“ für eine Stadt entwickeln, die intelligent und inklusiv zu sein behauptet? Oder allgemeiner gesagt, ist es überhaupt möglich, dass hinter einer (privaten oder staatlichen) am Reißbrett entworfenen und von Grund auf neu erbauten Smart City eine inklusive, über bloß methodologische Fragen hinausgehende Vision steht?

Im Rahmen der Spekulationen um die mögliche Zukunft von Anaklia City[13] geht die Medienhistorikerin Orit Halpern näher auf das Phänomen des „Testumgebungs-Urbanismus“ ein und weist darauf hin, dass die ganze Idee des Testlaufs daher rührt, dass er nichts Reales ist, sondern eine Simulation – in diesem Fall eine, die es uns erlaubt, in einer realen Umgebung zu experimentieren und infrastrukturelle und großformatige Geo-Engineering-Projekte durchzuführen, ohne sagen zu müssen, was am Ende dabei herauskommt. „Die Testumgebung [...] verwandelt Zeit, Veränderungen und Ereignisse in Ungewissheiten und Testläufe. Dies ist eine neue Verwaltungsform, die im Namen einer neuen Epistemologie der Unbegrenztheit, der Nicht-Normativität und der Spekulation auf Normen, Häufigkeitsverteilungen und dem Statistikapparat eines älteren demografischen, staatlichen und wirtschaftlichen Denkens verzichtet. Dies mag potenziell befreiend wirken, doch untergräbt der Normverlust gleichzeitig die moralischen Grundlagen des Handelns. Politische Entscheidungsfindung wird konstant aufgeschoben und technokratisch gehandhabt.“[14] Folglich existiert für Zonen wie Lasika oder Anaklia City keine materielle Vision, sondern lediglich eine technologieorientierte Methodik, die das Produkt als Antwort auf Qualitätsstandards liefert. Doch werden diese Standards auch im Kontext der gescheiterten georgischen Wirtschaft, territorialer Konflikte und sozialer Schwachstellen funktionieren?

4   Owen Hatherley, *Saakashvili didn't need interesting architects to design the New Georgia.* In: *Dezeen*, 12. November 2015, https://www.dezeen.com/2015/11/19/owen-hatherley-opinion-mikheil-saakashvili-politics-architecture-new-georgia-ukraine/ [zuletzt aufgerufen: 16.08.2018].

5   http://www.jmayerh.de/130-0-Railway-Station.html [zuletzt aufgerufen: 16.08.2018].

6   Vgl. Vladimir Belogolovsky, *Imagine, Having Improvised Volumes „Floating“ In Space, Like Balloons,* Interview mit Yona Friedman, 27. Januar 2016, https://www.archdaily.com/781065/interview-with-yona-friedman-imagine-having-improvised-volumes-floating-in-space-like-balloons [zuletzt aufgerufen: 16.08.2018].

7   Vgl. Orit Halpern, *Beautiful Data: A History of Vision and Reason Since 1945,* Durham 2014, S. 196.

8   Siehe Fredric Jameson, *Postmodernism, or, the Cultural Logic of Late Capitalism,* London 1991, S. 32–38. Deutsch: *Postmoderne – zur Logik der Kultur im Spätkapitalismus,* übers. von Hildegard Föcking und Sylvia Klötzer. In: Andreas Huyssen und Klaus R. Scherpe (Hg.), *Postmoderne. Zeichen eines kulturellen Wandels,* Reinbek 1986, S. 45–102, hier S. 76–81.

9   Alex Cocotas, *Design for the One Percent.* In: *Jacobin Magazine,* https://www.jacobinmag.com/2016/06/zaha-hadid-architecture-gentrification-design-housing-gehry-urbanism/ [zuletzt aufgerufen: 16.08.2018].

10   Vgl. Aihwa Ong, *Hyperbuilding: Spectacle, Speculation and the Hyperspace of Sovereignty.* In: Ananya Roy und Aihwa Ong (Hg.), *Worlding Cities: Asian experiments and the art of being global,* Chirchester 2011, S. 205–226, hier S. 209.

11   https://www.youtube.com/watch?v=wuJlXTUUQfM [zuletzt aufgerufen: 16.08.2018].

12   Vgl. Keller Easterling, *Extrastatecraft: The power of Infrastructure Space,* London 2014, S. 103.

13   Das vollständige Interview wird in Tekla Aslanishvilis Dokumentarfilm *Algorithmic Island* zu sehen sein.

14   Vgl. Orit Halpern, Jesse LeCavalier, Nerea Calvillo und Wolfgang Pietsch, *Test-Bed Urbanism.* In: *Public Culture* 25 (2), 2013, S. 272–306, hier S. 295.

Die anstößigen urbanen Embryonen, die als Platzhalter eines konkreten Planungsprozesses dienen, haben bis dato nur zu Ruinen geführt. Dies ist teils auf inadäquate finanzielle, technische und menschliche Ressourcen zurückzuführen, teils der Propaganda vor den Wahlen geschuldet. Nichtsdestotrotz zeugen sie von den problematischen Besonderheiten und Auswirkungen solcher Infrastrukturprojekte. Obgleich die Umsetzung nicht einmal richtig begonnen hat, beeinflusst das spekulative Vorgehen, das Gebiet Anaklias wie eine Testumgebung und seine Bevölkerung als Versuchskaninchen zu behandeln, bereits das Leben vor Ort.

Boden, Spekulation und Zeitlichkeit in Anaklia

Nachdem wir die materiellen Auswirkungen und die in der Tat destruktiven Effekte logistischer Ambitionen auf dem Territorium von Anaklia in den Blick genommen haben, möchten wir, ausgehend von ebenso materiellen Prozessen, das Augenmerk auf den Wandel der gesellschaftlichen Verhältnisse in Anaklia und die mitunter widersprüchlichen räumlichen Praktiken und Zeitlichkeiten, auf denen sie beruhen, richten.

In einem kürzlich in der Zeitschrift des Anaklia Development Consortium veröffentlichten Artikel erklärt Keti Bochorischwili, Leiterin des Anaklia-City-Projekts, sie sei damit betraut, „die Stadt der Zukunft" zu bauen. Das schwingt auch in den Worten eines jungen georgischen Anthropologen mit, den wir im Rahmen unserer vielen Gespräche mit Wissenschaftlerinnen, Wissenschaftlern und Ortsansässigen über Anaklia und Lasika interviewt haben. Es ging dabei um den Stellenwert, den der Ausbau von Anaklia im öffentlichen Diskurs des Landes seit dem Niedergang des Lasika-Projekts eingenommen hat. „Man könnte fast meinen, Anaklia sei alles, was das Land noch zusammenhält, die Aussicht auf Stabilität und Wohlstand, die der Hafen bringen wird … [sie] wird stets als die sprichwörtliche Möhre für den Esel gepriesen; so wird die Hoffnung am Leben gehalten, ohne je in Erfüllung zu gehen. Ich würde sagen, in gewisser Weise unterscheidet sich das nicht von der kommunistischen Zeit, als es hieß, der Kommunismus könne erst nach der Vollendung des Sozialismus erreicht werden: Wenn wir nur einen weiteren Fünf-Jahres-Plan umsetzten, könnten wir es schaffen … Niemand hat es jemals bis dahin geschafft!" Auch wenn es sich hier um eine subjektive Schilderung handelt, gibt sie doch ziemlich genau die generelle Sichtweise wieder, die wir bei unseren Gesprächspartnerinnen und -partnern feststellen konnten. Zwar waren sich nicht alle über den Stellenwert von Anaklia in der kollektiven Fantasie einig, doch teilten die meisten die Einschätzung über die Entstehung von Anaklia. In den Diskussionen über den Hafenbau herrscht ein allgemeines Misstrauen, und obwohl die Menschen – vor allem die Ortsansässigen – die Bauarbeiten unmittelbar miterleben, bezweifeln viele, dass der Hafen jemals in Betrieb genommen wird.

Dieses Misstrauen ist in erster Linie eine raumzeitliche Haltung, und zwar eine, die man durch die sukzessiven Eingriffe in die Geografie Anaklias seit dem Zusammenbruch der Sowjetunion gelernt und bisweilen verlernt hat. Die Verwandlung des kleinen Küstendorfes in einen globalen Logistik-Hub vollzieht sich in einer schier endlosen Anzahl zukunftsorientierter Gesten: ein Prozess des Austestens, in dem das Land, die Menschen und die Diskurse ständig neu gemischt werden. Zwischen den einzelnen Testläufen finden Eröffnungsfeiern statt, wie die missglückte Feier von Saakaschwili oder die erfolgreiche Feier

zum Auftakt der Erschließungsarbeiten für den Hafen. Manchmal führen sie jedoch auch zu Ereignissen, die sowohl zeitlich als auch räumlich über eine Einweihung hinausgehen, und geben dem Leben derer, die den Entwicklungsprozess Anaklias miterleben, eine neue Richtung. Wie die Anthropologinnen Penny Harvey und Hannah Knox in ihrem Buch über den Bau von Highways in Südamerika schreiben, beeinflussen Auftaktveranstaltungen und entsprechende Gesten auf vielfältige Weise die Politik der Erwartung, die mit großen Infrastrukturprojekten einhergeht. Sie kennzeichnen weit mehr als nur den Anfang oder das Ende, sie setzen Zeichen im Leben der Infrastruktur, weil sie nicht bloß Erwartungen wecken, sondern auch zu Machtverlagerungen führen, die sich weit über die Grenzen der Infrastruktur hinaus auswirken.[15]

Während „missglückte" Eröffnungen (und, wie wir gesehen haben, auch die Ruinen, die sie hinterlassen) eindeutig dazu beitragen, in dem zu erschließenden Territorium Misstrauen zu wecken, haben andere Ereignisse eine Verräumlichung des gespaltenen Verhältnisses der ortsansässigen Bevölkerung zu den laufenden Projekten zur Folge.

Raum für Schulden und Spekulation

Für den geplanten Bau von Lasika kam es zu massiven Landenteignungen durch die Regierung. Der Zusammenbruch der Sowjetunion hatte zu einer groß angelegten, unkontrollierten Privatisierung von Staatseigentum geführt. Die heutige Lage hinsichtlich Bodennutzung und Privatbesitz in Georgien ist ein Resultat dieser lange Zeit währenden ursprünglichen Akkumulation. Streitigkeiten kamen immer dann auf, wenn Großprojekte die Diskrepanz zwischen effektiver Bodennutzung und amtlich verbrieften Besitzansprüchen offenlegten. Gemäß einer Regierungsverordnung, die das Eigentumsrecht für Agrarflächen regelt, dürfen georgische Staatsbürgerinnen und -bürger, die vor 1994 willkürlich ein Stück Land in Besitz genommen und es seitdem genutzt haben, dieses Land als ihr Eigentum registrieren lassen. In der Gegend um Anaklia ist Landwirtschaft die wichtigste Einkommensquelle und bildet die Lebensgrundlage der Menschen vor Ort. Im Zuge der Vorbereitungen des Lasika-Projekts wurde für Agrarzwecke ausgewiesenes Land seinen „Besitzerinnen und Besitzern" teils unrechtmäßig und ohne Entschädigung weggenommen. Gerechtfertigt wurden diese Enteignungen, indem man die Bäuerinnen und Bauern ihrerseits beschuldigte, sich den staatlichen Boden einfach genommen zu haben, und sie nun drängte, es zum Wohle des ganzen Landes zurückzugeben. Das Scheitern des Projekts hatte außerdem zur Folge, dass einige Ortsansässige schließlich mitbekamen, dass ihr Land, das nun in die zweite Planungswelle miteinbezogen wurde, bereits für das ursprüngliche Projekt enteignet worden war.

Um gesellschaftliche Unzufriedenheit über die Erschließung von Anaklia City und dem angrenzenden Hafen zu vermeiden, gab die aktuelle Regierung den unrechtmäßig enteigneten Boden an die Besitzerinnen und Besitzer zurück und bot ihnen im Anschluss hohe Entschädigungssummen an. Infolge dieses Prozesses, der hauptsächlich zwischen 2016 und 2017 stattfand, zählt das kleine Dorf mittlerweile an die 18 neue Millionärinnen und Millionäre und die Grundstückspreise haben sich verdreifacht. Die Besitzerinnen und Besitzer des angrenzenden Landes, also außerhalb der Pufferzone und des zukünftigen Hafenareals, blieben davon bisher unberührt. So wurden binnen sechs Monaten Menschen mit bislang ähnlichen Lebensstilen durch eine unsichtbare Grenze entlang des zukünftigen Hafens getrennt, und dieselben Leute, denen die Regierung eingetrichtert hatte, ihr Land sei wertlos, lernen nun, was es bedeutet, Grundbesitz zu haben. Zudem sind die Unsicherheiten und Konflikte in Bezug auf Entschädigungszahlungen noch nicht vom Tisch, denn es kursieren Gerüchte, dass bald neues Land aufgekauft werden müsse, sollte das Hafengebiet um das für die angrenzende Sonderwirtschaftszone notwendige Land erweitert werden. Die Auswirkungen derartiger Gerüchte sind zum Beispiel, dass nur noch wenige Menschen Häuser in Hafennähe bauen. Die meisten hoffen, irgendwann viel Geld für ihren Grund und Boden zu bekommen. Ganz anders stellt sich die Lage in dem direkt an den Hafen angrenzenden Landstrich dar, wo sich Binnenflüchtlinge aus dem Abchasien-Konflikt angesiedelt haben. Der Boden, auf dem sie leben, ist derzeit noch als Staatseigentum registriert, und die Frage, ob auch ihnen Entschädigungen zustehen, ist noch nicht geklärt.

Die abrupten Veränderungen in Wert und Nutzung des Landes, die über das Gemeindegebiet von Anaklia hinweggegangen sind, bereiten jetzt schon den Boden für zukünftige soziale Abgrenzungen und potenzielle Konflikte in der Dorfgemeinschaft. Bislang haben viele der neuen Millionärinnen und Millionäre den einfachen Lebensstil der Zeit vor ihrer Entschädigung beibehalten: Einige üben noch immer ihren alten Beruf aus, und alle leben noch im Dorf. Aber der Großteil des neuen Geldes wurde in Immobilien angelegt. So ist die Hauptstraße von Anaklia mit Neubauten gesäumt, einer dicht neben dem anderen, denn Bauland ist teuer, und man möchte sich einen Platz in Ufernähe sichern. Die meisten dieser Neubauten gehören den neuen Millionärinnen und Millionären, aber nicht alle. Einige Dorfbewohnerinnen und -bewohner haben Kredite aufgenommen, um an dem Bauboom teilhaben zu können, der die Küste von Anaklia heimgesucht hat. Beobachtet man das direkt an der Küste gelegene Neubaugebiet, ist festzustellen, dass hier wohl unterschiedliche Zukunftsbezüge koexistieren. Diejenigen Neueigentümerinnen und -eigentümer, die sich verschuldet haben, müssen auf den Wohlstand hoffen, den der Bau des Hafens verspricht, damit sich ihre Investitionen auszahlen. Sollte sich die aktuelle Entwicklung aber wieder nur als schief gelaufene Testphase erweisen, hätte das katastrophale Folgen. Die Anthropologin Tamta Khalvashi zeigt in ihren ethnografischen Studien zur postsowjetischen Unsicherheit an der Schwarzmeerküste, wie Verschuldung ganze Landstriche strukturiert und Zeithorizonte neu ausrichtet, da materieller Besitz und Zukunftspläne in den Strudel der Schuldentilgung geraten.[16] Ähnlich geht es den Millionärinnen und Millionären von Anaklia, die in ihrer relativ sicheren und zweifellos privilegierten Lage hoffnungsvoll in die Zukunft blicken können, obwohl sie auf einen Tourismusboom spekuliert haben, der sich erst noch bewahrheiten muss, was bedeutet, dass auch sie dem wankelmütigen Schicksal dieser gigantischen, unvorhersehbaren Infrastruktur ausgeliefert sein könnten.

Arbeitskraft

Ein weiteres gesellschaftliches und zeitgebundenes Spannungsfeld in Anaklia und Umgebung, das sich aus Georgiens spekulativer Logistik-Zukunftsplanung ergibt, hat mit der Umstrukturierung der Arbeitsabläufe zu tun. Einer der wenigen mit WLAN ausgestatteten Orte in der zukünftigen Smart City ist der winzige Raum, in dem das Anaklia Development Consortium (ADC) sein Informationszentrum eingerichtet hat. Das Zentrum wurde im März 2017 eröffnet und sollte die ortsansässige Bevölkerung über die Planungsprozesse des Hafens informieren und vor allem eine Datenbank mit den Humanressourcen auf dem lokalen Arbeitsmarkt erstellen. Gemäß einem Investitionsabkommen zwischen ADC und der georgischen Regierung ist das Konsortium verpflichtet, seine Belegschaft zu 90 % aus georgischen Bürgerinnen und Bürgern zu rekrutieren. Zudem wurde die Zuständigkeit im Bereich Weiterbildung der lokalen Arbeitnehmerschaft auf das private Konsortium übertragen. Als Reaktion auf diese Vorgaben der Regierung brachte die einzige Angestellte des Informationszentrums den Sommer und Herbst 2017 damit zu, eine quasi unüberschaubare Menge von Arbeitssuchenden aus der Gegend zu interviewen und eine Datenbank zu erstellen, aus der Bauunternehmen sich ihre zukünftigen Arbeitskräfte zusammensuchen können. Meistens bewerben sich Männer mittleren Alters. In ihrem Minibüro sammelte die ADC-Angestellte die persönlichen und beruflichen Angaben aller Bewerberinnen und Bewerber und fasste sie im Lebenslauf-Format zusammen, geordnet nach Qualifikationen, Geschlecht, Alter und anderen Kriterien. Der ganze Prozess war eher entmutigend. Zum einen für die Bewerberinnen und Bewerber, von denen die meisten – fast 70 % – ungelernte Hilfskräfte sind. Nur ein Bruchteil der Arbeitssuchenden besitzt die nötigen Kompetenzen, und selbst den älteren, noch zu Sowjetzeiten ausgebildeten Facharbeiterinnen und Facharbeitern fehlt es an den nötigen Qualifikationen für eine Festanstellung. Aus naheliegenden Gründen sind die meisten weder digital vernetzt, noch sprechen sie irgendwelche Fremdsprachen. Zum anderen entmutigend auch für die vielen Menschen, die ins Informationszentrum kommen, um konkrete Daten und Termine zu erfragen, sowohl zum Hafenbau als auch zu den Arbeitsplätzen, die er bringen werde. Denn sie bekommen fast immer dieselbe eingeübte Erklärung zu hören, die lediglich wiederkäut, was in dem umfangreichen Infomaterial über die Projektphasen steht, ohne irgendwelche konkreten Antworten zu geben. Das führt dazu, dass viele Bewerberinnen und Bewerber – mitunter wöchentlich – im ADC-Büro anrufen und nachfragen, ob und wann sie Arbeit bekommen, worauf sie die immer gleichen vagen Antworten erhalten. So ist die Arbeitsmarktlage, genauer gesagt: die Hoffnung auf künftige Arbeitsplätze, dem Konflikt um die Landenteignung nicht unähnlich: Kalkül, Überraschung und Angst vermischen sich und erzeugen eine prekäre Zeitlichkeit, in der die schlummernde Präsenz der gigantischen Infrastruktur gleichermaßen als Verlockung und als potenzielle Gefahr fungiert, auf die alle Zeithorizonte zulaufen.

15   Penny Harvey und Hannah Knox, *Roads: An Anthropology of Infrastructure and Expertise*, Ithaka 2015, S. 191. Vgl. Mathijs Pelkmans, *The Social Life of Empty Buildings: Imagining the Transition in Post-Soviet Ajaria.* In: *Focaal – European Journal of Anthropology* 41, 2003, S. 121–135.

16   Vgl. Tamta Khalvashi, *Peripheral Affects: Shame, Publics, and Performance on the Margins of the Republic of Georgia*, Dissertation, Kopenhagen 2015, S. 47–69 (https://www.academia.edu/31544233/Peripheral_Affects_Shame_Publics_and_Performance_on_the_Margins_of_the_Republic_of_Georgia).

Schluss

Indem wir ein paar wirkliche Geschichten, Eindrücke und Unstimmigkeiten zusammengetragen und natürlich auch die Enteignungen und die Brutalität thematisiert haben, die mit der Entstehung eines Logistik-Hubs verbunden sind, haben wir versucht, „die Konstruiertheit offenzulegen – sprich: das Durcheinander und die harte Arbeit, die mit der Planung, Umsetzung, Verbindung, Konvertierung und Verknüpfung diverser kapitalistischer Projekte verbunden sind –, durch die der Kapitalismus totalisiert und kohärent erscheinen kann."[17] Genau dieses Durcheinander kommt in der üblichen Darstellung der Logistik im Allgemeinen und der Neuen Seidenstraße im Besonderen nicht vor. Darstellungen des Seidenstraßen-Projekts begreifen diese Unternehmung nicht als ein Sammelsurium von Abläufen mit mannigfaltigen, mitunter widersprüchlichen lokalen Geschichten und Zwängen. Zu diesen Triebkräften gehören Zeithorizonte, Finanzsysteme unterschiedlicher Länder, belanglose Skandale und globale Ausbeutungsmuster; sie alle werden im Rahmen des Aufbaus der Infrastrukturnetzwerke, aus denen die verschiedenen Transitkorridore bestehen, mobilisiert. Kritische wissenschaftliche Studien haben gezeigt, dass das Streben nach lückenloser Konnektivität alte und morbide Formen der Unterdrückung reaktiviert.[18] Um zu verstehen, wie diese hergebrachten Prozesse konstant erneuert werden, ist es unserer Meinung nach notwendig, genau zu prüfen, wie „Ungleichheit aus heterogenen Prozessen entsteht, die Menschen, Arbeitskraft, Gefühle, Pflanzen, Tiere und Lebensstile in Ressourcen für verschiedene Produktionsprozesse verwandeln."[19] Das Durcheinander (nicht) zu interpretieren, ist politisch motiviert.

17 Vgl. Laura Bear, Karen Ho, Anna Tsing und Sylvia Yanagisako, *Gens: A Feminist Manifesto for the Study of Capitalism,* https://culanth.org/fieldsights/652-gens-a-feminist-manifesto-for-the-study-of-capitalism [zuletzt aufgerufen: 16.08.2018].

18 Deborah Cowen, *The deadly life of logistics: Mapping violence in global trade,* Minneapolis 2014; Laleh Khalili, *Coercion and Capital in the Making of Arabian Transport Infrastructure,* Vortrag am Centre for American Studies and Research der Universität Beirut, Videoaufzeichnung: https://thegamming.org/2016/05/10/lecture-on-capital-and-coercion-in-the-making-of-arabian-transport-infrastructures/ [zuletzt aufgerufen: 16.08.2018]; Charmaine Chua im vorliegenden Katalog.

19 *Gens: A Feminist Manifesto,* wie Anm. 17.

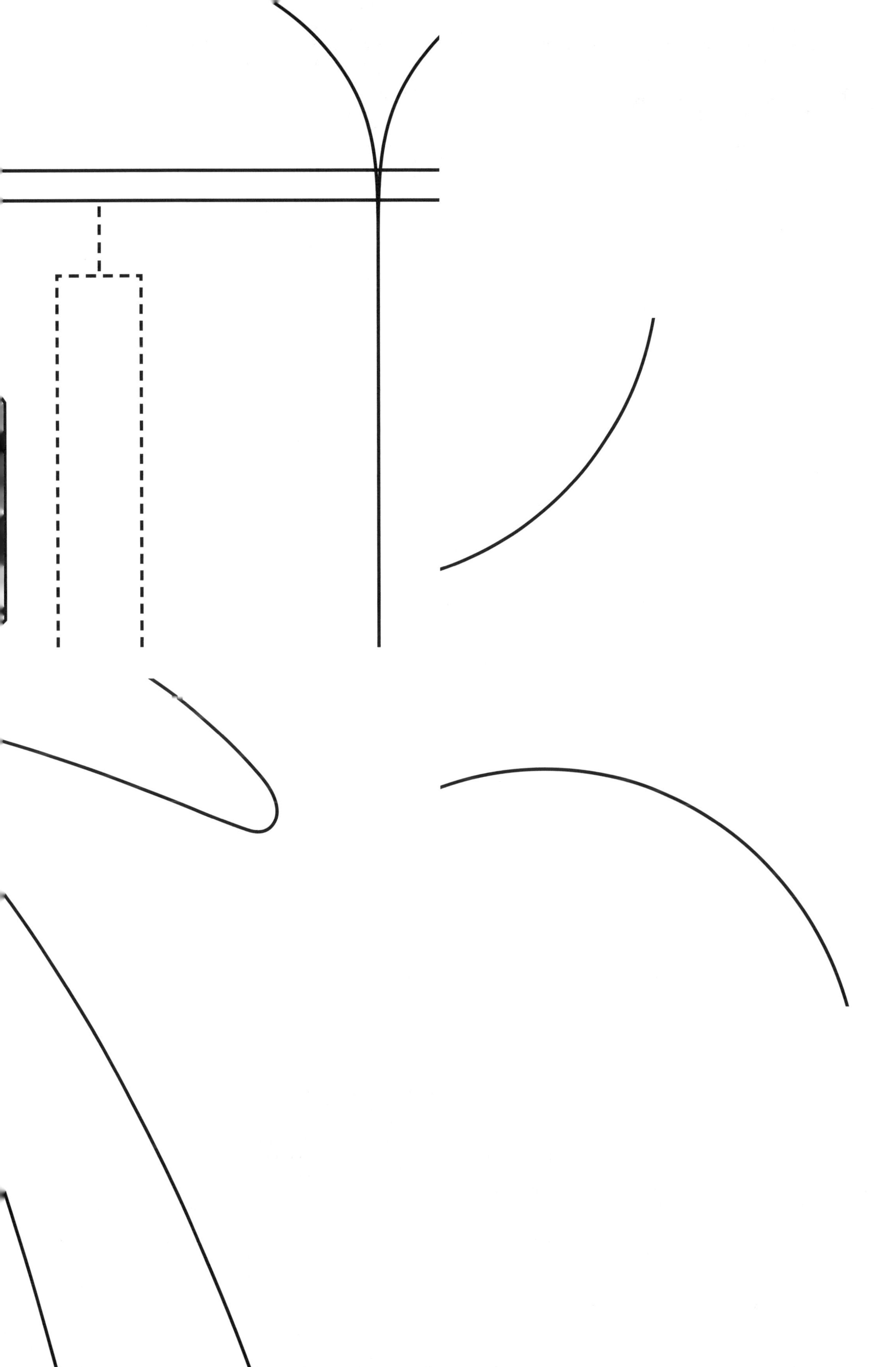

Remaking Anaklia:
Landscapes of Trial and Error Across the New Silk Road
by Tekla Aslanishvili and Evelina Gambino

Ruins on the Shore

A short drive south from the coastal village of Anaklia in West Georgia, crossing a vast expanse of rough terrain once populated by the smallholdings of local inhabitants, the bumpy road converges onto a three-hundred-meter-long boulevard. This avenue, adorned by palms on both sides, emerges behind a mountain of giant concrete breakwater tetrapods only to end abruptly, shortly after, in the scrubs and swamps which compose most of Anaklia's current topography. Behind the palms, on the right-hand side of the street, a futuristic structure emerges: massive glass volumes, borne by steel columns, are floating in space, as if they were trying to escape each other and the ground. The structure, which from a distance appears shiny and new, shows on closer inspection the signs of wear and corrosion resulting from its exposure to the harsh weather of the Georgian Black Sea coast: the frequent rains have rusted its edges, and its metal coating has started to peel off due to the salty air and winds. Though this strange landscape is mostly desolate, too far from the center of the village to be frequently crossed by people on their daily errands, nevertheless it has developed a life of its own, the traces of which are scattered across its architectural elements. The building is monitored twenty-four hours a day by security personnel, but at night local boys use the unfinished boulevard as a race track, and the words 'start' and 'finish' are chalked in English on the tarmac; though regularly erased by street sweepers, they always reappear in time for the next race.

The village of Anaklia lies on Georgia's northwestern edge, only a few kilometers from Abkhazia, a *de facto* state and site of multiple conflicts since the collapse of the Soviet Union. Currently reachable only by car or infrequent minibuses, the settlement is set to become a transit node for goods and people, aimed at positioning Georgia as a key juncture on the central corridor of the New Silk Road. This Chinese-led initiative, also known as "One Belt, One Road," is set to connect China to the European market through the development of an unprecedented web of logistical infrastructure, which in turn will be connected via a number of competing corridors. These transnational corridors are formed by a range of new and pre-existing projects. The idea of transforming Anaklia into a transport hub predates the Chinese initiative. Thus the Belt and Road provides the latest rationale for the development of logistics in this coastal village, which was previously justified in terms of different geopolitical as well as socio-economic frameworks. Far from having been erased, however, these previous attempts provide the—sometimes hidden—foundations on which current developments are taking shape. Since the autumn of 2017, a large portion of land has been cordoned off for the preparation works necessary for the construction of a deep sea port which constitutes the central element of this emerging hub. The port, will rise on a territory formerly occupied by houses, all of which have now been demolished, reorienting the small village's life away from the sea front. However, this visible intervention is but the latest in a number of more of less invasive interferences which have engaged with the territory of Anaklia in recent history. In this short text, we concern ourselves with the contested nature of these interferences, trying to narrate them across their different aspects, from the aesthetic to the temporal, and to the economic and labor relations which have emerged within and against the specter of logistics. The observations on which we base our analysis are the result of our originally separate and later interconnected projects: a documentary film and a Ph.D. dissertation respectively, both focusing on the development of Anaklia as a futuristic city and logistic hub, and the social conditions that are produced in the process.

The rise of logistics as a central element of contemporary global capitalism has been tightly linked to the production of new forms of the spatio-temporal organization of global space, which in turn feed off, and are contested by, multiple and localized spatio-temporal landscapes. The expansion of the logistics sector in the second half of the twentieth century has been predicated on the development of Just in Time (JIT) production. "JIT is a circulationist production philosophy, oriented around a concept of 'continuous flow' that views everything not in motion as a form of waste ('muda'), a drag on profits."[1] JIT operates according to a specific spatio-temporal regime characterized by what David Harvey has described as time-space compression.[2] Within this regime, velocity and seamlessness become the buzzwords of a new orientation of time and space, seeking to extend itself on a global scale.

Despite striving for smoothness and standardization, however, the development of logistics has been predicated on its encounter, occasional clash with, and routine appropriation of, the different localized life-worlds that it attempts to incorporate.[3] We see these encounters as crucial moments in the elaboration of new and pervasive forms of oppression, as well as incidents that open up possibilities for resistance. In our collective work, we focus on the awkward spaces created by a decade of logistics development in the Republic of Georgia in the South Caucasus. By exploring these spaces and the frictions that compose them, we seek to narrate a multifaceted story of transit, blockages, fears and projections which can help us make sense of the dramatic changes which have enveloped the country since the collapse of the Soviet Union.

Logistics investment in Georgia comes after decades of uncertainty, wars and economic crisis, interrupted by the harsh privatization of spaces and services. At present, the attempt to become a seamless transit corridor is reshaping the country's internal geography as well as its vocation within the arrangements of global territory.

Georgia's transit future, at once imminent and mythical, has come to occupy a central place in narratives around the nation's development, setting the country in a state of seemingly perpetual anticipation. Indeed, beyond Georgia, anticipation has become a dominant new virtue of capitalist time, producing its own particular temporal orientation. This temporality is one in which the continually receding horizon of the future determines our actions in the present. In Georgia this anticipation—or the fear that stems from its constant regression—is intermixed with the rhythms of credit and deficit which since the advent of private banking have become central to the ordering of the lives of different social groups. All of these spatio-temporal orientations converge around the built forms of logistical developments.

Lazika

The landscape described in our opening scene has never performed its intended function. It constitutes what's left of an early attempt to position Anaklia at the center of global logistical routes. The construction of the building, designed by the Georgian firm Architects of Invention in 2011,[4] was personally commissioned by the former president of Georgia, Mikheil Saakashvili. Equipped with public service and wedding halls, as well as office spaces on the top floor, this "Municipality Building" is one of three constructions erected amid this desolate swamp as part of Saakashvili's ambitious project to turn the territory into a logistical hub and Special Economic Zone (SEZ), named after the ancient reign of Lazika.

In 2012 another construction, the Lazika Pier Sculpture, designed by German architect and artist J. MAYER H., was erected not far from the Municipality Building. Although minimal, the sculpture combines all the characteristics of so-called blob architecture. Algorithms of advanced design software have perfectly curved its white metallic body, creating a structure which is at once ephemeral and imposing.

Saakashvili, who ruled Georgia for a decade, came to power following the Rose Revolution in 2003 and was ousted after multiple scandals detailing his abuses of power. His administration was the first to introduce the country to neoliberal economic policies and is responsible for implementing rapid and pervasive market deregulation and privatization processes, which still shape Georgia's economic landscape. The former president was also known for his aesthetic concerns, exercising a major influence on architectural developments during his government in Georgia, and boasting of an ability to intuitively sense the spatial concepts appropriable for representing his political visions.[5]

During the last years of Saakashvili's government, a number of smooth buildings by J. MAYER H. were commissioned to house the public institutions that organize and control the movement of goods and people across Georgian territory. The border checkpoint of Sarpi, new airport buildings in Kutaisi and Mestia and the railway station in Akhalkalaki—itself part of the construction of another highly-anticipated logistical development, the new Baku-Tbilisi-Kars railway[6]—all present the same design characteristics, materializing an ideology of free forms and experimental structures, where computational power is deployed to (self)organize the management of space, labor and trade.

Had Saakashvili not lost the 2012 election to the coalition headed by oligarch Bidzina Ivanishvili, the SEZ of Lazika could have been the material apotheosis of his economic beliefs and post-modern architectural fetish. The project, developed in concert with former minister of the economy Kakha Bendukidze—known for being the most fervent proponent of the free market in Georgia—foresaw a territory partially independent from the Georgian state, where trade could take place seamlessly, free from the obstacles of national law, as special regulations would have allowed traders to shift between multiple currencies and avoid most forms of taxation on the import and export of goods. Apart from trade, Lazika's development would have rested on international tourism and infrastructures, such as a port and an ultramodern airport, which would have catered to both its vocations.

Performative Spatial Products

Even in its embryonic stage, however, this seamless heaven was already embedded in the contradictions defining the post-Soviet development of the country. As one of our interviews with the architects who co-designed the municipality building reveals, it was initially designed for another Georgian port city and industrial center, Poti. After being rejected from the official competition, the project was personally selected by President Saakashvili the following year, this time for the supposedly entirely new city of Lazika. According to an official statement by the architects, the aesthetics and conception of the construction are strongly influenced by Yona Friedman's "floating city" project. It is important to note that, especially in this particular work, Friedman was looking for design methods that would enable the inhabitants to participate in a trial and error planning process and the adaptation of housing structures to their needs. "I am against any preplanning," he stated in an interview with *ArchDaily;* "it is the trial and error process that pushes forward in any technology … A plan conceived on paper may be a good idea, but that's all it is. Everything needs to be tested and improved all the time."[7]

For Friedman, the concept of trial and error is applicable to the physical body of architectural buildings only through true and total mobility, flexibility and randomness of spatial forms that make up the structure. While the Lazika Municipality Building succeeds in representing these elements aesthetically, it fails to follow the principles in functional terms. Rather than being inspired by the needs and predispositions of local people—not least because it was originally designed for a different context—it stands as an alien object in a desolate landscape. It is a construction where the floating volumes merely simulate random composition, and where the only mobile elements are workers' desks in the interiors of open-plan offices. Its fixity and dissociation are rendered more explicit by its current state of decay. Architects of Invention themselves insist that "the building is a juxtaposition between a building and a sculpture." Thus by the architects' own admission, the building, rather than engaging with Friedman's precepts, fetishizes those dispositions by fixing them in a finished material form.

Thus the Municipality Building is not only a visual manifestation of great ambitions and aspirations of developing a fluid, technologically-managed and self-improving urban life in Anaklia, but also of the blunders that these fantasies inevitably imply. The fraud that lies at the root of the Municipality Building, its inability to adjust to the changing environment or effectively reflect social needs, stands for the actual "dumbness" of many other smart city developments, even in more advanced economies, where intelligence is merely a simulation.[8]

The construction of the Municipality Building and its adjacent Miami-style boulevard have not succeeded in their supposed task of providing malleable surfaces for local needs. Form suppresses content: engaged in seemingly acrobatic performances, in a daring battle against gravity and physics, the building's efforts are directed towards the creation of "the technological sublime." This architectural sublime functions as an index for what Jameson defined as a different kind of historical consciousness, one of national arrival on the global stage.[9] "Once adversarial, architecture now not only accommodates the economic system but aggrandizes its worst impulses, edifying its gross excesses with a glass-and-steel shroud of haughty benevolence, bereft of any social mission beyond displaying its own brilliance. It has become structure for structure's sake."[10]

1   Jasper Bernes, "Logistics, Counterlogistcs and The Communist Prospect," *Endnotes 3,* 2013, https://endnotes.org.uk/articles/21 [last accessed August 16, 2018].

2   David Harvey, *Spaces of Capital: Towards a Critical Geography,* New York, Routledge, 2001.

3   Anna Tsing, *Friction: An Ethnography of Global Connection,* Princeton University Press, 2004. Anna Tsing, "Supply Chains and the Human Condition" in *Rethinking Marxism,* vol. 21, issue 2, Kalamazoo, 2009, pp. 148–176.

4   "Lazika / Architects of Invention," *ArchDaily,* December 27, 2012, https://www.archdaily.com/311047/lazika-architects-of-invention/50d68b77b3fc4b218900005f-lazika-architects-of-invention-section [last accessed August 16, 2018].

5   Owen Hatherley, "Saakashvili Didn't Need Interesting Architects to Design the New Georgia," *Dezeen,* November 19, 2015, https://www.dezeen.com/2015/11/19/owen-hatherley-opinion-mikheil-saakashvili-politics-architecture-new-georgia-ukraine/ [last accessed August 16, 2018].

6   See "Railway Station" in *J. Mayer. H,* http://www.jmayerh.de/130-0-Railway-Station.html [last accessed August 16, 2018].

7   Yona Friedman, interview by Vladimir Belogolovksy, "Interview with Yona Friedman: 'Imagine, Having Improvised Volumes "Floating" in Space, like Balloons,'" *ArchDaily,* January 27, 2016, https://www.archdaily.com/781065interview-with-yona-friedman-imagine-having-improvised-volumes-floating-in-space-like-balloons [last accessed August 16, 2018].

8   Orit Halpern, *Beautiful Data, A History of Vision and Reason Since 1945,* Durham, Duke University Press, 2014, p. 196.

9   Fredric Jameson, *Postmodernism, or the Cultural Logic of Late Capitalism,* London, Verso, 1991, pp. 32–8.

10   Alex Cocotas, "Design for the One Percent," *Jacobin Magazine,* June 6, 2016, https://www.jacobinmag.com/2016/06/zaha-hadid-architecture-gentrification-design-housing-gehry-urbanism/ [last accessed August 16, 2018].

The buildings are thus performative structures: part of a discourse whose parameters are constructed globally and through exchanges of capital in the form of investment, but also through flows of people in the form of tourism, they acquire their value which is then exercised locally. In Lazika, Tbilisi, Baku, Astana, Kuala Lumpur, Shanghai, London, "the spaces of spectacle animate an anticipatory logic of valorization, that is, speculations that anticipate economic, aesthetic, and political gains though circulation and interconnection."[11] Clearly Saakashvili didn't see the need for developing a determined plan for Lazika which would have considered the local cultural and historical context. Moreover, according to interviews with representatives of the Anaklia Development Consortium (ADC), who are responsible for the construction of the deep sea port in Anaklia, no concept, plan or management strategies whatsoever could be found for the future city envisioned by Saakashvili. Instead, the government of the time decided to lay the foundation for this development by randomly erecting objects on the territory which would aesthetically indicate the fetishized keywords of supply-chain capitalism: elasticity of space, mobility of people and things, global standardization, algorithmic management, seamlessness, smoothness.

Amongst the ruins of these structures, a cheaply produced promotional video, exemplary of what Keller Easterling calls an emergent genre of urban porn,[12] remains the most tangible testament to Saakashvili's vision: "A zoom from outer space locates a spot on the globe. Graphics indicating flight times to major cities argue that this spot, wherever it is, is the center of all global activity … A deep movie trailer voice describes the requisite infrastructure. As the zoom continues, clouds part to reveal multiple digital sun flares and a sparkling new skyscraper metropolis."[13] The ceremonial opening of the municipality building was symbolically scheduled to coincide with the day of the Georgian parliamentary elections in 2012. However, the ceremony was spoilt by the election results, which indicated the historic defeat of the government and precipitated the end of Saakashvili's reign. This loss also meant that the project would remain in a pending state for the next couple of years. The current government announced the development of Anaklia Deep Sea Port only three years later, in 2015.

Anaklia Port

In contrast to Lazika, which was a state-driven project, the planning and implementation of Anaklia Deep Sea Port have been transferred to the private Anaklia Development Consortium. The Consortium is composed of two separate companies: the Georgian TBC Holding and the American Conti International, which at present hold a fifty-year concession on the territory of Anaklia, after which the development will pass to state ownership. Furthermore, the Georgian-American partnership has started to develop a special economic zone, including a smart city on a territory of two thousand hectares adjacent to the port's construction. As Irma Kavtaradze, the former Deputy Minister of Economy, confirmed, "Anaklia city" was entirely the idea of the Consortium. So how can a private, profit-driven consortium develop a "vision" for a city which claims to be smart and inclusive? Or more broadly, is it even possible for any (private or state-driven) smart city, built from scratch, to have an inclusive vision beyond mere methodological concerns?

While speculating on the possible futures for "Anaklia City,"[14] media historian Orit Halpern elaborates on the phenomenon of "test-bed urbanism," pointing out that the whole idea of a test is that it is not something real but a simulation—in this case one which allows us to experiment on a real environment and do infrastructural and large-scale geo-engineering projects, without having to say that we know what is going to happen. "The test-bed … transforms time, change and events into uncertainties and trials. This is a new form of administration that lacks norms, frequency distributions, and the statistical apparatus of older demographic, state and economic thinking in the name of a new epistemology of infinity, non-normativity and speculation. While this is potentially liberating, the loss of norms also undermines moral grounds for action. Political decision-making is constantly deferred and managed technocratically."[15] Consequently, there is no such a thing as a material vision for zones like Lazika or Anaklia City, just a technology-driven methodology which delivers the product in response to quality standards. But will those standards work in the context of the failed Georgian economy, territorial conflicts and social vulnerability?

The frivolous urban embryos which stand in place of a concrete planning process have so far only generated ruins. This is partly a result of inadequate financial, technical and human resources and partly of pre-election propaganda; nevertheless, they stand as testaments to the problematic features and impacts of such infrastructural developments. Even though the project has not yet fully begun, the speculative approach of treating the territory of Anaklia and its population as a test-bed, is already shaping the lives of people.

Land, Speculation and Temporality in Anaklia

In the previous section we focused on the material impact—and indeed destructive effects—of logistical ambitions on the territory of Anaklia. Here, starting from equally material processes, we want to introduce a discussion of changing social relations in Anaklia, and the at times discordant spatial practices and temporalities on which they rest.

In a recent interview published in the Anaklia Development Consortium magazine, Keti Bochorishvili, CEO for the Anaklia City project, explained that her mandate is to build "the city of the future." This resonates with the words of one of our interlocutors. In one of the many conversations we have had with scholars and locals about Anaklia and Lazika, a young Georgian anthropologist commented on the place that developing Anaklia has come to occupy in Georgian public discourse since the demise of the project for Lazika. "It is almost like Anaklia is the only thing that keeps the country together, the prospect of the stability which the port will bring, the wealth … is always heralded like the proverbial carrot for the donkey; it keeps hope going without it ever materializing. In some ways, I would say, this is not that different from the communist period, when they used to say that communism had to be reached after the evolution of socialism: if we only put in another five-year plan then we can make it … No one ever got there!" This description, despite being a subjective account, is quite telling of a general attitude we have encountered amongst our interlocutors. While not everyone agreed that Anaklia played such an important role in the national imagination, most people shared a similar attitude towards its construction. A general sense of mistrust pervades discussions of the port, and while people—especially locals—are aware of the ongoing works, many of them doubt it will ever become operational.

This sense of mistrust is first of all a spatio-temporal orientation, one that has been learned, and at times unlearned, through the succession of interferences which have shaped the geography of Anaklia since the collapse of the Soviet Union. The development of the small coastal village into a global logistics hub proceeds by way of an almost endless number of future-oriented gestures: a process of trial and error where land, people, and discourses are constantly reshuffled in discordant directions. These trials are punctuated by inaugurations, such as the failed ceremony planned by Saakashvili, or the successful one which took place to mark the beginning of the preparation works for the port. Sometimes, however, they give rise to events which go beyond the temporal and spatial boundaries of what is defined as an inauguration, but nevertheless reorient the lives of those who observe the progress of Anaklia's development. As anthropologists Penny Harvey and Hannah Knox argue in their book on highway building in South America, inaugural events and gestures affect in multiple ways the politics of expectation which surround great infrastructural projects. Far from exclusively marking a beginning or an end, they instead punctuate the life of the infrastructure, generating not only expectations but also power dislocations whose impact stretches far beyond the borders of the infrastructure itself.[16]

While "failed" inaugurations (and, as we have seen, the material ruins they leave behind) definitely contribute towards creating a sense of mistrust on the very territory which is set to be redeveloped, other events contribute towards spatializing the ambiguous relations of local people to the ongoing project.

Landscapes of Debt and Speculation

During the planned construction of Lazika, the land deemed necessary to hosting the project had been expropriated by the government. The collapse of the Soviet Union gave rise to the large-scale and unregulated privatization of state property. The current patterns of land use and ownership in Georgia are a result of this extended period of primitive accumulation, and disputes have emerged when large-scale projects have exposed the gap between effective land use and registered property rights. According to the government ordinance which regulates property rights in agricultural units, citizens of Georgia who have been arbitrarily using a piece of land since before 1994 are allowed to register it as their private property. In the area surrounding Anaklia, agriculture is the main resource providing income for local peasants; in preparation for the Lazika project, agricultural land was taken away from its "owners" partly illegally and without compensation. This expropriation was justified by accusing the farmers themselves of expropriating state-owned land, and urging them to return it for the sake of the country as a whole. Moreover, the failure of the project meant that some of the locals found out their property was expropriated for the original project only when the same land was included in the second wave of planning.

In order to avoid social discontent over the development of Anaklia port and city, the current government has returned the illegally expropriated land to its owners and subsequently awarded them extremely high compensation. As a result of this process, which mainly took place between 2016 and 2017, the small village now numbers up to eighteen new millionaires and the price of land has grown threefold. However, this process hasn't yet touched adjacent landowners outside the buffer zone and territory where the future port will arise. Within the space of six months, neighbors who had shared very similar lifestyles have been separated by the invisible line of the future port, and the same people who had been harshly taught that their land was worthless by the previous government are now learning to become landlords. Moreover, uncertainty and conflicts around compensation are still on the horizon, since with the necessity of expanding the port territory to accommodate the neighboring SEZ, other plots are rumored to be soon redeemed. These rumors have very tangible effects on the land, as a few people seem to be constructing houses near the expanding port border in the hope of receiving more compensation. Conversely, in the land immediately beyond the limits of the current port, a community of internally displaced people (IDP) from the Abkhazian conflict are settled. The properties where they reside are still registered as belonging to the state, and thus the issue of whether or not compensation can be issued to them is still unresolved.

The abrupt changes in land value and use which have swept over the area of Anaklia are already preparing the ground for future social segregation and potential conflict in the village. At present, many of the new millionaires have maintained the simple lifestyles that they led before compensation: a few of them have kept their old jobs, and all of them have remained in the village. However, most of the new money has been invested in property, and the main street of Anaklia is now dotted with new constructions, built one next to the other due to the rising cost of land and the need to secure a position near the sea front. Most of these houses belong to the new millionaires, but not all. Other villagers, in fact, have taken out loans to take part in the building frenzy that has overcome the Anaklian sea shore. Observation of the newly built houses on the seafront suggests that a number of different future orientations appear to coexist. Among the new landlords, those who are in debt are relying on the prosperity promised by the port construction to be able to profit from their investment. However, if the current developments turn out to be yet another trial, to be discarded as an error, the consequences to be paid will be disastrous. As anthropologist Tamta Khalvashi shows in her ethnography of post-Soviet uncertainty on the Black Sea coast, debt organizes landscapes and reorients temporalities, as material possessions and future dispositions become sucked into the vortex of debt repayment.[17] The millionaires, similarly, while facing the future from a perspective of relative security and undeniable privilege, have now speculated on a tourist boom that has yet to manifest itself, and could also find themselves exposed to the changing fate of this giant and unpredictable infrastructure.

11   Aihwa Ong, "Hyperbuilding: Spectacle, Speculation and the Hyperspace of Sovereignty," in *Worlding Cities: Asian Experiments in the Art of Being Global,* edited by Ananya Roy and Aihwa Ong, Chichester, Wiley-Blackwell, 2011, p. 209.

12   *LAZIKA,* Youtube video, 5:04 min, uploaded by "74eduk," March 28, 2012, https://www.youtube.com/watch?v=wuJlXTUUQfM [last accessed August 16, 2018].

13   Keller Easterling, *Extrastatecraft: The Power of Infrastructure Space,* London, Verso, 2014, p. 103.

14   The full interview will feature in Tekla Aslanishvili's documentary film *Algorithmic Island.*

15   Orit Halpern, Jesse LeCavalier, Nerea Calvillo and Wolfgang Pietsch, "Test-Bed Urbanism," *Public Culture,* volume 25, issue 2 70, March 1, 2013, p. 295.

16   Penny Harvey and Hannah Knox, *Roads: An Anthropology of Infrastructure and Expertise,* Cornell University Press, 2015, p. 191. Cf also Mathijs Pelkmans, "The Social Life of Empty Buildings: Imagining the Transition in Post-Soviet Ajaria", in *Focaal European Journal of Anthropology,* No. 41, 2003, pp. 121–135.

17   Tamta Khalvashi, *Peripheral Affects: Shame, Publics and Performance on the Margins of the Republic of Georgia,* Ph.D. dissertation, Copenhagen University Press, 2015, pp. 47–69.

Labor

Another set of social tensions and temporal frictions arising in Anaklia and its neighboring regions as a consequence of Georgia's speculative logistical future is associated with processes of labor reorganization. One of the few places providing wireless internet access in the future smart city is a tiny room where the Anaklia Development Consortium has established its information center. The center was opened in May 2017 in order to provide the local population with information on the port planning processes, and most importantly create a database of local labor resources. According to an investment agreement between the ADC and the Government of Georgia, ADC is obliged to employ a labor force composed ninety per cent of Georgian citizens. Furthermore, the task of establishing professional training for the local workforce has also been handed over to the private Consortium. In response to this governmental precondition, a sole female information center employee interviewed a seemingly endless stream of local job seekers over the summer and autumn of 2017, in order to create a database from which contractors could source their future employees. The candidates are mainly male and middle-aged, and in her mini-office the ADC employee gathers personal and professional information and records this in resumé format, arranged according to qualifications, gender, age, and other criteria. The process has proven to be disheartening for both sides: on the one hand, most applications filed—up to seventy per cent—are for semi-professional drivers or other unskilled positions, rather than skilled workers. Among those who are looking for employment, very few have the necessary capabilities, and in some cases elderly skilled workers who had acquired their training during the Soviet Union lack the necessary qualifications to be regularly employed. For understandable reasons, most of them are not yet integrated into digital communication networks and do not speak any foreign languages. On the other hand, many visit the information center looking for concrete dates and timeframes for both the construction of the port and the employment it will bring. However, they are mostly subjected to the same rehearsed explanations, which detail the phases of the project as explained in the dense publicity materials without nevertheless providing any concrete answers. As a result of this situation, many of the applicants keep calling the office—sometimes even weekly—checking if and when they will be hired, and receiving the same vague answers. Thus the situation for labor—or more precisely, the hope of future labor—is similar to the conflicts around land expropriation: anticipation, surprise and fear become intermixed, creating a precarious temporal regime where the lurking presence of the giant infrastructure functions at once as a lure and as a potential danger towards which all temporal orientations converge.

By gathering together some of the lived stories, impressions, incongruences, and indeed the expropriation and violence at the heart of the making of a logistics hub, we have sought to "reveal the constructed-ness—the messiness and hard work involved in making, translating, suturing, converting, and linking diverse capitalist projects—that enable capitalism to appear totalizing and coherent."[18] It is exactly this messiness that is erased by mainstream accounts of logistics in general and of the New Silk Road in particular. Accounts of One Belt, One Road fail to engage with the initiative as an assemblage of projects driven by multiple, and at times conflicting, localized histories and necessities. These, which include temporal orientations, different countries' financial landscapes, petty scandals as well as global patterns of extraction and exploitation, are mobilized in the construction of the interconnected infrastructural networks which compose the different transit corridors. As critical scholars have shown, the pursuit of seamless connectivity actively reworks old and morbid forms of oppression.[19] In order to understand how these pre-existing processes are constantly renewed, we concur that it is necessary to inspect how "inequality emerges from heterogeneous processes through which people, labor, sentiments, plants, animals, and life-ways are converted into resources for various projects of production."[20] (Not) making sense of the mess as a political project.

18   Laura Bear, Karen Ho, Anna Tsing and Silvya Yanagisako, "Gens: A Feminist Manifesto for the Study of Capitalism," *Cultural Anthropology*, March 30, 2015, https://culanth.org/fieldsights/652-gens-a-feminist-manifesto-for-the-study-of-capitalism [last accessed August 16, 2018].

19   Deborah Cowen, *The Deadly Life of Logistics: Mapping Violence in Global Trade*, Minneapolis, University of Minnesota Press 2014; Lahleh Khalili, "Coercion and Capital in the Making of Arabian Transport Infrastructures," lecture given at the Center for American Studies and Research, University of Beirut, March 20, 2016, https://thegamming.org/2016/05/10/lecture-on-capital-and-coercion-in-the-making-of-arabian-transport-infrastructures/ [last accessed August 16, 2018]; Charmaine Chua in this volume.

20   Laura Bear, Karen Ho, Anna Tsing and Silvya Yanagisako "Gens: A Feminist Manifesto for the Study of Capitalism," *Cultural Anthropology*, March 30, 2015, https://culanth.org/fieldsights/652-gens-a-feminist-manifesto-for-the-study-of-capitalism.

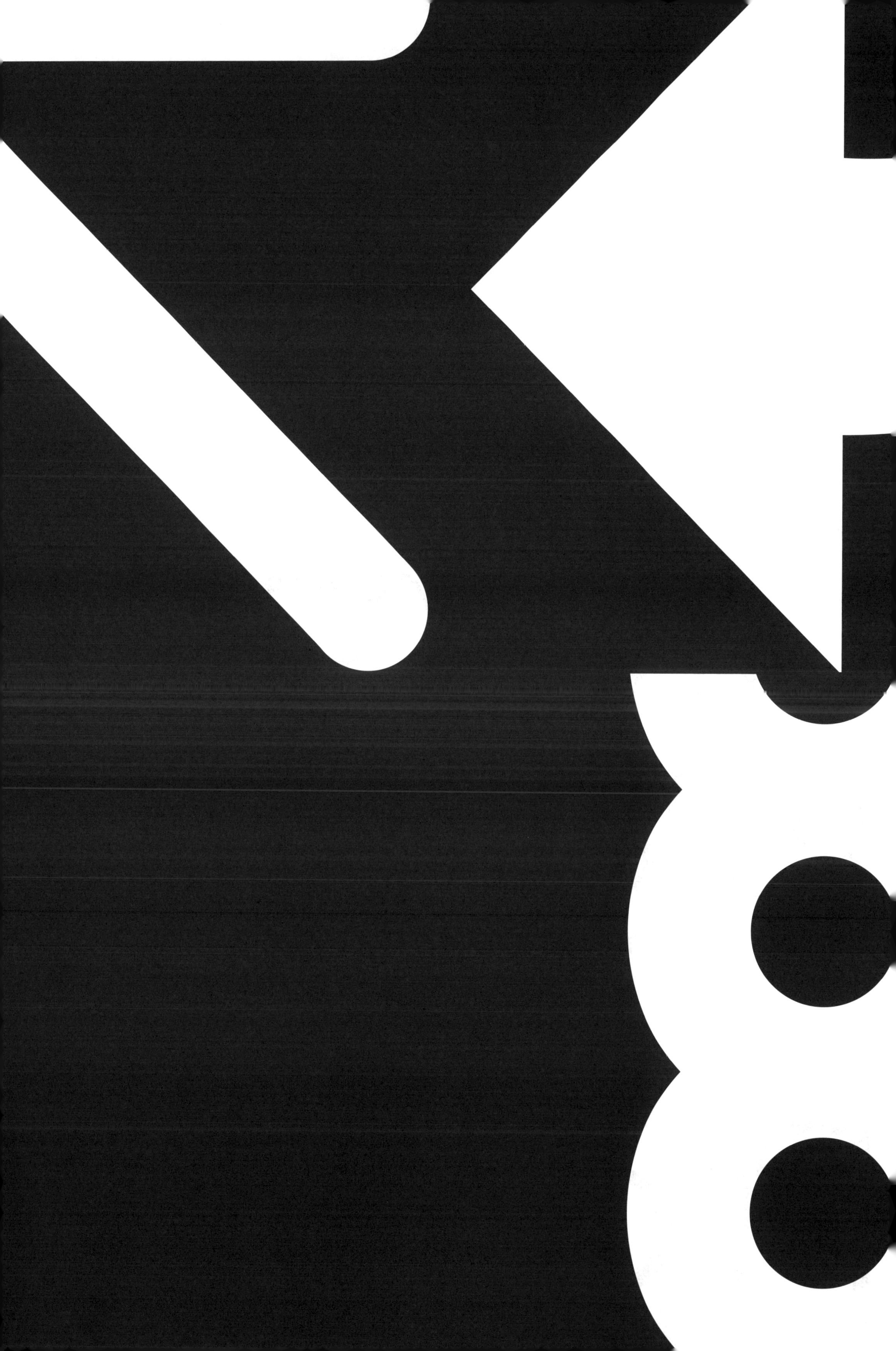

Filmprogramm / Film Program

Schneller, weiter, effizienter

Florian Wüst

„Brüssel, 22 Uhr 48. Die Büros sind leer. Ein Fernschreiber läuft an. Eine Nachricht aus Chicago. Dort arbeitet man noch. Ein Fernschreiben aus Nagasaki. Dort arbeitet man schon wieder." In die Bilder von nächtlichen Neonreklamen und Straßenlichtern einer Großstadt ist die Nahaufnahme eines Telexgerätes eingeschnitten, der die fünfstelligen Codes einer elektrischen Mitteilung empfängt, in lesbare Buchstaben rückübersetzt und auf Papier ausdruckt. „Ohne Beamtin, ohne Formular, ohne Boten", so die männliche Kommentarstimme des Siemens-Films *Mit fünf Schritten* von 1967 weiter. Lange vor dem Internet ermöglichte die Fernschreibtechnik die direkte Übertragung von Nachrichten, Aufträgen oder Buchungen über weite Distanzen in Sekundenschnelle. Rund um die Uhr, rund um den Globus. *Mit fünf Schritten* stellt diese weltverändernde Dynamik nicht primär als Verdienst des Auftraggebers und Herstellers von Fernschreibern, der Siemens AG, heraus, sondern beschreibt in einer Reise kreuz und quer über die Kontinente das Anwendungsspektrum der telegrafischen Datennetze. Viele der aufwendig produzierten Industrie- und Imagefilme der 1950er und 1960er Jahre verknüpften Wirtschaftswerbung, Wissenschaftlichkeit und Volksbildung zu Apologien des technischen Fortschritts; Intellektualität und Kunstanspruch der Filme verliehen den unternehmerischen Leistungen eine kulturelle und gesellschaftliche Bedeutung, in der sich nichts weniger als das Vorhaben der Modernisierung aller Lebensbereiche ausdrückte.

Ausgehend von *Mit fünf Schritten,* einem zweiten westdeutschen Industriefilm der 1960er Jahre, *Sießen Briefe pro Sekunde,* und drei DEFA-Dokumentarfilmen der 1980er Jahre reflektieren die Filmprogramme *Stückgut zu Containern* und *Welt als Takt* die Entwicklung von Logistik und Telekommunikation vor dem Hintergrund fortschreitender Digitalisierung und der damit verbundenen Rationalisierung menschlicher Arbeit. Das erste Programm, *Stückgut zu Containern,* dreht sich um Seehandel und Hafenwirtschaft. Mit der Deutschen Seereederei Rostock (DSR), später Deutfracht Seerederei Rostock, unterhielt die DDR ein weltweit agierendes Schiffahrtsunternehmen, das in den 1970er Jahren eine Flotte von über 200 Schiffen zählte,

Faster, Farther, More Efficient

Florian Wüst

GENERAL CARGO TO CONTAINERS

*Der Tag eines
unständigen
Hafenarßeiters,*
Leonore Mau,
Hubert Fichte,
BRD 1966, 13 min

Mit fünf Schritten,
Waldemar Kuri,
BRD 1967, 12 min

*18 Knoten
ßis Hongkong,*
Heinz Hafke,
DDR 1981, 22 min

Die Schwelle,
Heinz Müller,
DDR 1987, 17 min

a.g.v. - t.e.u.,
Olaf Sobczak,
DE 2007, 15 min

FAST-PACED PLANET

*Sießen Briefe
pro Sekunde,*
Hans Motzkus,
BRD 1961, 10 min

Rangierer,
Jürgen Böttcher,
DDR 1984, 22 min

Well Done,
Thomas Imbach,
CH 1994, 75 min

"Brussels, 10:48 pm. The offices are empty. A teletype machine switches on. A message from Chicago. People are still at work there. A telex from Nagasaki. People are already back at work there." Juxtaposed with images of the neon signs and street lights of a big city at night are close-ups of a telex machine as it receives the five-digit codes of an electronic message, retranslates them into letters and prints the text onto paper. "No clerks, no forms, no messengers," comments the male voice in the Siemens' film *Mit fünf Schritten* [In Five Steps] from the year 1967. Long before the internet, teletype technology made it possible to directly transmit messages, orders or reservations over great distances in just seconds. Around the clock, all over the world. *Mit fünf Schritten* presents this revolutionary development not primarily as an achievement of the commissioner and manufacturer of teletype machines, Siemens AG, but describes instead the range of uses of telegraphic data networks in a crisscross voyage across the continents. Many of the elaborately produced corporate and image films of the nineteen fifties and sixties blend commercial advertising, scientific exposé and public education campaign into apologies for technical progress. The intellectual and artistic qualities of the films suggest the cultural and social significance of the company's achievements, which in turn reveals an intention to modernize all facets of life.

With *Mit fünf Schritten,* another West German industrial film from the sixties entitled *Sießen Briefe pro Sekunde* [Seven Letters per Second] and three DEFA documentaries from the eighties, the film programs *General Cargo to Containers* and *Fast-Paced Planet* reflect the development of logistics and telecommunications in the context of ever increasing digitalization and the associated rationalization of human labor. The first program, *General Cargo to Containers,* focuses on maritime trade and the port industry. With the shipping company Deutsche Seereederei Rostock (DSR, later Deutfracht Seerederei Rostock) East Germany operated an international maritime transport enterprise with a fleet of over two hundred ships crossing the world's oceans on fixed routes. For a time in the seventies DSR had the most compre-

die in festen Routen die Weltmeere befuhren. Die DSR verfügte zeitweise über das umfassendste Liniennetz unter den europäischen Reedereien. Heinz Hafkes *18 Knoten bis Hongkong* von 1981 zeigt den Arbeitsalltag eines Maschinisten auf dem DSR-Frachter *MS Potsdam,* in welchem sich der hohe Zeit- und Termindruck im internationalen Schiffsverkehr widerspiegelt. Der Wandel des Hamburger Hafens zum computergesteuerten Containerumschlagplatz wird im Vergleich der beiden Filme deutlich, die das Programm einrahmen: *Der Tag eines unständigen Hafenarbeiters* von Leonore Mau und Hubert Fichte zeichnet in Form einer dokumentarisch-fiktiven Foto-Text-Collage ein eindringliches Bild der harten Arbeit an den Kais und in den Schiffsluken Mitte der 1960er Jahre, als Kisten, Säcke und Fässer noch per Hand festgemacht wurden. Heute befindet sich das Stückgut in Standardcontainern (TEU), die in minutiös durchorganisierten Arbeitsabläufen ver- und entladen werden, wofür ein Bruchteil der Arbeiter nötig ist, die früher im Hafen beschäftigt waren. Dem hohen Grad der Automatisierung des Containersystems widmet sich Olaf Sobczaks Video *a.g.v. – t.e.u.* von 2007. Der Medienwissenschaftler Alexander Klose erläutert darin die Analogie zwischen Container und Computer: das serielle Operieren einer Vielfalt von Gegenständen in standardisierten, räumlich gefassten Einheiten. Beide Systeme basieren auf Abstraktion. Die geschlossenen, identisch großen Container verraten ebenso wenig über ihre spezifischen Inhalte wie die Nutzeroberfläche des Computers über Code und digitale Rechenprozesse. Die einstigen Anpassungsschwierigkeiten und Ängste, die mit der Computerisierung auf breiter wirtschaftlicher und gesellschaftlicher Ebene einhergingen, behandelt Heinz Müllers DEFA-Dokumentarfilm *Die Schwelle* von 1987 am Beispiel einer Rostocker Familie. In den 1980er Jahren kam in der BRD der PC auf den Markt, während die DDR versuchte, mit einem Investitionsprogramm für eine eigene Chip-Industrie den technologischen Vorsprung des Westens aufzuholen. Das Zukunftsversprechen des Computers materialisierte sich letztlich in der Informations- und Wissensgesellschaft, in der die verloren gegangenen (sowie in den globalen Süden verlagerten)

industriellen Arbeitsplätze im Dienstleistungssektor wiederauferstehen.

Apple verzeichnete jüngst als erstes privates Unternehmen einen Börsenwert von über einer Billion Dollar. Neben Apple belegen Amazon, Google, Facebook und Microsoft die nächsten Plätze auf der Rangliste der wertvollsten US-amerikanischen Unternehmen. Der erdrückenden Dominanz und Markmacht dieser fünf Digitalkonzerne kommen Politik und nationale Kartellbehörden kaum bei. Apples Erfolgsrezept basiert nicht zuletzt auf einem maximal optimierten Modell von Produktion und Lieferketten: Geräte mit dem Nimbus des Besonderen werden weltweit für teures Geld verkauft, aber unter ausbeuterischen Arbeitsbedingungen in China hergestellt. Smartphones, Suchmaschinen, Online-Shopping und soziale Netzwerke sind aus dem heutigen Alltag nicht mehr wegzudenken, was erklären mag, warum wider besseres Wissen über die Datensammelwut und monopolistischen Geschäftspraktiken der „Big Five" nur wenige bereit sind, auf deren Produkte und Dienste zu verzichten.

Wie sehr unsere enge emotionale Beziehung zu den elektronischen Medien die Zeitökonomie von Arbeit und Leben prägt, thematisiert das zweite, ebenfalls historisch ausgerichtete Programm *Welt als Takt.* Thomas Imbachs experimenteller Dokumentarfilm *Well Done* von 1994 handelt von der Verwaltung des schweizerischen Geldverkehrs in einem der größten Dienstleistungsbetriebe des Landes. Der Takt der computerisierten Büroarbeit, die serielle Logik des Systems sowie der Effizienzdruck des internationalen Finanzmarktes bestimmen in subtiler Art und Weise die kleinsten Bewegungen, Handlungen und Sprechweisen der Mitarbeiterinnen und Mitarbeiter. Imbach übersetzt das Prinzip der Serialität auf faszinierende Weise in die Montage des Films. „Aus unterschiedlichen Phänomenen visueller, akustischer oder verbaler Art werden Reihen gebildet: Geldreihen, Zeitreihen, Gang- und Laufreihen, Handreihen, Sprachreihen. So fügt sich zusammen, was normalerweise getrennt erscheint, und was isoliert betrachtet bedeutungslos wäre", schreibt Martina Clerici im Pressetext zu *Well Done.* Das Rechenzentrum des labyrinthischen Firmengebäudes, aus dessen Innerem im Film

Filmprogramm / Film Programm
Florian Wüst

hensive shipping network of any maritime operation in Europe. Heinz Hafke's *18 Knoten bis Hongkong* [Eighteen Knots to Hong Kong] depicts the everyday working life of an engineer on the DSR cargo ship *MS Potsdam,* revealing the extreme time pressure exerted by the international shipping industry. Seen in the light of the two films that frame this program, the transformation of the Port of Hamburg into a computer-operated container handling facility becomes evident: conceived as a documentary-fictional photo-text collage, *Der Tag eines unständigen Hafenarßeiters* [A Day in the Life of an Itinerant Longshoreman] by Leonore Mau and Hubert Fichte is a remarkable depiction of the hard work carried out by men on wharfs and in hatchways in the mid-nineteen sixties, when boxes, sacks and barrels were fastened by hand. Nowadays cargo is shipped in standard containers (TEU) that are loaded and unloaded in a series of precisely planned working stages for which only a fraction of the number of port workers are needed. Olaf Sobczak's video *a.g.v. – t.e.u.* from 2007 focuses on the extreme degree to which the container system has been automated. Here the media scholar Alexander Klose explains the analogy between containers and computers: the serial operation of a great many objects in standardized, spatially defined units. Both systems are based on abstraction. Closed and identical in size, containers reveal as little about their content as the user interface of a computer does about code and digital computational processes. The original adjustment difficulties and fears that went along with computerization of the economy and society are examined in Heinz Müller's DEFA documentary *Die Schwelle* [Threshold] from 1987 through the experiences of one family living in the city of Rostock. While personal computers entered the market in West Germany in the nineteen eighties, East Germany started an investment program in its own chip industry to try and catch up with the technologically more advanced West. The bright future promised by the computer did not ultimately materialize in the information and knowledge society, in which the industrial jobs that were lost (or relocated to the southern hemisphere) have been resurrected in the service sector.

Apple recently became the first private company to achieve a stock market value of over one trillion dollars. After Apple come Amazon, Google, Facebook and Microsoft in the ranking of the most valuable U.S. companies. The overwhelming dominance and market power of these five digital corporations is almost too much for politicians or national antitrust authorities to handle. Apple's recipe for success is based in no small part on a completely optimized model of production and supply chains: devices with the aura of something special are sold worldwide for high prices though they are produced in China under exploitative working conditions. Smart phones, search engines, online shopping and social networks have become essential to our everyday lives, which may explain why, though most are aware of the massive data collection and monopolistic business practices of the "Big Five," only a few are willing to forego their products and services.

The impact that our deep emotional relationship to electronic media has on our use of time in the home and workplace is explored in the second film program *Fast-Paced Planet,* which also has a historical focus. Thomas Imbach's experimental documentary *Well Done* from the year 1994 is about the financial transaction industry in Switzerland, one of the country's largest service sectors. The pace of computerized office work, the serial logic of the system and the pressure exercised by the international finance market to maximize efficiency subtly shape even the most trivial movements, actions and utterances of employees. Imbach translates the principle of seriality into the editing of the film in a fascinating manner. "From distinct visual, acoustic or verbal phenomena series are created: money series, time series, corridor series, walking series, hand series, verbal series. In this way things are connected that usually appear separately and that when looked at in isolation are actually insignificant," writes Martina Clerici in the press release for *Well Done.* The data center of the labyrinthine company building, from the interior of which an electronic

immer wieder ein elektronisches Surren em-
porsteigt, gibt das Tempo vor, das es ein-
zuhalten gilt, um den Zusammenbruch zu ver-
hindern. Die Abteilungsleiterin bringt es an
einer Stelle auf den Punkt: „Auch das System
steht unter Stress, nicht nur wir." Ein ähnli-
ches Gefühl stellt sich bei der Betrachtung
des Telefunken-Films *Sießen Briefe pro
Sekunde* von 1961 ein, der anhand einer automatischen Briefsortieranlage die Modernisierung des Postwesens zeigt. Nur per Zeit-
lupe lassen sich die in hoher Geschwindigkeit
ablaufenden Prozesse der Verteilung, Sta-
pelung und Bündelung der Sendungen sichtbar machen. Ein einziger Fehler würde die
ganze Maschine, die den Raum einer Werk-
halle füllt, zum Stillstand bringen oder ein
verheerendes Chaos anrichten. Eine maschi-
nengleiche Routine menschlicher Tätigkeit
porträtiert Jürgen Böttcher in *Rangierer* von
1984. Während die per Fernschreiber ein-
treffenden Informationen für die Zusammen-
stellung der Güterzüge im Rangierbahnhof
Dresden-Friedrichstadt die Arbeitsabläufe
als Teil eines hochentwickelten Systems
erkennbar machen, konterkarieren die wort-
lose Interaktion der Männer, die Bedächtig-
keit ihrer Bewegungen, ihr Verschwinden und
Auftauchen im winterlichen Nebel das Zeit-
diktat der modernen Arbeitsorganisation.
Was in *Rangierer* das Bild einer in Erstarrung
begriffenen DDR entstehen lässt, vermittelt
gleichzeitig die Widerständigkeit der Körper
gegen die funktionale Vereinnahmung. In
Well Done sind es die ironischen Zwischen-
bemerkungen, Grimassen und Atempausen,
eingeschnitten in die Kaskaden der seriali-
sierten Sequenzen, die die kafkaeske Vision
einer durchdigitalisierten Welt aufbrechen und
eine Mensch-Maschine-Beziehung vorfüh-
ren, die sich nie vollständig planen und ver-
werten lässt.

hum continually emanates in the film, dictates
the tempo that must be maintained in order
to prevent a collapse. One department supervisor sums it up quite aptly: "It's not just us.
The whole system is under massive stress."
A similar feeling is elicited by the Telefunken
company's film *Sieβen Briefe pro Sekunde*
[Seven Letters per Second] from the year
1961, which shows how the postal system
was modernized through the introduction of
automatic sorting machines. Only by means
of slow motion can the high-velocity distribution, stacking and bundling of the letters be
rendered visible. A single error would bring the
entire machine, which occupies an entire
factory building, to a halt or lead to massive
chaos. A machine-like routine of human
activity is depicted in Jürgen Böttcher's
Rangierer [Shunter] from 1984. While
the information received by the teletype
machine for the shunting of freight
trains in the Dresden-Friedrichstadt railroad yard reveals the working processes to be part of a highly advanced
system, the non-verbal interaction
of the men, the methodicalness of their
movements, their disappearance and
reappearance in the winter fog show by
way of contrast the immense time pressure exerted by the modern work organization. That which in the film *Rangierer* renders
the impression of a country, East Germany,
that has become completely ossified, also ar-
ticulates the refusal of humans to accept
their functional usurpation. In *Well Done* it is
the ironic remarks, facial expressions and
pauses edited into the cascades of serial-
ized sequences that interrupt the Kafka-
esque vision of a completely digitalized world
and unveil a human-machine relationship
that-will never allow itself to be completely
planned and exploited.

Filmprogramm / Film Programm
Florian Wüst

Wir sind Daten

Arjon Dunnewind

Mit jeder unserer Gesten und Handlungen übertragen wir Informationen. Diese Informationen sind Teil unserer Interaktion mit Menschen, die uns nahe stehen, und mit Institutionen und Vorstellungen, die unsere Gesellschaft ausmachen. Früher fanden diese Prozesse meist zwischen Menschen statt, ganz ohne Vermittlungsinstanz. Nur die wichtigsten Kommunikationsvorgänge wurden aufgezeichnet und in Form von Verträgen, Abkommen, Bildern oder Büchern archiviert. Mit den technologischen Neuerungen des 20. Jahrhunderts, der Erfindung des Internets und dem Aufkommen von „Big Data" hat sich die Lage drastisch geändert. Wir haben Systeme geschaffen, die nahezu alles, was wir tun, aufzeichnen und archivieren, und virtuelle Welten spiegeln die materielle Welt wider, in der wir leben. Wir haben unseren Lebensraum mit datafizierten Gegenständen gefüllt und sind immer mehr selbst zu Datensätzen geworden. Was wir tun, wie wir uns ausdrücken, all das wird nachgehalten, quantifiziert und kodiert. Das datafizierte Individuum wird kategorisiert und in gewaltigen, von Unternehmen und Regierungen geschaffenen und verwalteten Datenbanken gespeichert. Uns wird gesagt, man wolle „uns verbinden" und uns bessere Services bieten, aber zugleich will man mit uns Gewinne machen und uns kontrollieren. Wir lassen uns mithilfe von Systemen wie „Predictive Analytics" und „Mikrotargeting" kommerzialisieren und manipulieren, und jeden Tag unseres Lebens geben wir eine beispiellose Menge an persönlichen Informationen preis. Aber was geschieht jetzt, da die Funktionsweise dieser Systeme mehr und mehr von künstlicher Intelligenz und Algorithmen bestimmt wird?

We Are Data

Arjon Dunnewind

With each gesture we make and every act we undertake, we transfer information; information that is part of our interaction with the people who are close to us and with the institutions and concepts that define our society. In the past these processes mostly occurred between one human and another, without an intermediary. Only the most important communications were recorded and archived, in contracts, treaties, paintings or books. With technological developments in the twentieth century, the invention of the internet and the rise of big data, this situation has changed radically. We have created systems that record and archive almost everything we do, and virtual realms to mirror the physical world we live in. We've filled our habitats with datafied objects and more and more we have become sets of data ourselves. What we do and how we express ourselves is tracked, quantified, and coded. The datafied individual is categorized and stored in massive databases that are built and managed by companies and governments. They tell us that they want to "connect us" and provide us with better services, but they are also there to make profit and control us. We are allowing ourselves to be commodified and manipulated in systems of predictive analytics and micro-targeting, and the amount of private data we are handing over every day of our lives is unprecedented. What will happen now that the way these systems function is determined more and more by artificial intelligence and algorithms?

Wie können Zirkulationsprozesse über Mythen, Muskeln, Körper, Ressourcen und Technologien verstanden werden?

Anna Jehle

Das Anliegen dieses Katalogbeitrages ist es, einen Text über Logistik als Zirkulation zu verfassen, der selbst eine Bewegung in sich und im Sinne einer diskursiven Öffnung sein kann. Die hier gestellten Fragen werden in den folgenden Filmen explizit angesprochen oder sind daraus abgeleitet:

LEJ,
Lila Steinkampf,
DE 2018, 10 min

Lettres du Voyant,
Louis Henderson,
FR 2013, 40 min

Weapon of Choice,
Fritz Ofner mit
Eva Hausberger,
AT 2017, 89 min

Europium,
Lisa Rave, UK/DE
2014, 21 min

Delete Beach,
Phil Collins,
JP/DE/NO 2016,
7 min

Sprung der Dinge,
Fabian Hampel,
Clara Hausmann,
Brenda Magdalena
Wald, DE 2018, 12 min

Avalon,
Maryam Jafri,
US 2011, 12 min

Deep Down Tidal,
Tabita Rezaire,
ZA 2017, 19 min

Alle diese Videoarbeiten vereint das Interesse an der Zirkulation von Daten, Waren, Menschen und an den sozialen und ökonomischen Realitäten sowie Machtverhältnissen, die diese Zirkulation generiert oder aufrechterhält.

(LEJ HUB)

Wohin wirst du gebracht?

Unter welchen Bedingungen ist es rentabel, hier zu sein?

Was wird hier bewegt, ohne dass du es sehen kannst?

Die erforderlichen Papiere, mit denen es los- und weitergehen kann, sind da.
Papiere an sich sind weder gut noch schlecht, sie müssen nur in Ordnung sein.

Was wird gescannt, verpackt, gehoben und ge- oder entladen?

Können weitere Informationsebenen zeigen, dass das, was außergewöhnlich scheint, im Grunde Routine ist?

Spielt es für dich eine Rolle, dass es dokumentiert ist, auch wenn du eigentlich nicht hinsehen sollst?

Was bedeutet es, ein öffentliches Geheimnis öffentlich zu machen?

(GLOCK COUNTRY)

Was verschafft einem Objekt einen Ruf, der es ihm ermöglicht, in Zirkulation zu geraten?

Geht es allein um gutes Marketing? Mundpropaganda, von Strophe zu Strophe?

Was macht ein Objekt zu einem Statussymbol in einer Ökonomie der Gewalt?

How can circulation be approached through bodies, myths, muscles, resources and techno-logies?

Anna Jehle

This contribution is concerned with how a text about logistics focusing on patterns of circulation could itself invoke a movement of thought. All its questions are explicitly posed by, or have been developed from, the following films:

LEJ,
Lila Steinkampf,
DE 2018, 10 min

Lettres du Voyant,
Louis Henderson,
FR 2013, 40 min

Weapon of Choice,
Fritz Ofner with
Eva Hausberger,
AT 2017, 89 min

Europium,
Lisa Rave,
UK/DE 2014, 21 min

Delete Beach,
Phil Collins,
JP/DE/NO 2016,
7 min

Sprung der Dinge,
Fabian Hampel,
Clara Hausmann,
Brenda Magdalena
Wald, DE 2018, 12 min

Avalon,
Maryam Jafri,
US 2011, 12 min

Deep Down Tidal,
Tabita Rezaire,
ZA 2017, 19 min

All these films are concerned with raising questions about the hierarchies present in modes of circulation and different forms of friction, challenging the paradigm of maintenance and resilience.

(LEJ HUB)

Where are you being transported?

What are the conditions that make it profitable to be here?

What is being moved here that you don't see?

The necessary paperwork is there for it to start and keep moving.
In itself the paperwork is neither good nor bad, it just needs to be correct.

What is scanned, wrapped, lifted and (un)loaded?

Can additional layers of information reveal what seems exceptional to be really routine?

Does it matter to you that there's a record of this, even when you're supposed to look away?

What does it mean to out something that is already a public secret?

(GLOCK COUNTRY)

How does an object acquire a reputation that enables it to circulate?

Is it all about great marketing? Word of mouth? Rhyme to rhyme?

How does an object become a status symbol in an economy of violence?

Mit einem Hammer.

Funktioniert sie unter Wasser? Ist sie einfach zu warten?

Wo sollte sie hingehen und ist auch angekommen?

Wo sollte sie nicht hingehen, ist aber angekommen?

Symbolische Gewinne kehren nach Österreich zurück, monetäre Gewinne zirkulieren zwischen Steueroasen. Wohin geht die Gewalt?

Wo liegen die Grenzen der Selbstverteidigung?

Wie verantwortungsvoll kannst du sein, wenn du Waffen verkaufst?

Was ist deine Verantwortung für das, was du produzierst?

(FABRIK)

Welche Rolle hast du in der Lieferkette? | In welche Lage wurdest du gebracht?

Seitdem ich hier arbeite, muss ich mich mit einer seltsamen Seite an mir auseinandersetzen. Es ist eine Seite, die jeder hat, aber ausblendet, mit Ausnahme von Leuten wie mir, deren Job es ist, sie einzusetzen.

Wie kann man sich selbst und die Zirkulation schützen, indem man die Wahrheit nicht kennt oder vorgibt, sie nicht zu kennen? | Glaubwürdiges Abstreiten, unglaubwürdige Realität?

Besitzt die dunkle Seite des Verstandes auch eine heilende Wirkung?

Wer profitiert von deiner Realität?

Wo, glaubst du, befindest du dich?

Bist du eine Requisite im Stück eines anderen?

Man kann niemanden outen, der sich bereits selbst geoutet hat.

Was ist die Provenienz?

( )

Was ist Bridgeware?

Beinhaltet die Erfindung von Technologien bereits die Erfindung ihrer Hacks?

Wie lässt sich die Air Gap überbrücken? | Was befindet sich in der Luft? | Wie können Signalübertragungsmechanismen und Materialitäten angeeignet werden?

Oder: Wie lässt sich die Zirkulation zu einer absurden Intensität steigern?

Wie kann das für Menschen vermeintlich nicht Sichtbare wieder sichtbar gemacht werden?

Wo endet das Analoge, wo beginnt das Digitale?

Wie kann die Überbrückung von Air Gaps von der Bedrohung zu einem Möglichkeitsraum werden?

(BISMARCKSEE)

Was lässt digitale Bildschirme leuchten und macht Papiergeld echt? | Wer hat Zugriff worauf?

Eine lange Geschichte, die bis in die Zukunft reicht. Raffinierte Techniken zur Rohstoffgewinnung, zur Ausbeutung.

With a Hammer.

Does it work under water? Where is it supposed Where is it not supposed
Is it easy to maintain? to go, and did? to go, but did?

Symbolic profit returns to Austria, monetary profits circulate between tax havens.
Where does the violence go?

What are the limits of How responsible can you be What is your responsibility
self-defence? and sell arms? for what you produce?

(FACTORY)

What is your role in the supply chain? Where are you placed?

Since coming to work here, I've been forced to confront an odd side of myself.
It's a side everyone has but hides away from,
except for people like me whose job it is to use it.

How does not knowing the truth, or Plausible deniability, implausible reality?
pretending not to know, protect oneself,
protect circulation?

Does the dark side of the mind also have a healing quality?

Who profits from In which place do you Are you a prop in
your reality? believe yourself to be? someone else's play?

You can't out someone who has already outed himself.

What's the provenance?

( )

What is Bridgeware?

Is the invention of How can the air What's in the air? How can signal
technology already gap be bridged? transmission
the invention of its mechanisms and
other uses? materialities
be appropriated?

Or, how can circulation be forced to absurd intensities?

How can that which is Where does analog end How can the disruption
supposedly invisible and digital begin? of air gaps become not just
to humans be rendered a threat but a potential?
visible again?

(BISMARCK SEA)

What makes digital screens glow and Who has access to what?
paper money authentic?

A long history stretching into the future.
Refined technologies for extraction, for exploitation.

What's the intrinsic value When mountains, shadow Could it be that these
of a resource? and thunder exist as things recurrent patterns follow
  endowed with spiritual the golden ratio?
  power, can the same be
  said of paper bills and flat
  screen TVs?

Was ist der immanente
Wert einer Ressource?

Wenn Berge, Schatten und
Donner als spirituell aufge-
laden Dinge verstanden
werden, lässt sich dann das
Gleiche von Geldscheinen
und Flachbildfernsehern
sagen?

Könnte es sein, dass
diese wiederkehrenden
Muster dem Goldenen
Schnitt unterliegen?

(GHANA)

Was ist das Unheimliche
an der Technologie?

Wann nimmst du die Sache selbst
in die Hand?

*Archäologen-Poeten extrahieren Gold aus dem Internet, als voodoo-
gestützte Start-ups, Gedichte des Postkolonialismus konstruierend.*

Was sind
wertvolle
Informationen?

Was hat einen
Wert und für
wen?

Wo wird Wert
geschaffen?

Handelt es
sich um eine
Umkehrung
oder um eine
Erweiterung der
Lieferkette?

Wer ist hier
gierig?

*Aus den Tiefen der Erde und alter Hardware werden wertvolle
Materialien und wertvolle Informationen gewonnen.*

Weißt du jetzt mehr als vorher?

(UNTER WASSER)

Wo ist das Internet?

*Ideologien und strukturelle Diskriminierung werden durch die
Glasfaserkaßel in der Tiefsee gejagt. Die gleichen Wege, die gleichen
Geschichten, der gleiche Schmerz.*

Wo landet das
Signal?

Wie lassen sich
Technologien dekolo-
nisieren? Wie lässt
sich die Verbreitung
eurozentrischer
Perspektiven stören?

Wie lassen sich
Technologien heilen?

Was sind die
Technologien zur
Heilung?

(EINE ZUKUNFT)

Wie lässt sich der Körper in die Zirkulation zukünftigen Widerstands einschreißen?

Was, wenn uns nur noch die
Rückkehr ins Meer bleibt?

Was, wenn die Verschwen-
dung von Ressourcen zur
Geste der Rebellion würde?

Kameraden unter Tage:
eine Welt parallel zu dieser,
so sagen sie.

Wie wird man zu Öl?

Worin besteht dein Opfer?

Sie meinte immer, man solle sich gut sichtßar verstecken.

Was ist der Preis,
und wo kann ich ihn
zahlen?

(GHANA)

How is the technological haunted? | When do you take matters into your own hands?

Archaeologist-poets extract gold from the internet, as voodoo-supported startups, constructing the poems of postcolonialism.

What is precious information? | What has value for whom? | Where is value produced? | Is this reversing the supply chain or expanding it? | Who is greedy here?

Mining the depths and scrap hardware for precious materials and precious information.

Do you know more than you knew before?

(UNDER WATER)

Where is the internet?

Ideologies and structural discrimination are shot through the glass fiϐre caϐles in the deep sea. Same paths, same stories, same pain.

Where does the signal land? | How can technology be decolonised? How can the circulation of eurocentric perspectives be diverted? | How can technology be healed? | What are the technologies for healing?

(A FUTURE)

How can the ϐody ϐe inscriϐed in the circulation of future resistance?

What if returning to the sea is all that we can now do? | What if wasting resources became a gesture of rebellion? | Comrades beneath: a world parallel to this, they say.

How do you ϐecome oil?

What is your sacrifice?

Hide in plain sight, is what she always said.

What is the price and where can I pay it?

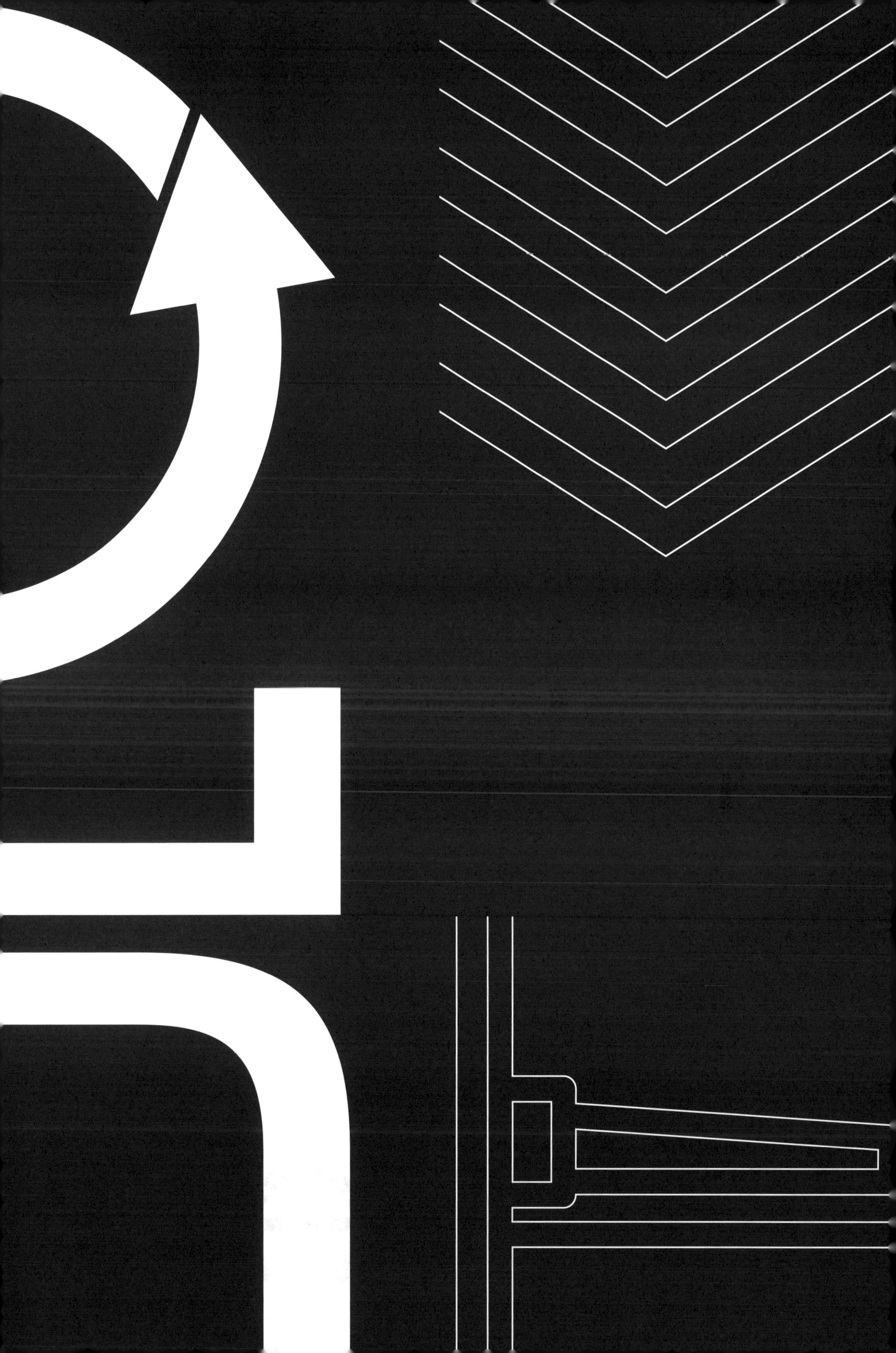

Perfor-
mances

Mobile
Musik

Sandra Naumann

Phatcowlee

Andreas Spechtl

Electric Indigo
(female:pressure)

byetone
(raster)

mobilegirl
(DISK)

Mila Stern
(Quality Time)

Mary Ocher+
Your Government

Von Kraftwerks *Autobahn* über Holly Herndons *Platform* bis hin zu M.I.A.s *Borders*, immer wieder beschäftigen sich Musikerinnen und Musiker mit Phänomenen der Logistik, angefangen bei der Infrastruktur bis hin zur Migration. Doch die uns allgegenwärtigen Waren-, Informations- und Menschenströme sind viel mehr als bloß der Gegenstand musikalischer Auseinandersetzung.

Sie machen Musikerinnen und Musiker zu personifizierten Logistikzentren, zu Steuerern, „Fracht" und Spediteuren in einem. Insbesondere die unabhängigen unter ihnen sind schon lange nicht einfach nur Urheberinnen und Urheber von Musik, sondern übernehmen auch selbst die Distribution ihrer Produkte. Sie speisen sie direkt in die globalen Warenflüsse ein, verschicken ihre Tonträger persönlich per Post und stellen ihre Files eigenhändig in Onlinevertriebskanäle wie Bandcamp, SoundCloud oder Spotify ein. Sie unterhalten eigene Infrastrukturen, sind in den Betrieb von Labels und Agenturen, Clubs und Konzert Venues, Festivals und Netzwerken involviert. In diesen Zusammenhängen agieren Musikerinnen und Musiker zugleich als Disponenten und werden selbst als „Stückgut" verschickt. Sie fliegen für ein DJ-Set nach London oder fahren mit dem gemieteten Kleintransporter zum nächsten Gig, sind für ein paar Wochen auf Künstlerresidenz oder treffen mit den anderen Bandmitgliedern irgendwo für Proben zusammen. Denn als performative und ephemere Kunstform basiert Musik auf der Präsenz der Akteurinnen und Akteure zu einer bestimmten Zeit an einem bestimmten Ort. Liveauftritte sind wesentlicher Bestandteil ihrer Existenz – ganz abgesehen davon, dass sie nach dem Einbruch des Tonträgermarktes zur primären Einkommensquelle geworden sind.

Musikerinnen und Musiker sind daher der Inbegriff von Mobilität, nicht zuletzt durch ihre multilokalen Lebensweisen und freiwillige oder unfreiwillige Migration – leben doch viele an mehreren Orten zugleich und meist nicht mehr dort, wo sie geboren wurden. Sie sind dorthin gezogen, wo die Musikszene ihnen Möglichkeiten eröffnet, oder haben wie viele andere Menschen ihre Heimat aus sozialen, ökonomischen und politischen Gründen verlassen.

Mobile Music

Sandra Naumann

Phatcowlee

Andreas Spechtl

Electric Indigo
(female:pressure)

byetone
(raster)

mobilegirl
(DISK)

Mila Stern
(Quality Time)

Mary Ocher+
Your Government

From Kraftwerk's *AutoБahn* to Holly Herndon's *Platform* to M.I.A.'s *Borders,* musicians have again and again explored the phenomenon of logistics, including such aspects as infrastructure and migration. Yet the omnipresent flows of products, information and humans are much more than the subject of musical productions.

Musicians themselves have been turned into personified logistic centers, planners, handlers, and shippers all in one. Independent musicians in particular have long since ceased to be mere creators of music, as they are also responsible for the distribution of their products. They feed their music into global product flows, shipping their albums by post and uploading their files to online streaming services like Bandcamp, SoundCloud or Spotify. Musicians maintain their own infrastructures, are involved in the operations of labels and agencies, clubs and concert venues, festivals and networks. In these contexts, musicians both act as expeditors and are themselves shipped out as "package freight." They fly for a DJ set to London or drive a rented van to the next gig, spend a couple weeks at an artist's residency or meet up somewhere with members of their band. As a performative and ephemeral art form, music is based on the presence of participants at a specific time and place. Live shows are an essential part of a musician's existence—and not just because the collapse of the recorded music market has made them their main source of income.

Musicians are the very embodiment of mobility, not least of all due to their multi-local lifestyles and voluntary or involuntary migrations. Many live simultaneously in different cities, few in the place where they were born. They are drawn to places where the music scene offers them opportunities. Or, like many other individuals, they have left their homelands for social, economic and/or political reasons.

Through their nomadic existences, musicians have become both containers and transporters, carrying forth not only their own music into the world but also sounds from their travels and the different stages of their lives. They come into contact with "foreign" musical cultures, integrate found material into their work along the way,

So werden Musikerinnen und Musiker
durch ihr nomadisches Dasein selbst sowohl
zu Behältnissen als auch zu Transporteu-
ren. Sie tragen nicht nur ihre eigene Musik
in die Welt hinaus, sondern bringen auch
Klänge von ihren Reisen oder biografischen
Stationen mit. Sie kommen mit „fremden" Mu-
sikkulturen in Berührung, nehmen unterwegs
Gefundenes in ihre Arbeit auf und gehen
Ko... ...kschaffenden aus
... im digitalen Zeit-
... im physischen,
... im virtuellen Raum
... Werkzeuge der
O... ...er integrieren gar
die ...tenautobahnen
in i...

...tik durch die mit
ihr e... ...hprozesse
ihre... ...die Entstehung
neue... ...n sagen – in
Form ... ...Eklektizismus"
Rhyth... ...llen Erdteilen
zusamm... ...lässt sie
„neue G... ...em sie einst
periphe... ...rke einwebt.

and collaborate with other music makers
from all over the world. In the digital age
these collaborations take place not just in
physical but increasingly in virtual spaces
as well. They utilize the tools of online collaboration or even integrate the "native
sounds" of the data highway into their productions.

 As a result of the processes of exchange associated with it, logistics is ultimately becoming a catalyst in its own
right for the creation of new music, which—
one could say—brings together rhythms
and harmonies from all over the planet in a
new form of "cosmopolitan eclecticism."
But above all, logistics facilitates the creation of "new geographies" in that it
 integrates once peripheral musics into
 its networks.

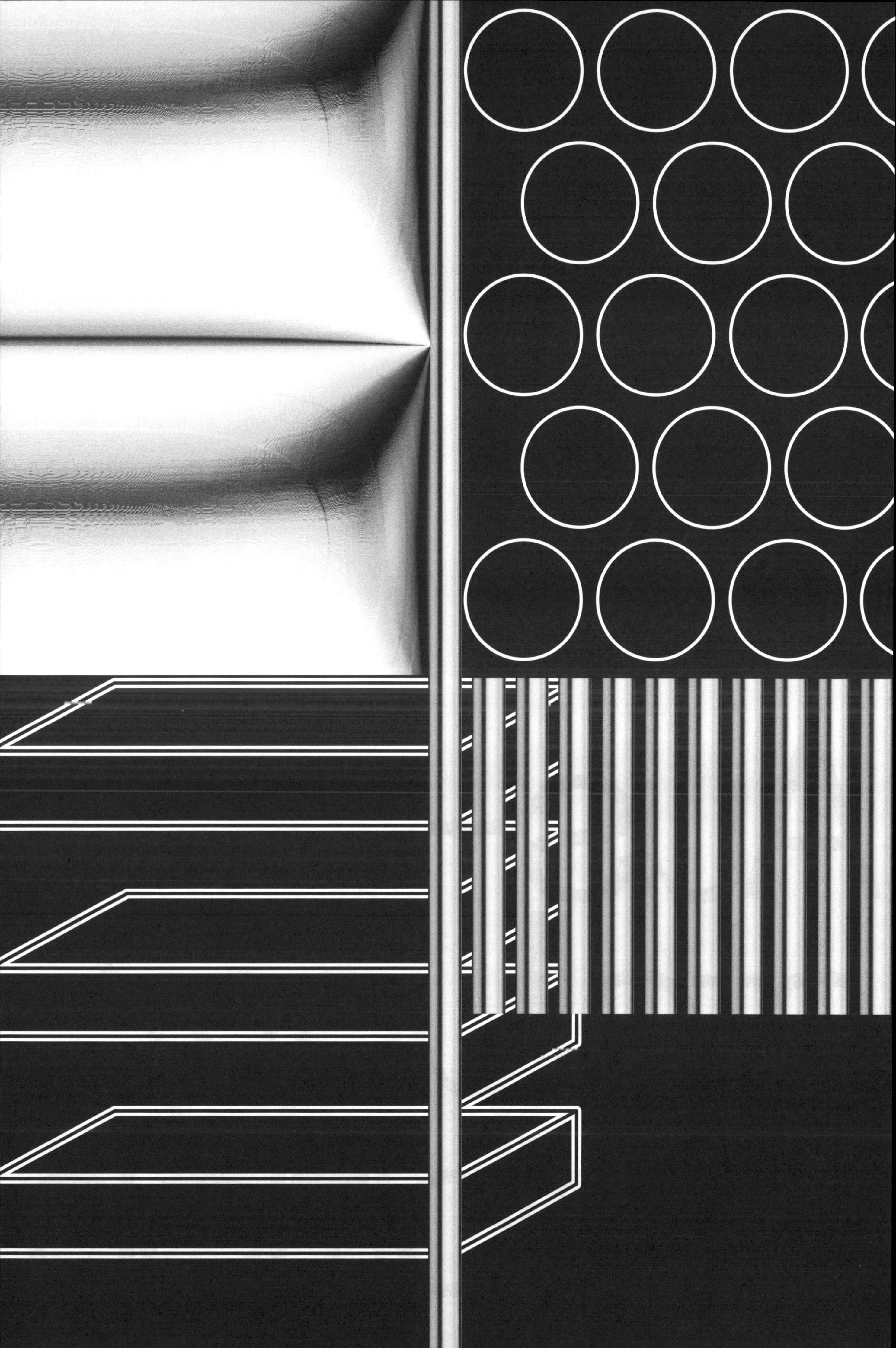

Ausstellung/ Exhibition

Einführung

Konrad Renner,
Juliane Schickedanz

Mit den zum Werkleitz Festival 2018 eingeladenen Künstlerinnen und Künstlern !Mediengruppe Bitnik, Mariechen Danz, Doug Fishbone, Foundland Collective, Hiwa K, Lawrence Lek, Candice Lin, Sebastian Schmieg und Leanne Wijnsma sind in der Ausstellung *Holen und Bringen* neun künstlerische Positionen vertreten, die sich sowohl mit den Funktionsweisen von Logistik und der zugehörigen Dienstleistungsbranche auseinandersetzen als auch weiterführende Fragen stellen. Dabei geht es unter anderem um den Zugang zu grundsätzlicher Mobilität, um die unsichtbaren Strukturen unseres Alltags und die Auswirkungen dessen, dass einige wenige alles zu jeder Zeit haben können. Die inhaltliche und mediale Bandbreite der künstlerischen Betrachtungen greift das Spannungsverhältnis zwischen den analogen und digitalen Prozessen innerhalb der Logistik auf. Einerseits verweisen sie auf gesellschaftliche Veränderungen infolge der Automatisierung, der Nutzbarmachung von Daten und der digitalen Vernetztheit. Andererseits werden kulturhistorische Studien und deren Übertragungen auf unsere Jetztzeit verhandelt. Die Einbeziehung subjektiver Perspektiven lässt Raum für persönliche Geschichten innerhalb der abstrakten Logistikabläufe. Außerdem wird der menschliche Körper als Container von Wissen, Sprache, Abläufen und Waren in Augenschein genommen.

In sechs Interviews präsentieren Künstlerinnen und Künstler ihre für das Werkleitz Festival 2018 neu entstandenen Arbeiten, die bei der Drucklegung des Katalogs noch nicht abgeschlossen waren. Die Ausstellung wird maßgeblich ergänzt durch die Videoarbeiten und Installationen von Foundland Collective, Hiwa K und Lawrence Lek, die abermals an Kernpunkte der Auseinandersetzung mit dem Thema Logistik anknüpfen. Hiwa K verweist mit seiner Arbeit *The Bell Project* auf den für das 20. Jahrhundert prägenden Ursprung logistischer Prozesse aus dem Militärwesen. Durch die Verbindung von Nachschub und Religion wird die Logistik als eine Form der Ideologie hinterfragt, deren Schwingungen erst in der Distanz wahrnehmbar sind. Die Arbeit von Foundland Collective wiederum basiert auf archivarischen sowie privaten Erzählungen von

Introduction

Konrad Renner,
Juliane Schickedanz

The 2018 Werkleitz Festival's exhibition, entitled *Holen und Bringen* [Fetch and Deliver], invites nine artists and artist groups—!Mediengruppe Bitnik, Mariechen Danz, Doug Fishbone, Foundland Collective, Hiwa K, Lawrence Lek, Candice Lin, Sebastian Schmieg and Leanne Wijnsma—to explore the workings of logistics, the associated service industry and other related questions. Their work focuses on such issues as access to basic mobility, the invisible structures of our everyday lives and the power of a small minority to obtain anything they desire at any time. The broad range of media and content featured in the exhibition echoes the tension between analog and digital processes now evident in the logistics industry itself. The works deal with changes in the social fabric caused by automation, new uses of data and digital networking, and offer cultural and historical studies as they apply to the current epoch. The inclusion of subjective perspectives provides space for personal stories within the framework of abstract logistic processes and procedures. The human body is also scrutinized as a container of knowledge, language, processes and products.

In six interviews, artists discuss the works they created for the 2018 Werkleitz Festival, all of them still unfinished when this catalog went to print. An essential contribution to the exhibition is the video works and installations by Foundland Collective, Hiwa K and Lawrence Lek, which link back to core aspects of the phenomenon of logistics. With his work *The Bell Project,* Hiwa K refers to the military origin of logistic processes that helped shape the twentieth century. By establishing a connection between the provision of supplies and religion, logistics is explored as an ideology, the oscillations of which can only be perceived from a distance. The work by Foundland Collective, by contrast, is based on archival and personal narratives of migration, flight and displacement, whereby the illustration of routes and networks allows us to better comprehend individuals' stories. In his videos, Lawrence Lek presents futuristic stereotypes of logistical states like China, which are considered responsible for today's poor working conditions in the West and perceived as digital superpowers.

Migration, Flucht und Vertreibung, wobei
die Aufschlüsselung von Wegen und Netzen
die Geschichte der Betroffenen fassbar
macht. Lawrence Lek zeigt in seinen Videos
futuristische Klischeevorstellungen von
Logistik-Staaten wie China, die der Westen
gerne für schlechte Arbeitsbedingungen
hierzulande verantwortlich macht und zu digitalen Übermächten stilisiert.

Für die Ausstellung in Halle führen Leanne
Wijnsma und Mariechen Danz bestehende
Projekte fort. Einerseits beschäftigen sich
die Arbeiten mit Tunneln als den Funda-
menten der Logistikinfrastrukturen, andererseits dekonstruieren sie das Archiv
der historischen, weltweiten Kartografie als
subjektive Wissens- und Bewegungsnor-
mierung. Candice Lin greift in ihrer neu entstandenen Arbeit die Salz-Geschichte
der Stadt Halle (Saale) auf, um beispielhaft
zu zeigen, wie erst durch die Konservie-
rungseigenschaft des Rohstoffs die globale
Seefahrt, die Eroberung der Welt und die
systematische Sklaverei über Jahrhunderte
hinweg vorangetrieben werden konnte.
Ebenfalls ortsspezifisch ist die Arbeit von
Doug Fishbone, der die Verbindung von
Logistik und Tourismus anhand der Lenkung
von Besucherströmen durch die Informa-
tions- und Kommunikationsmedien aufgreift.
!Mediengruppe Bitnik lässt ihre Arbeit real
durch analoge und digitale Lieferketten wan-
dern. Mit ihren Projekten nimmt sie jene gesellschaftlichen Bereiche des Datenraums
kritisch in den Blick, in denen das Subjekt
schon längst zu einer festen Größe der Logistik geworden ist. Die Arbeit von Sebastian
Schmieg schließlich stellt interaktiv Verbindungen zwischen den Ausstellungsbeiträgen
her: Für *Holen und Bringen* hat er einen
künstlerischen Augmented-Reality-Guide in
Form von Datenbrillen entwickelt, wie sie
gegenwärtig in Lagerhäusern Verwendung
finden. Die Besucherinnen und Besucher
werden durch die Ausstellungsräume geleitet und dabei selbst zum Reflexionsmoment
logistischer Datenprozesse.

For the exhibition in Halle, Leanne Wijnsma and Mariechen Danz developed projects they had begun earlier. While on the one hand the works examine tunnels as the foundational elements of logistic infrastructures, on the other they deconstruct the archive of historical international cartography as a subjective normativization of knowledge and movement. In a new work, Candice Lin explores the history of the salt industry in the city of Halle (Saale) to show how the use of salt as a preservative made global maritime shipping, the conquest of the world and centuries of systematc slavery possible. The site-specific work by Doug Fishbone looks at the close connection between logistics and tourism as revealed by the targeted steering of visitors through information and communications media. !Mediengruppe Bitnik literally sends its work traveling along analog and digital supply chains, offering a critical look at the social areas of the data room, where the subject has long since become a mere component of logistic systems. Finally, the work of Sebastian Schmieg establishes interactive connections between the different works in the exhibition. For *Holen und Bringen* he has developed an artistic Augmented Reality Guide that is integrated into the type of data glasses currently used in commercial warehouses. Visitors are led through the rooms of the exhibition and themselves become an object of logistical data processes.

Ausstellung / Exhibition
Konrad Renner, Juliane Schickedanz

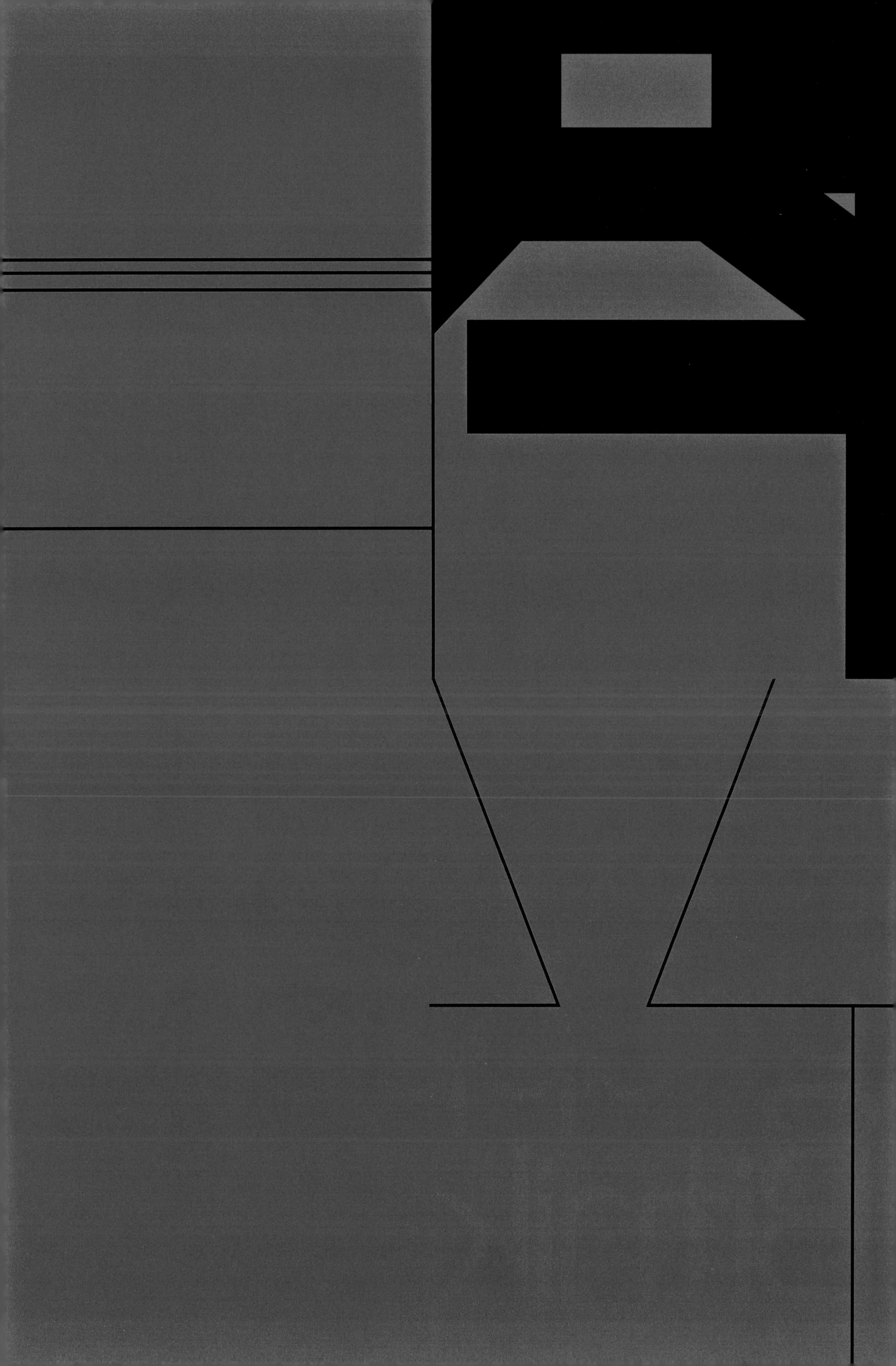

!Mediengruppe Bitnik

Von: Konrad Renner
An: !Mediengruppe Bitnik
Kopie: Juliane Schickedanz

31. Mai 2018   13:46

Liebe Carmen,
lieber Doma,
vielleicht erinnert ihr euch an den Nachmittag vor einigen Tagen, als wir auf der Aussichtsplattform des Flughafens Halle-Leipzig standen und auf die angekündigte Maschine aus Frankfurt warteten. Sie kam nicht und wir starrten in den leeren Himmel. Über eine Tracking-App haben wir dann schnell festgestellt, dass die Maschine sich noch über Fulda befindet und einige Zeit brauchen wird – wir wussten zu diesem Zeitpunkt also mehr als die offiziellen Anzeigen des Flughafens.

Augenscheinlich gibt es ein Bedürfnis, den Dingen dabei zuzuschauen, wie sie zu uns kommen: den Maschinen, Paketen, Freunden, dem Taxi und der Lieferung des Pizzabäckers von nebenan. Es wird digital illustriert, was bis dato hinter dem Horizont stattfand und für Empfänger unsichtbar war.

Ich frage mich, welche Intentionen die unterschiedlichen Anbieter haben, logistische Abläufe sichtbar zu machen. Geht es hier um kalkulierte Transparenz, um die Darstellung der eigenen Leistung oder vielleicht auch um eine Optimierung des logistischen Flusses?
Herzlich
Konrad

Von:
An:
Kopie:

!Mediengruppe Bitnik
Konrad Renner
Juliane Schickedanz

12. Juni 2018   14:54

Hi Konrad,
mit der „Track and Trace"-Funktion, die du beschreibst, haben wir uns in *Delivery for Mr. Assange* und der Nachfolgearbeit *Delivery for Mr. Rajab* intensiv beschäftigt. Ausgangspunkt für die Delivery-Serie war die Situation rund um die Botschaft von Ecuador in London im Herbst 2012. Die Botschaft wurde von britischen Polizeikräften umstellt, nachdem die ecuadorianische Regierung Julian Assange politisches Asyl zugesprochen hatte.

https://static01.nyt.com/
images/2012/08/19/world/
assang1/assang1-jumbo.jpg

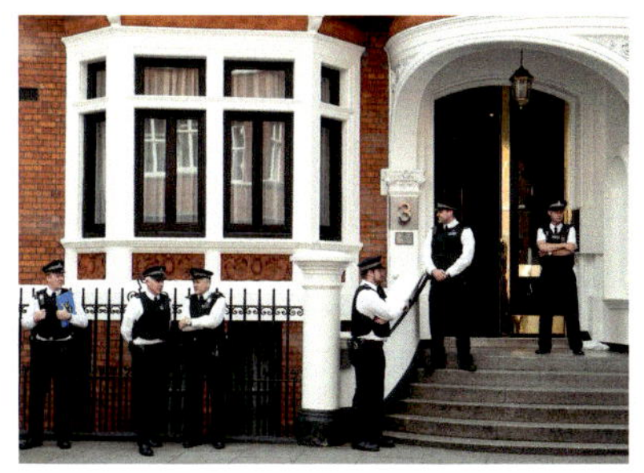

Die umstellte Botschaft hat uns interessiert, weil sie einem Konflikt ein Gesicht gab, der schwer abzubilden ist und unter der Oberfläche unserer vernetzten Gesellschaft brodelt. Wer hat Zugang zu welchen Informationen und Daten? Was darf staatliche Überwachung? Und wie transparent müssen Staatsdaten sein? Wiki-Leaks hat sich einen Namen damit gemacht,

From: Konrad Renner
To: !Mediengruppe Bitnik
CC: Juliane Schickedanz

31 May 2018   13:46

Dear Carmen,
Dear Doma,
You may recall the afternoon a few days ago when we stood on the viewing platform of the Halle-Leipzig airport, waiting for the plane from Frankfurt that had been announced. It didn't appear, and we stared off into the empty heavens. Using a tracking app we quickly learned that the aircraft was passing over Fulda and would still be in the air for some time—at this point we now knew more than the airport's official display.

It would seem that there is a need to observe things as they come at us: airplanes, packages, friends, the taxi, the pizza being delivered next door. Things that up until now took place beyond the horizon or remained invisible for recipients are now shown on digital displays. I wonder what the motivations of providers are when they render logistic processes visible. Is it about calculated transparency, a way of demonstrating their excellent service, or—perhaps—the optimization of logistic flows?
Sincerely,
Konrad

From:
To:
CC:

!Mediengruppe Bitnik
Konrad Renner
Juliane Schickedanz

12 June 2018   14:54

Hi Konrad,
In *Delivery for Mr. Assange* and its sequel *Delivery for Mr. Rajab,* we examined in great depth the track and trace function that you describe. The point of departure for this delivery series was the situation at the Ecuadorian embassy in London in the fall of 2012. The embassy had been surrounded by the British police after the Ecuadorian government had granted Julian Assange political asylum.

https://static01.nyt.com/
images/2012/08/19/world/
assang1/assang1-jumbo.jpg

The surrounded embassy interested us because it lent a conflict that is difficult to visually depict, but that is seething under the surface of our society, a face. Who has access to what information and data? How far can government surveillance go? And how transparent does government data have to be? WikiLeaks made a name for itself by bolstering investigative journalism as the Fourth Estate, using the resources of the internet. The situation in London thus provides a snapshot of the general struggle for access to government information in the early twenty-first century. In the midst of this diplomatic crisis, we sent a package addressed to Julian Assange. The package was equipped with a camera inside that every ten seconds took a picture of its surroundings through a hole. The package drone was live online, and the status of the package within the postal system could also be followed online in real time.

Through this continual stream of live images, *Delivery for Mr. Assange* provides insights into an otherwise veiled system—the delivery of packages and mail. The image stream from the package generated a great deal of interest online. The pictures were shared, commented on, analyzed, and forensically examined for hidden image data.

https://twitter.com/
gabrielvetter/status/
291981485592944640

package drone

mit den Mitteln des Internets den investigativen Journalismus als vierte Gewalt zu stärken. Die Situation in London ist damit auch eine Momentaufnahme des Konflikts um den Zugang zu Regierungsinformationen zu Beginn des 21. Jahrhunderts. In diese diplomatische Krise haben wir ein an Julian Assange adressiertes Paket verschickt. Dieses war mit einer Kamera ausgestattet, die alle zehn Sekunden aus dem Inneren durch ein Loch seine Umgebung fotografiert hat. Die Paketdrohne war live im Netz und der Status des Pakets innerhalb des Postsystems konnte in Echtzeit online mitverfolgt werden.

Über den konstanten Stream an Livebildern gibt *Delivery for Mr. Assange* Einblick in ein sonst verborgenes System – das der Zustellung von Paketen und Poststücken. Der Bildstream aus dem Paket ist im Netz auf großes Interesse gestoßen. Die Bilder wurden geteilt, kommentiert, analysiert und forensisch auf verborgene Bildinformationen untersucht.

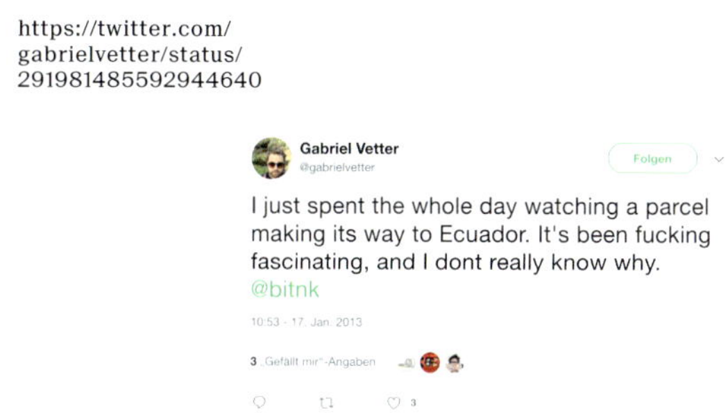

Dieses Dabeisein hat eine ganz eigene Dimension, die uns durch Technologie ermöglicht wird. Seit der Erfindung des Telefons fasziniert die gleichzeitige An- und Abwesenheit, die Überwindung von Raum, das Miterleben aus der Distanz.

Als Kontrollfunktion ist „Track and Trace" immer schon in Technologie eingeschrieben, um die eigenen Prozesse zu überwachen und zu optimieren. Die Logistikunternehmen bilden die Kontrolldaten auch nach außen dem Kunden gegenüber ab und nutzen die Faszination für „remotes" Dabeisein. Natürlich geht es darum, der Userin, dem User ein Gefühl der Kontrolle zu geben. Dass sie die Hoheit über die eigene Zeit haben, indem sie die genaue Zeit der Paketankunft im Voraus wissen können. Darüber hinaus erhoffen sich die Unternehmen eine größere Kundenbindung dadurch, dass die Userin, der User durch Statusupdates immer wieder zurück auf die Plattform gelockt wird.

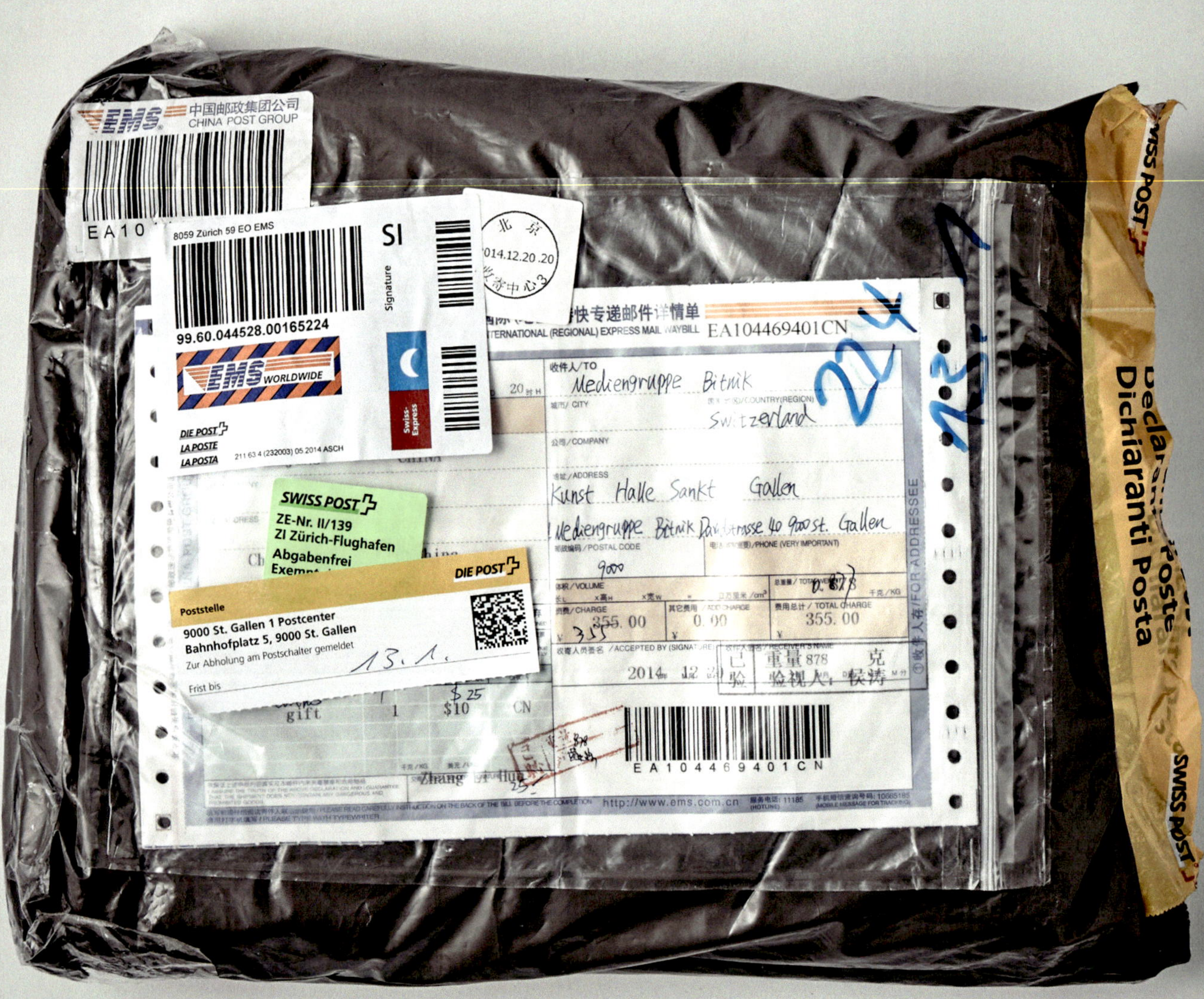
EMS 中国邮政集团公司 CHINA POST GROUP
EA10
8059 Zürich 59 EO EMS
99.60.044528.00165224
SI
EMS WORLDWIDE
DIE POST
LA POSTE
LA POSTA
211 63 4 (232003) 05.2014 ASCH
Signature
2014.12.20 .20
国际快专递邮件详情单
INTERNATIONAL (REGIONAL) EXPRESS MAIL WAYBILL   EA104469401CN
收件人/TO
Mediengruppe Bitnik
国家/COUNTRY(REGION)
Switzerland
公司/COMPANY
地址/ADDRESS
Kunst Halle Sankt Gallen
Mediengruppe Bitnik Davidstrasse 40 9000 St. Gallen
邮政编码/POSTAL CODE
9000
电话/PHONE (VERY IMPORTANT)
体积/VOLUME
重量/TOTAL WEIGHT
0.878
资费/CHARGE
355.00
其它费用/ECOCHARGE
0.00
费用总计/TOTAL CHARGE
355.00
SWISS POST
ZE-Nr. II/139
ZI Zürich-Flughafen
Abgabenfrei
Exempt
Poststelle
9000 St. Gallen 1 Postcenter
Bahnhofplatz 5, 9000 St. Gallen
Zur Abholung am Postschalter gemeldet
13. 1.
Frist bis
DIE POST
gift   1 $ 10   CN
$ 25
Zhang
2014   12
重量 878   克
验视人   袋涛
ACCEPTED BY (SIGNATURE)
EA104469401CN
http://www.ems.com.cn   服务电话 11185
SWISS POST
Declar... Poste
Dichiaranti Posta
SWISS POST

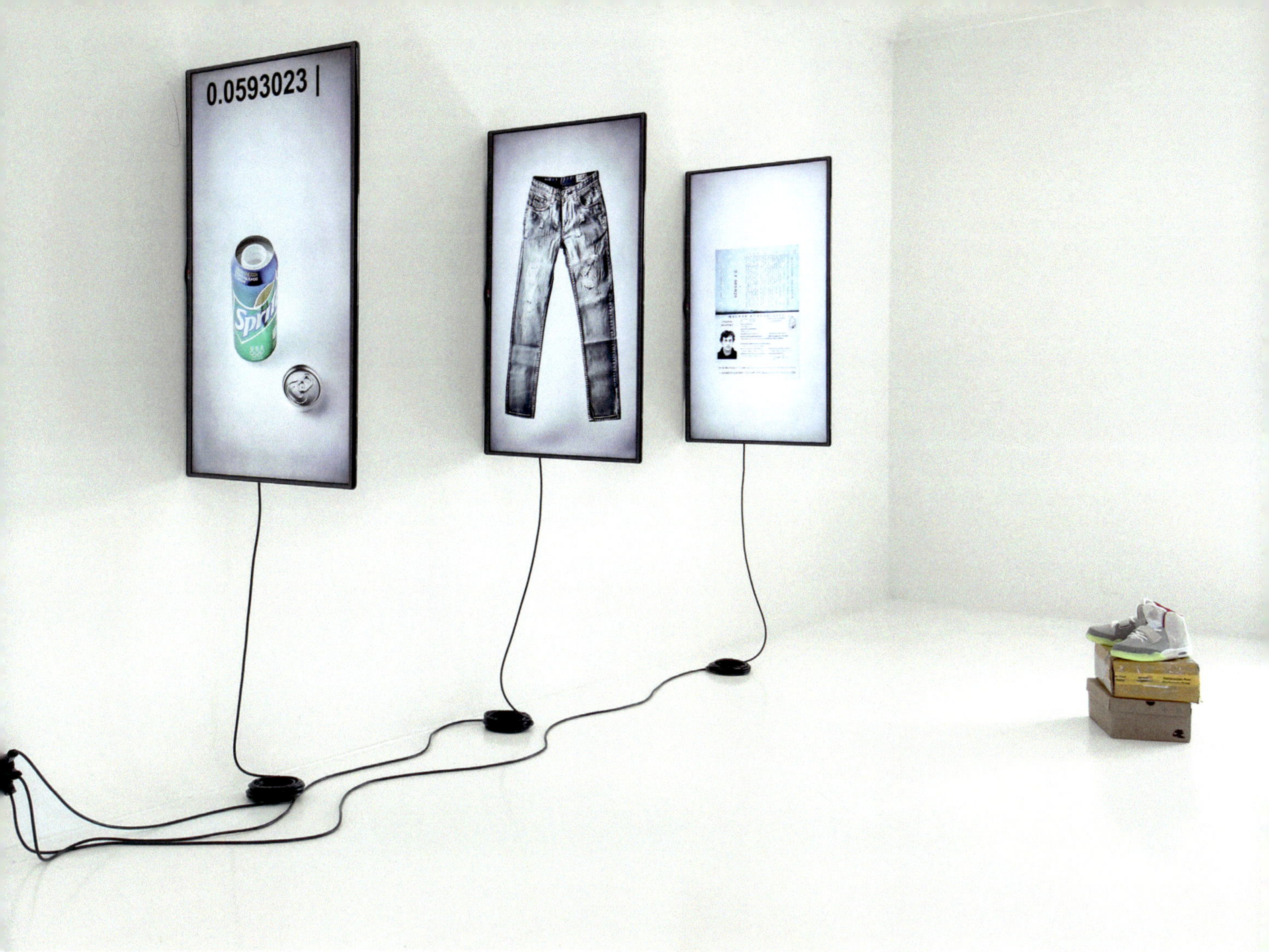

0.0593023 |
Sprite

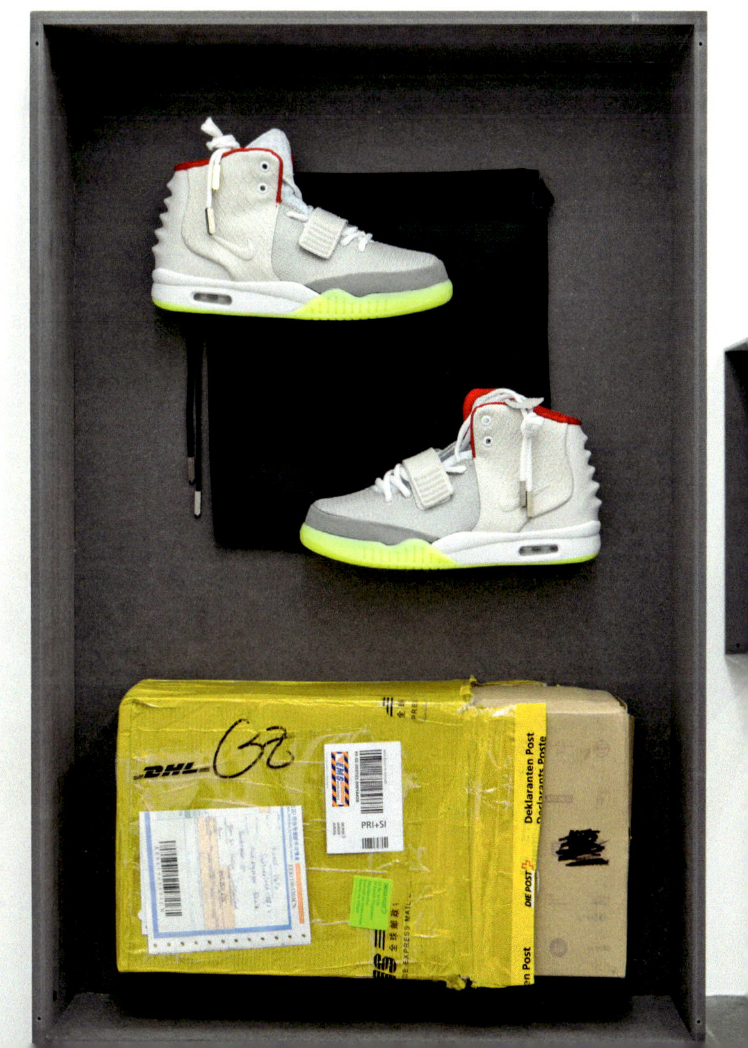

DHL
Deklaranten Post
PRI+SI

An entirely new dimension of presence and participation had been made possible by technology. Since the invention of the telephone, simultaneous presence and absence, the conquest of space and the experience of distance have fascinated people.

As a control function, track and trace has always been embedded in technology in order to watch over and optimize devices' own processes. Logistics companies display control data externally for customers, exploiting people's fascination with "remote" presence. Of course the idea is to give users a sense of sovereignty. They have control over their own time because they know in advance when exactly a package will arrive. Beyond this, companies hope to achieve greater customer loyalty by continually drawing users back to their platform by means of status updates.

While in logistics, control data is consciously utilized and only shared with external parties in small doses, other forms of control data have always been freely available, by means of which external parties have been integrated into the system. Since to guarantee airline safety it is not only essential that a central authority know the position of aircraft, but that airplanes be able to "see" each other, every plane is equipped with a device that automatically transmits its position and identification data. With the right receiver, anyone can read the position of all airplanes currently in the sky.

That same day we stood again on the viewing platform of the Halle-Leipzig airport as night began to fall. Like pearls on a chain, the transport planes came in every two minutes for landing. The DHL building was brightly lit. Like little lightning bugs, ground vehicles buzzed in every direction as the cargo containers were unloaded. If during the day the airport looked sleepy and underused, at night it came alive.

Sincerely,
Doma and Carmen

<pre>
From: Konrad Renner
To: !Mediengruppe Bitnik
CC: Juliane Schickedanz

          26 June 2018   12:48

          Dear Carmen,
          Dear Doma,
          Many thanks for your message—
      the image of the lightning bugs
      buzzing around the airport is fan-
      tastic. It is said that in the
      natural world such bugs convert
      ninety-five per cent of the energy
      they generate into light. In terms
      of energy efficiency they are
      unequalled! Nowadays we are aston-
      ished by the enormous amounts
      of energy and material resources
      required to keep logistic chains
      running. When viewing the overall
      structure of the flow of goods,
      it is easy to lose sight of individ-
      ual details. See for example a
      world map with live data on current
      ship movements:
</pre>

https://www.dropbox.com/s/
1zil9ka6nvgddcp/Screenshot%202018-
06-26%2008.52.43.png?dl=0

<pre>
          Your work often has the effect
      of rendering closed systems visi-
From: ble—systems that operate optimally
To: and uninterruptedly in the back-
CC: ground. Only stagnation, errors and
      deviations from the norm make it
      possible to perceive them. You uti-
      lize such disruptions as tools
      of artistic production. Logistic
      systems, however, are intended
      to take every error into considera-
      tion in advance, and to inte-
      grate exceptions into the material
      flow. But I'm afraid I may now be
      boring you …
          Sincerely,
          Konrad
</pre>

!Mediengruppe Bitnik
Konrad Renner
Juliane Schickedanz

18 July 2018   15:30

Dear Konrad,
Dear Juliane,
It's true that there are a great many errors and glitches in those systems that allow us to peer into their secret inner workings. But, as Leonard Cohen puts it in his song "Anthem," it is their fissures and flaws that let the light in: "There's a crack in everything, that's how the light gets in."

For the Werkleitz exhibition *Holen und Bringen* we want to shine light into the cracks in the logistics system and to illuminate how our infrastructures have become the defining systems of our age, guaranteeing that products are available around the clock. Everything must always be in motion. An interruption in the flow endangers the entire system. At the same time, these infrastructures allow us to always be virtually and remotely present in online systems. With their worldwide proliferation they are increasingly removing national borders for certain kinds of flow, even as other flows are becoming subject to ever greater control and surveillance.

We asked ourselves to what extent there are still gaps and blank spaces in these systems that allow for unintended uses, utopian elements and a different perspective on the present age.

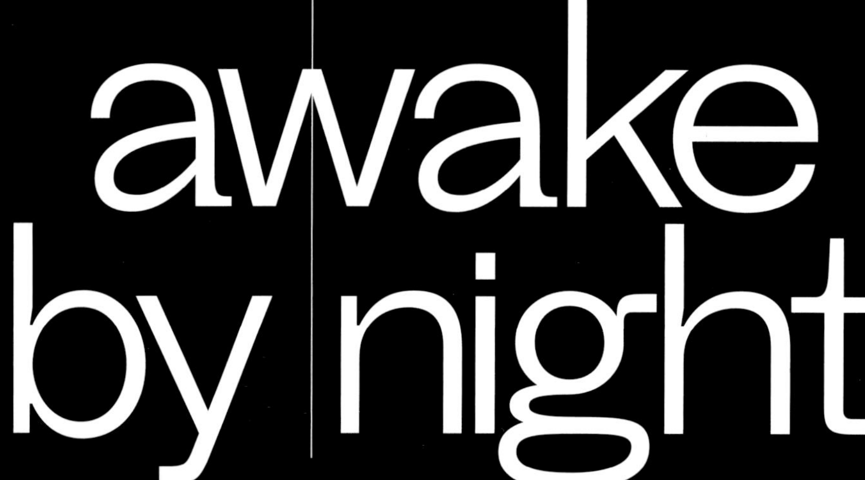

Von: Konrad Renner
An: !Mediengruppe Bitnik
Kopie: Juliane Schickedanz

26. Juni 2018   12:48

Liebe Carmen,
lieber Doma,
habt vielen Dank für eure
Zeilen – das Bild der Leuchtkäfer
am Flughafen ist eindringlich.
In der Natur wird diesen Käfern
nachgesagt, dass sie 95 % der
erzeugten Energie in Licht umset-
zen. Damit sind sie in puncto
Energieeffizienz beispielhaft.
Wir staunen heute nicht schlecht
darüber, welcher enorme ener-
getische und materielle Aufwand
getrieben wird, um die Logistikketten am Laufen zu halten. Hier
verliert sich beim holistischen
Blick auf den Warenstrom womöglich
die Betrachtung der Details.
Siehe zum Beispiel die Welt-
karte mit Livedaten der aktuellen
Schiffsbewegungen:

https://www.dropbox.com/s/
1zii9ka6nvgddcp/Screenshot%202018-
06-26%2008.52.43.png?dl=0

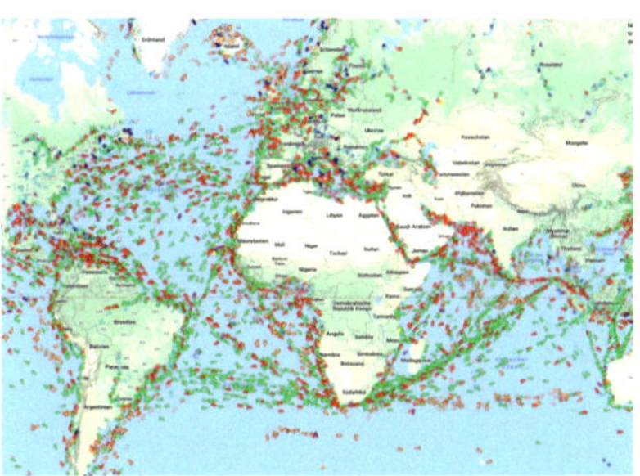

In euren Arbeiten geht es
viel um das Sichtbarmachen geschlos-
sener Systeme. Systeme, die optimal funktionieren und ungestört
im Hintergrund agieren. Erst der
Stillstand, Fehler und Abweichungen
von der Norm machen sie wahrnehmbar und werden hier zum Werkzeug
künstlerischer Produktion. Logistische Systeme hingegen versuchen
jeden Fehler schon von vornherein
mitzudenken und die Ausnahme in
den Materialfluss zu integrieren.
Aber das dürfte euch sicherlich
langweilen …
Herzlich
Konrad

Während in der Logistik die Kontrolldaten bewusst und nur dosiert mit Außenstehenden
geteilt werden, waren andere Kontrolldaten schon
immer frei verfügbar und Außenstehende somit Teil des Systems: Weil in der Flugsicherung
nicht nur eine zentrale Instanz die Position
der Flugzeuge kennen muss, sondern auch die
Flugzeuge sich gegenseitig „sehen" können
müssen, ist jedes Flugzeug mit einem Gerät zum
automatischen Aussenden von Positions- und
Kennungsdaten ausgestattet. Mit einem geeigne-
ten Empfangsgerät kann also jede(r) die Position aller Flugzeuge am Himmel lesen.
Wir waren am selben Tag bei Einbruch der
Nacht noch einmal auf der Aussichtsplattform
des Flughafens Halle-Leipzig. Wie Perlen an
einer Kette flogen die Transportflugzeuge im Zwei-
minutentakt den Flughafen an. Das DHL-Ge-
bäude war hell erleuchtet, überall schwirrten wie
kleine Leuchtkäfer die Abfertigungsfahrzeuge
zum Entladen der Frachtgutcontainer. Hatte der
 Flughafen am Tag noch verschlafen und un-
tergenutzt gewirkt, ist er in der Nacht erwacht.
Herzlich
Doma und Carmen

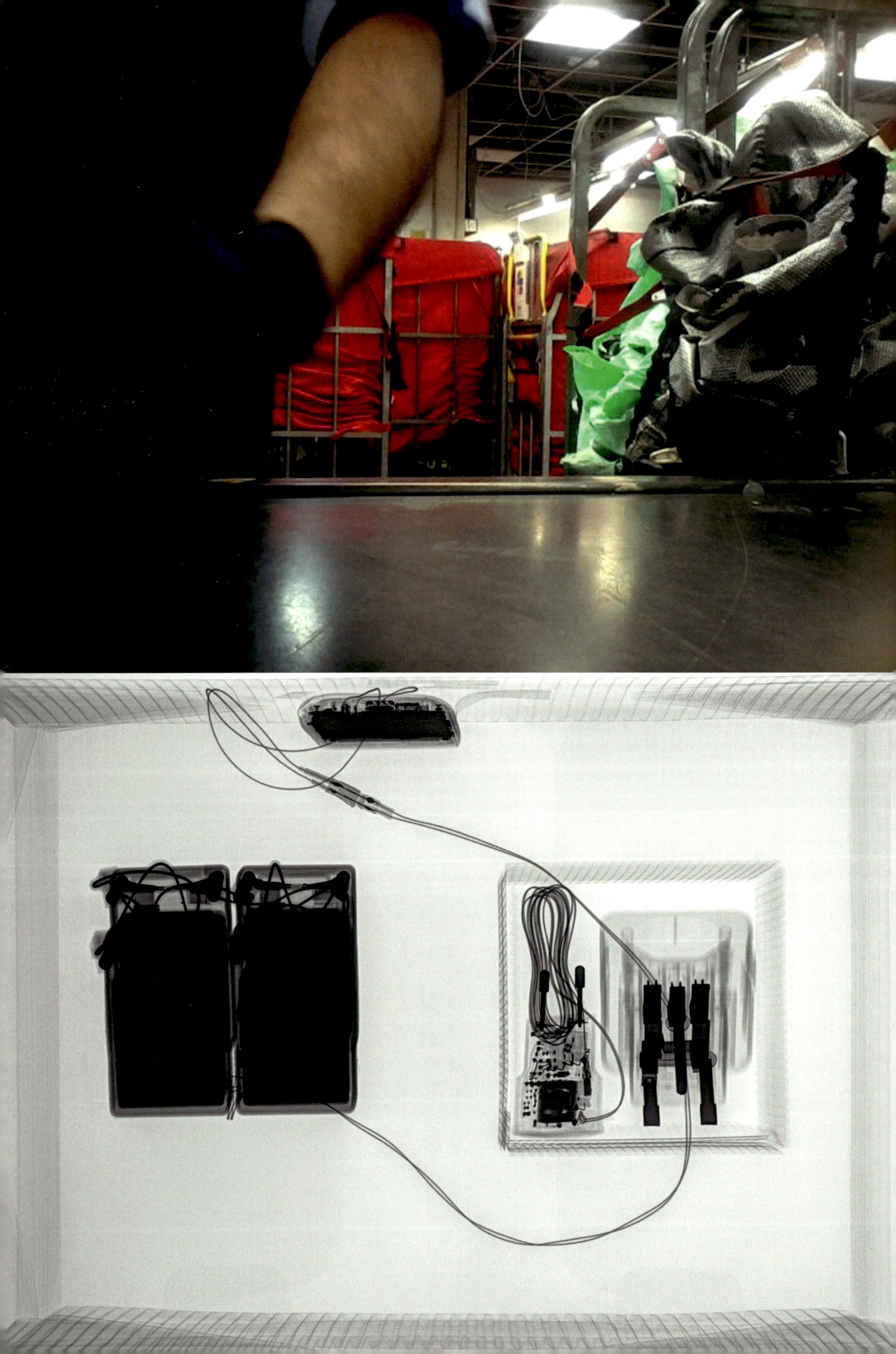

Lieber Konrad,
liebe Juliane,
es stimmt, dass es vielfach Fehler und Glitches in Systemen sind, die uns Einsichten in die verborgenen Funktionsweisen im Inneren geben. Es sind die Risse und Fehlstellen in Systemen, die das Licht hereinlassen, wie Leonard Cohen es im Song *Anthem* so schön sagt: „There's a crack in everything, that's how the light gets in".

Für die Werkleitz-Ausstellung *Holen und Bringen* wollen wir Licht durch die Ritzen im Logistiksystem werfen. Darauf, wie unsere Infrastrukturen zu den bestimmenden Systemen unserer Zeit geworden sind, die eine ständige Verfügbarkeit von Waren garantieren. Alles muss immer im Fluss bleiben. Eine Störung des Flusses gefährdet das ganze System. Gleichzeitig ermöglichen uns diese Infrastrukturen die ununterbrochene virtuelle und „remote" Anwesenheit in Onlinesystemen. Mit ihrer weltweiten Ausbreitung hebeln sie die nationalen Grenzen für gewisse Ströme zunehmend aus, während andere Ströme gleichzeitig kontrollierbarer und überwachbarer werden.

Wir fragen uns, inwiefern es innerhalb dieser Systeme noch Lücken und Zwischenräume gibt, die Umnutzungen und utopische Momente zulassen und eine andere Sichtweise auf unsere Gegenwart erlauben.

1   !Mediengruppe Bitnik, *Random Darknet Shopper – The Bot's Collection*, 2014, Fotografie des Pakets / photo of the packaging from item No. 11, Diesel Men Jeans Replica DI2-6 für / for 0.20928815 bitcoins, verschickt aus / shipped from China

2   !Mediengruppe Bitnik, *Random Darknet Shopper – The Bot's Collection*, Ausstellungsansicht / exhibition view Helmhaus, Zürich, 2015

3   !Mediengruppe Bitnik, *Random Darknet Shopper,* Ausstellungsansicht / exhibition view Kunst Halle Sankt Gallen, 2014

4   !Mediengruppe Bitnik, *Delivery for Mr. Assange,* 2013, Live-Onlineveröffentlichung und Fotoaufnahme der Paketkamera / photo taken by parcel camera and published online in real time

5   !Mediengruppe Bitnik, *Delivery for Mr. Assange,* 2013, Röntgenbild des Pakets / parcel X-ray-scan

Mariechen Danz

Von: Juliane Schickedanz
An: Mariechen Danz
Kopie: Konrad Renner

11. Juli 2018   20:13

Liebe Mariechen,
vielen Dank, dass du dir für ein Interview zu deiner Arbeit und deiner Teilnahme am diesjährigen Werkleitz Festival Zeit nimmst. Ganz im Geiste von Logistik und Effizienz werde ich die Dinge ein wenig beschleunigen und dir gleich zwei Fragen stellen:

Von:
An:
Kopie:

1. Du bezeichnest Körper bzw. Menschen, die Teil deiner Performances sind, häufig als „vessels" oder „carriers". Ich sehe in ihnen beides, Vermittler und Träger von Wissen. Ich finde es interessant, dass der englische Begriff „vessel" unterschiedliche Vorstellungen von Bewegung und Körperlichkeit vereint: von Schiffen über Behälter und Gefäße im Allgemeinen bis hin zu Arterien und Adern oder auch menschlichen Übermittlern. (Die deutsche Sprache verfügt über keinen entsprechenden Begriff.) Könntest du beschreiben, welche Rolle Sprache und Wörter in deinem Schaffen spielen? Und wie spielst du mit den Grenzen von Sprache, da du dich für die Wissensproduktion allgemein interessierst?

2. In Halle zeigst du eine Erweiterung deiner Installation *Ore Oral Orientation*, in der du selbst gefertigte Organnachbildungen und Aluminiumplatten verbindest, auf denen neu zusammengestellte Zeichnungen verschiedener Weltkarten aus einem internationalen historischen Archiv zu sehen sind. Da die Metallplatten perforiert sind, wird der Ausstellungsraum von Schatten und sternbildartigen Lichtkonstellationen erfüllt. Das erinnert nicht zufällig an die in Halle ausgestellte Himmelsscheibe. Die Menschen versuchen seit Jahrtausenden, sich in Raum und Zeit zu verorten, teils aus Neugier, teils aus Notwendigkeit. Welche Arten von Machtstrukturen sind derzeitige Formen von Wissensvermittlung eingebunden? Ich freue mich auf deine Antwort.
Herzlich
Juliane

Mariechen Danz
Juliane Schickedanz
Konrad Renner

13. Juli 2018   21:57

Liebe Juliane,
vielen Dank für deine Fragen. Hier einige erste Überlegungen dazu. Ich befasse mich mit subalternen, ausgelöschten, verworfenen oder missachteten Formen der Wissensvermittlung und Aufzeichnungstechniken, um mögliche Alternativen zu erkunden, die es uns erlauben, die Dinge jenseits der „Körper-Geist-Problematik" zu verstehen. Mein Interesse an der Geschichte der Wissensvermittlung geht ursprünglich auf meine eigenen Artikulationsprobleme zurück, auf die Hierarchie und die Grenzen der 26 Buchstaben des lateinischen Alphabets. Das hat mich zu ersten Nachforschungen über historische Methoden der Wissensaufzeichnung veranlasst, insbesondere Glyphen-Schriftsysteme, die in gewisser Weise den Körper einbeziehen, wie etwa verschiedene mesoamerikanische Schriften. Wie du erwähnt hast, betrachte ich die Kostüme bzw. die Darstellerinnen und Darsteller als Bedeutungsträger, als Gefäße, um mich rund um und durch den Körper zu orientieren und den menschlichen Ausdruck im Körper und dessen Funktionsweisen zu verorten. Auf ganz natürliche Weise schloss das die Arbeit mit „itss"-Tönen ein und lief auf den Einsatz der Stimme und des Popsongformats (Vers-Chor, Vers-Struktur usw.) hinaus, um die Zugänglichkeit zu nutzen, die diesem Format zu eigen ist, dies in der stillschweigenden Annahme, dass der Inhalt bekannt und daher verständlich ist. Ich wollte die hohe Subjektivität meiner eigenen Empfindungen in die Themen einfließen lassen, die mich interessieren.

Hörbeispiel: *Chalk* von UNMAP,
https://soundcloud.com/
sinnbus/unmapchalk-1

Zu deiner zweiten Frage: Das *Modular Mapping System* und die Metallplatten aus der Installation *Ore Oral Orientation* sind aus der

To: Mariechen Danz
CC: Konrad Renner

11 July 2018   20:13

Dear Mariechen,
Thanks for finding the time to be interviewed about your work and your participation in this year's Werkleitz Festival. In the best spirit of logistics and efficiency, I will speed things up a bit and send two questions at once:

1. You often call the bodies or humans involved in your performances "vessels" or "carriers"— I think of them as both communicators and containers of knowledge. It is interesting to me that the English word "vessel" combines various different concepts of motion and physicality, from ships to containers in general, to arteries and veins, as well as to human bearers (in German we do not have an equivalent term). Can you describe what role language and words play in your work, and how do you play with the limits of language, since you are interested in knowledge production in general?

2. In Halle you will show an extension of your installation *Ore Oral Orientation,* which brings together organ sculptures you've made with aluminium plates showing defragmented drawings of an international historical archive of various world maps. Since the metal maps are perforated, shadows and light constellations like stars will come to fill the space. It is no coincidence that this reminds us of the Halle-based Sky Disk. For thousands of years, human beings have sought to situate themselves in space and time, partly out of a natural sense of curiosity, partly out of necessity. What kinds of power structures are implicated in current forms of knowledge mediation? Looking forward to hear from you.
Best,
Juliane

From: Mariechen Danz
To: Juliane Schickedanz
CC: Konrad Renner

13 July 2018   21:57

Dear Juliane,
Thanks for your questions! Here are some first thoughts. I look at subaltern, erased, rejected or disregarded forms of knowledge transfer and recording devices in order to explore possible alternatives that allow us to understand things in terms beyond the *mind-body problem.* Originally my interest in the history of knowledge transfer was rooted in my own articulation issues, the hierarchy and limits set by the twenty-six letters of the Latin alphabet. That led to my initial research into historic forms of recording knowledge—specifically glyphic writing systems that involve the body in some way, such as multiple Mesoamerican script. As you mention, I refer to the costumes or performers as bearers of meaning, as vessels, in order to orientate myself around and through the body, and place human output within the body and its functioning. This organically included working with "itss" sounds, and led to using the voice and pop song format (verse chorus, verse structure, etc.) in order to make use of its inherently accessible nature—its tacit assumption that its content is familiar and therefore comprehensible. I wanted to bring that heightened subjectivity of "I feel" into the topics that I was interested in.

audio example: "Chalk" by
Unmap https://soundcloud.
com/sinnbus/unmapchalk-1

Regarding your second question, *Modular Mapping System* and the metal plates that are part of the *Ore Oral Orientation* installation are a cooperation with Genghis Khan Fabrication Co. Genghis Khan Fabrication Co. is a project by the artist Alvaro Guillen, who describes it on his website (www.alvaro.us) as "a Silicon Valley USA-based corporate entity founded in 2010 as an experiment in decoloniality. Its mission is to develop decolonial options through the development of new technologies, socioeconomic interventions, artworks of its own making, and collaboration with artists."
In the presentation of works so far, I have emphasized the geographical images printed on the aluminium surface; these are layered over each other and combined with elements of historical anatomical illustrations. The cartographies are edited and arranged on each plate in a subjective form of mapping that aims at heightening awareness of the role subjectivity plays within history: the maps range from Babylonian up to the twenty-first century. There is a conflation of geography, history, biology, astronomy and cartography—scientific imagery—as a means of reducing them to their rudimentary form, to what is common among them, as a way of moving between the micro and macro level and questioning the perceived objectivity of any of these forms. The decision to edit the cartographies aimed at focussing on basic qualities: continents, land, sea, globe, plateaux: the central traits of any map. Of course there is hardly a historic map that doesn't include religious, economic, or political frameworks. I wanted to reduce them to their main geographical vision. Nothing beyond planet earth was included in this editing process.

alternate projections

Zusammenarbeit mit Genghis Khan Fabrication Co. hervorgegangen. Das ist ein Projekt des Künstlers Alvaro Guillen, das dieser auf seiner Website (www.alvaro.us) wie folgt beschreibt: „Ein 2010 als Dekolonialisierungs-Experiment gegründetes Unternehmen mit Sitz im Silicon Valley, USA. Sein Zweck besteht darin, durch die Entwicklung neuer Technologien, durch sozio-ökonomische Interventionen, selbst geschaffene Kunstwerke und Kooperationen mit Kunstschaffenden dekoloniale Alternativen zu erarbeiten.“

In meinen Werkpräsentationen standen bisher die auf Aluminiumplatten abgedruckten geografischen Darstellungen im Mittelpunkt. Sie werden übereinandergeschichtet und mit Fragmenten aus historischen anatomischen Zeichnungen kombiniert. Die Karten werden in einer subjektiven Form der Kartierung aufbereitet und auf den einzelnen Platten angeordnet, um das Bewusstsein für die Rolle der Subjektivität in der Geschichte zu schärfen. Sie umfassen einen Zeitraum vom babylonischen Zeitalter bis ins 21. Jahrhundert. Geografie, Geschichte, Biologie, Astronomie und Kartografie – wissenschaftliche Darstellungen – verschmelzen und werden auf ihre rudimentäre Form, auf ihre Gemeinsamkeiten reduziert, was die Möglichkeit eröffnet, sich zwischen der Mikro- und der Makroebene zu bewegen und die wahrgenommene Objektivität der jeweiligen Form zu hinterfragen. Durch die Aufbereitung der Karten sollten ihre grundlegenden Merkmale in den Mittelpunkt rücken: Kontinente, Land, Meer, die Weltkugel, Hochebenen – die zentralen Charakteristika von Karten. Natürlich gibt es kaum Karten ohne einen religiösen, wirtschaftlichen oder politischen Rahmen. Doch ich wollte sie auf ihren eigentlichen geografischen Aspekt reduzieren. In den Aufbereitungsprozess wurde nichts einbezogen, was über den Planeten Erde hinausgeht.

Das *Modular Mapping System* ist eine Erweiterung unseres Projekts *Modular Glyphic System* (seit 2012 fortlaufend), bei dem wir bereits vorhandene Schablonen verwenden, die in der technischen Fertigung zum Stanzen und Prägen von Komponenten dienen, die für die Datenübertragung verwendet werden oder diese ermöglichen, wie etwa Lüfter oder Buchsen. Diese Komponenten finden sich in allen unseren technischen Geräten und werden, wenn sie auf den Metallplatten angeordnet sind, zu einer Art Vokabular. Werden die Platten beleuchtet, erzeugen sie jeweils eigene, originäre Lichtkarten, die an

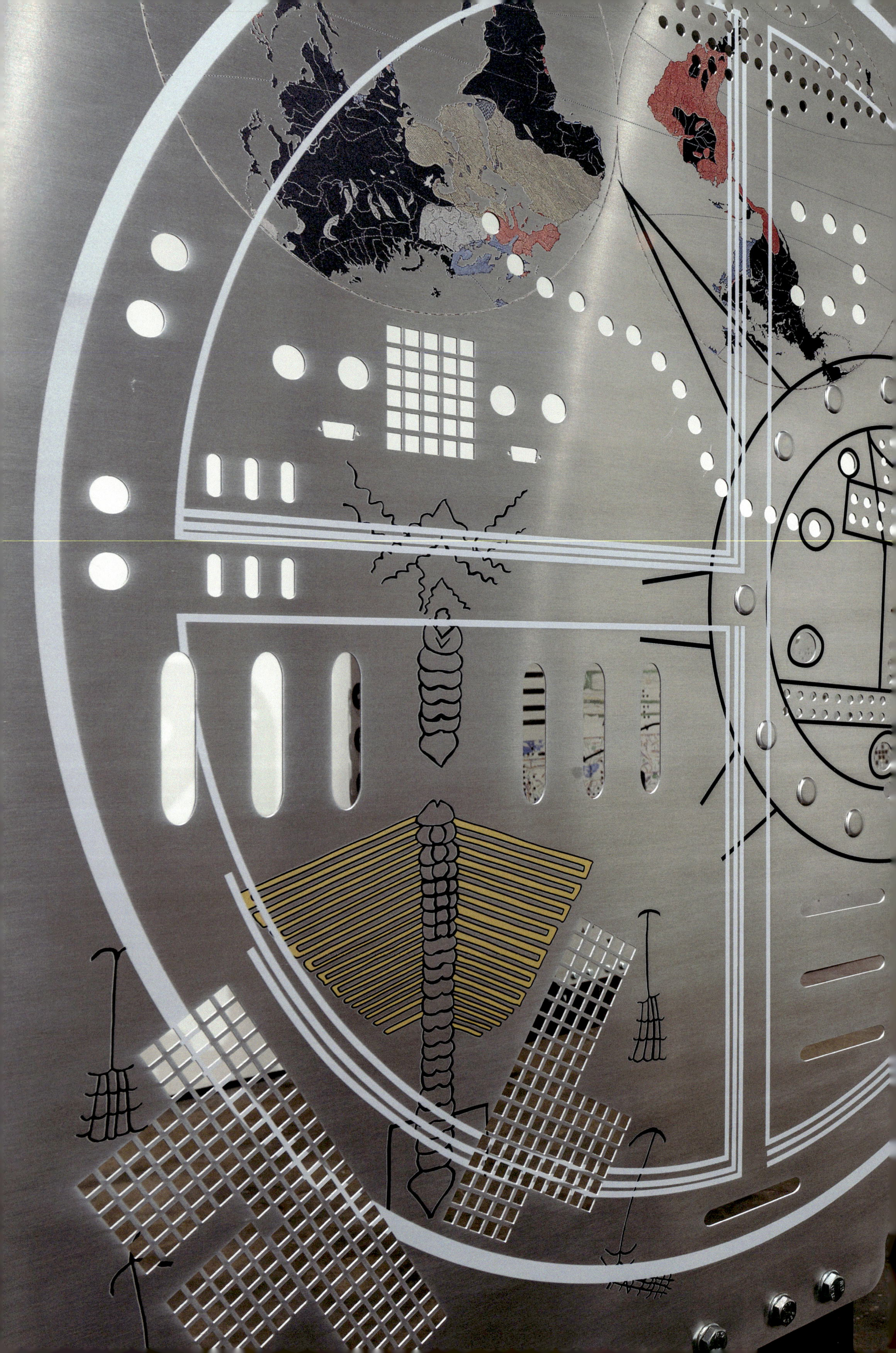

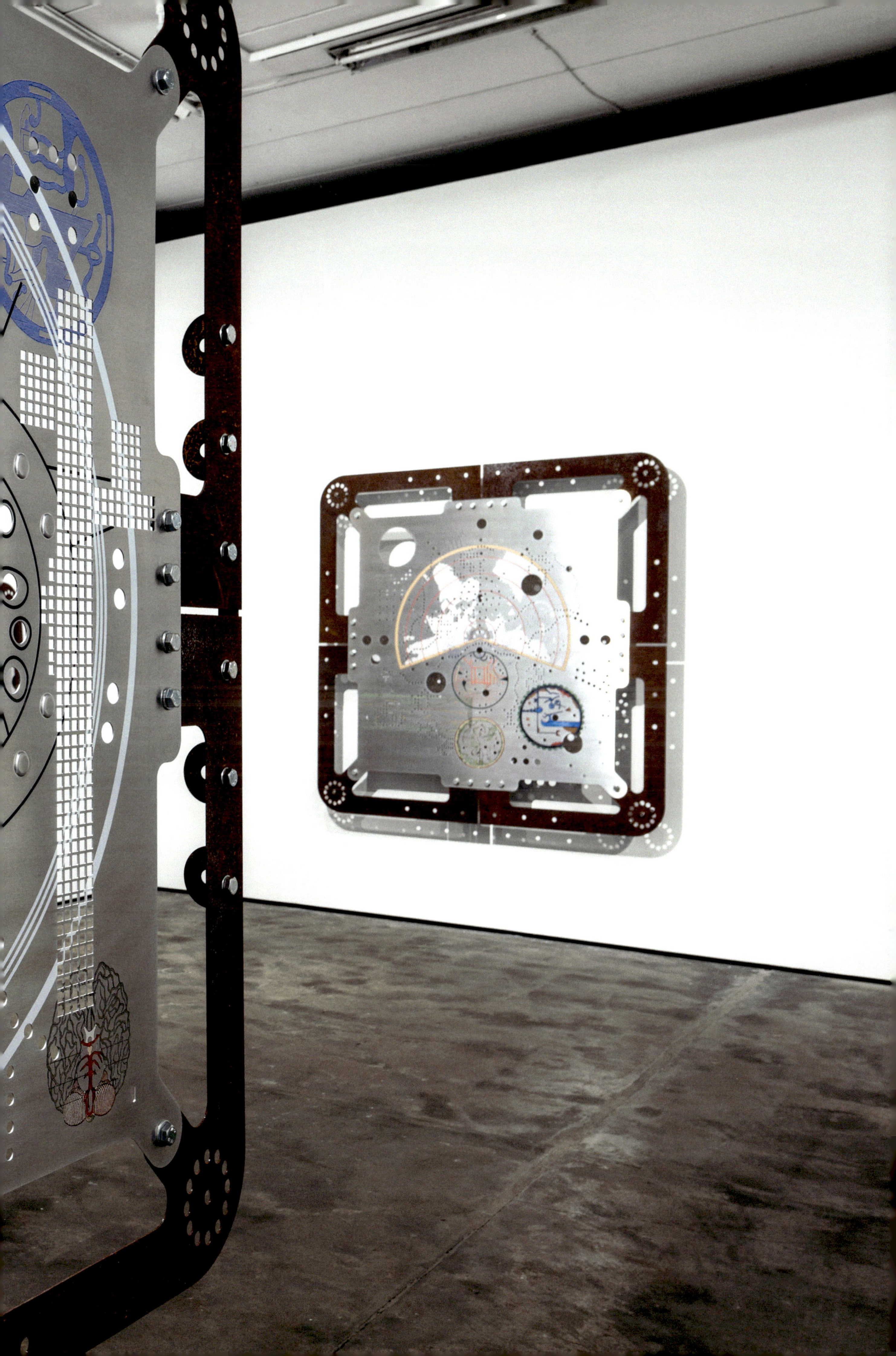

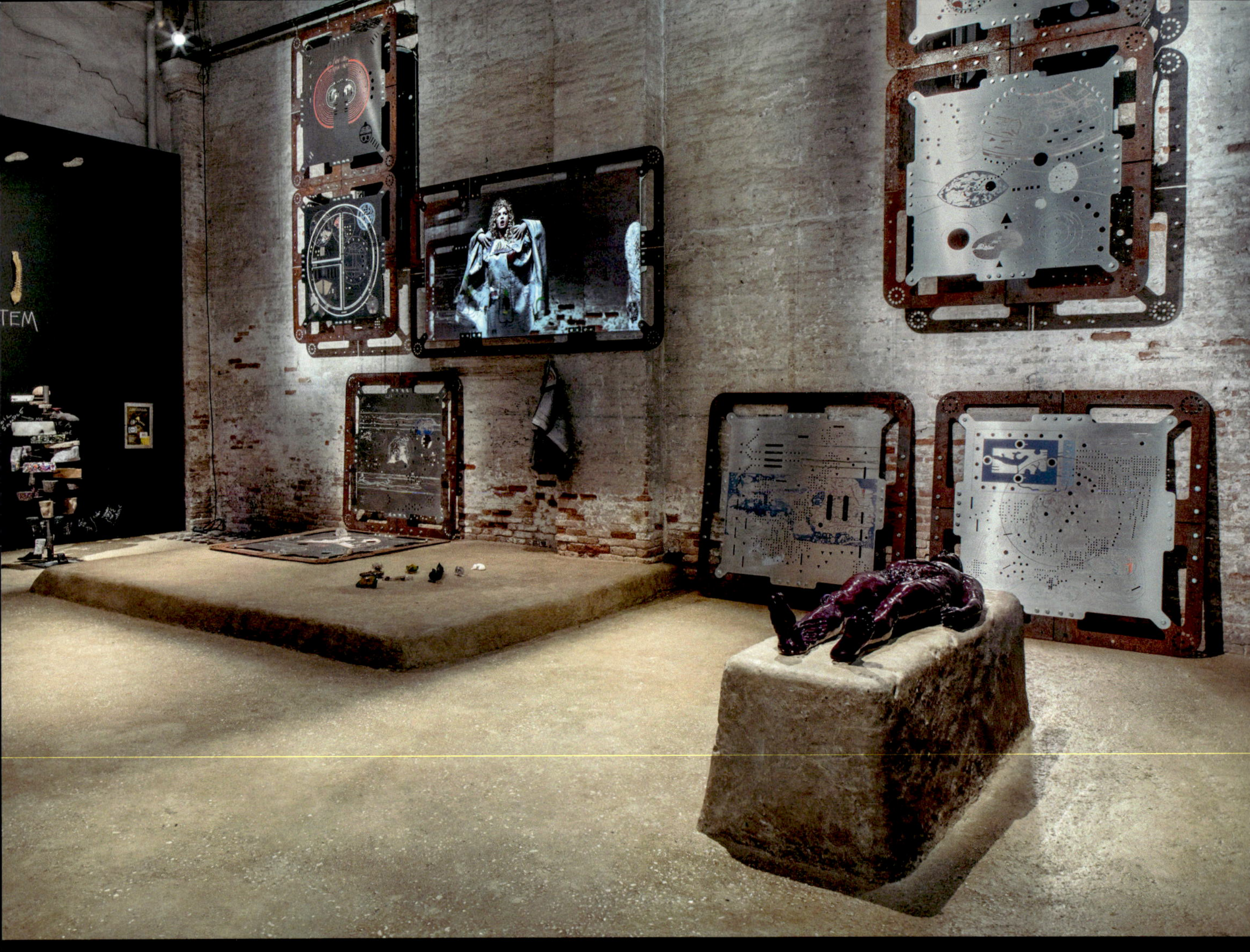

The *Modular Mapping System* developed as an extension of our *Modular Glyphic System* project (begun in 2012 and ongoing), where we incorporate pre-existing templates that are used in tech production to punch and emboss forms that either enable or support data transfer, such as venting systems or sockets. The shapes that are part of all our technological devices become a vocabulary of sorts when arranged on the metal plates. When illuminated, the shadow of each plate creates its own autonomous cartography transformed into light, referring to star maps such as the Nebra Sky Disk you mentioned … There's been a long and diverse history of plotting onto the sky which goes beyond observing the earth or planetary systems, and instead conceives of space either as something ungraspable or as something that exceeds the limits of human understanding. It therefore allows for alternate projections or subjectivities to be mapped out upon it (sky and galaxy desktop screen-savers being a current example of this). So for Werkleitz I want to focus more on the shadow maps that the metal plates create, and their interaction within space on site, further activating the installation through song, sound and macro footage of the geographical maps in a new video work.

shadow maps

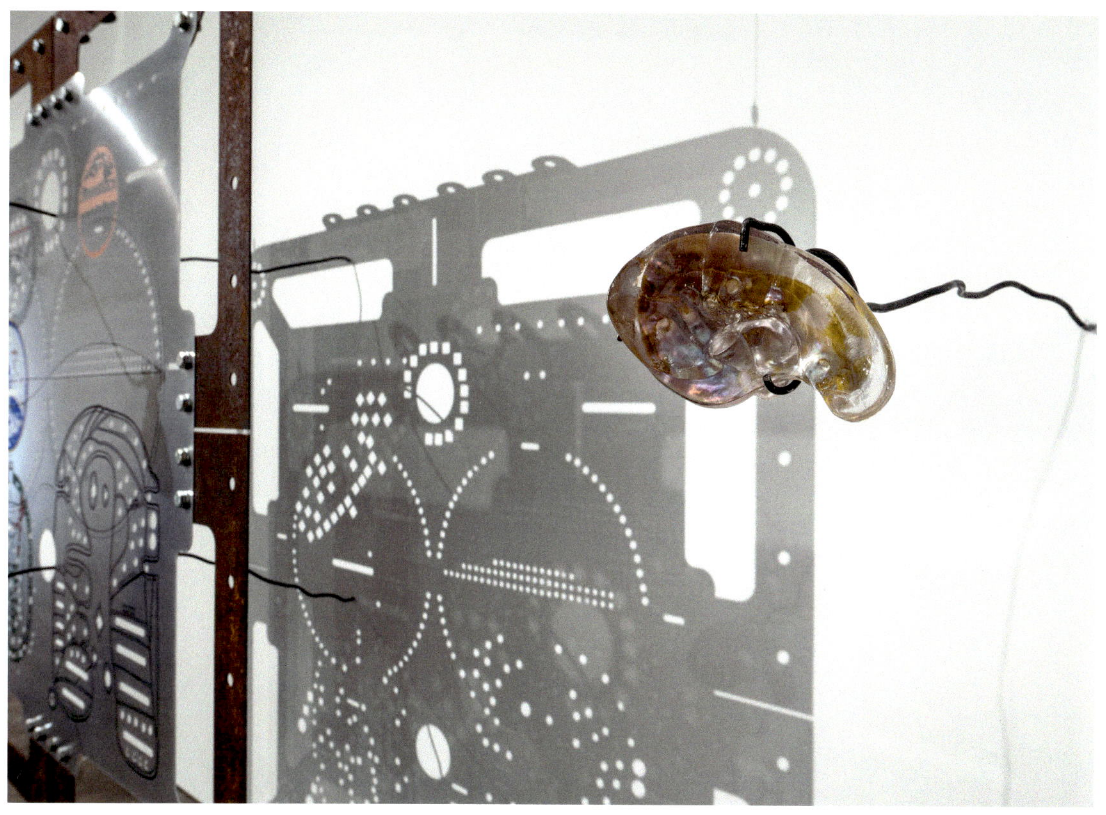

Sternenkarten wie die bereits erwähnte Himmelsscheibe von Nebra erinnern. Es gibt eine lange,
umfassende Geschichte der Himmelsdarstellung-
en, die über die reine Beobachtung der Erde
oder der Planetensysteme hinaus den Weltraum
als etwas Unfassbares wiedergeben, also als
etwas, das die menschliche Vorstellungskraft
übersteigt. Daher bietet sich der Himmel als Projek-
tionsfläche für alternative Vorstellungen und persönliche Auffassungen an (Himmels- und Galaxis-
Bildschirmschoner sind ein aktuelles Beispiel
dafür). Im Rahmen von Werkleitz möchte ich mich
stärker auf die von den Metallplatten erzeugten
Schattenkarten und ihr Wechselspiel in den Räum-
lichkeiten vor Ort konzentrieren und die Installation darüber hinaus mit Gesang, Klängen und
Makroaufnahmen von Landkarten in einer
neuen Videoarbeit beleben.

1   Mariechen Danz, *Ore
Oral Orientation,* Ausstellungs-
ansicht / exhibition view
Wentrup Gallery, Berlin, 2018

2   Mariechen Danz, *Ore
Oral Orientation,* Ausstellungsansicht / exhibition view *Viva
Arte Viva,* 57. Venedig Biennale /
57th Venice Biennale, 2017

3   Mariechen Danz, *Ore
Oral Orientation,* Ausstellungs-
ansicht / exhibition view
Wentrup Gallery, Berlin, 2018

Doug
Fishbone

Von: Konrad Renner
An: Doug Fishbone
Kopie: Juliane Schickedanz

10. Juli 2018   13:46

Lieber Doug,
ich schaue mir gerade deine Recherchen zu öffentlichen Informations- und Beschilderungssystemen an – zu den Infoterminals mit digitalen Schnittstellen, die speziell entwickelt wurden, um Touristen und Reisenden zu zeigen, wo örtliche Sehenswürdigkeiten zu finden sind. Und ich bin sehr froh, dass du diese Artefakte einer semidigitalen Umgebung in deiner Arbeit verwendest, da ich davon ausgehe, dass sie in naher Zukunft verschwinden werden. Diese Kiosksysteme wurden für eine Gesellschaft entwickelt, in der nicht jeder Einzelne mit digitalen Netzwerken verbunden ist, und das hat sich in den letzten Jahren grundlegend geändert. Mittlerweile tragen wir das Internet mit uns herum. Unzählige Apps liefern Live-Daten zu Bahnverspätungen, Öffnungszeiten und touristischen Geheimtipps für nahezu jede Region. Wird es in deiner Arbeit um diese Zeit gehen, die für mich eine Zeit des Übergangs ist und jetzt zu Ende geht?
Herzlich
Konrad

Von: Doug Fishbone
An: Konrad Renner
Kopie: Juliane Schickedanz

18. Juli 2018   12:16

Das Thema der portablen Internettechnologie fasziniert mich sehr. Ich habe mir mit meiner Frau eine Reihe älterer Krimisendungen angesehen, und es ist erstaunlich festzustellen, dass einige der Storys ganz anders ablaufen würden, wenn der Polizist nur ein Handy hätte. Mittlerweile hat jeder eins, und die Geschichten, die man schreiben kann, ändern sich grundsätzlich, denn die älteren Geschichten sind einfach nicht mehr glaubwürdig. Wenn du jetzt von einem Verrückten im Wald verfolgt wirst, kannst du einfach die Polizei rufen oder einem deiner zahlreichen Follower twittern, dass jemand versucht, dich zu töten und zu fressen, oder was auch immer der Verrückte zu tun versucht. Meine Generation hat eine unglaubliche Entwicklung miterlebt. Ich erinnere mich noch daran, wie ich als Kind meinen ersten Walkman bekommen habe und wie man sich damit in sein eigenes kleines Reich zurückziehen konnte.

Wie du bereits erwähnt hast, ändert sich die Bedeutung dieser Infosysteme jetzt, wo Informationen jederzeit und überall verfügbar sind, radikal, ebenso wie die Art und Weise, wie wir mit den massiven Veränderungen im städtischen Raum umgehen. Diese Systeme sind – mit Ausnahme derjenigen, die bestimmten Transaktionen wie dem Fahrkartenverkauf dienen – als Teil der städtischen Architektur nicht mehr überlebensfähig. Die meisten von ihnen geraten in Vergessenheit, ohne dass wir es bemerken. Natürlich werden einige von ihnen auch zu Werbeplattformen für die Außenwerbung umfunktioniert. Sie sind flexibel und einfach zu installieren, also einfach ideal für diesen Zweck, und ausgestattet mit moderner Bildschirmtechnologie können sie ziemlich dynamisch und ansprechend sein. Mein Interesse gilt allerdings denen, die langsam in Vergessenheit geraten:

From: Dear Doug,
To: I'm currently looking at your
CC: research on public information/
signage systems—the kiosks with
digital interfaces that are specifically made to show tourists and
travelers where to find local
places of interest. And I'm very
glad that you are going to transform these artefacts of a semi-dig-
ital environment into your work,
since I assume they will disappear
in the very near future. These
kiosks were made for societies
where individuals aren't connected
to digital networks, and this
has completely changed over the last
few years. Nowadays we have the
internet in our pockets. A variety
of platforms provide live data
on train delays, opening hours and
secret tourist spots for nearly
every region. So does your work in-
tend to relate to this era, which
was for me a transitional period
and is now fading away?
      Best,
      Konrad

From: Konrad Renner
To: Doug Fishbone
CC: Juliane Schickedanz

18 July 2018   11:32

     Dear Doug,
     Thank you so much for your
lines! And I was actually trying to
remember when I used a coin-oper-
ated machine in the last month—and
I guess I haven't. And this fact
really relates to logistics in
terms of carrying something with
you physically from one place
to another, where you can feel the
weight and material. Currencies
become more and more virtual and
for private usage, and we will lose
those social moments when people
have to ask others for the right
coin to fit the slot.
     Do you also see your work as
a public performance that is
somehow invisible to passers-by?
     Best,
     Konrad

Doug Fishbone
Konrad Renner
Juliane Schickedanz

18 July 2018   12:16

    I am very fascinated by this issue of portable internet technology. I have been watching a number of older crime shows recently with my wife, and it is amazing to think that, if only the cop in some of the storylines had a cell phone, the whole thing would play out differently. Now that everyone has them, this changes the very nature of which stories can be written, as those older stories are simply not plausible anymore. If you are being chased by a maniac in the woods, you can simply call the police, or perhaps tweet to your numerous followers that someone is trying to kill and eat you, or whatever the maniac is trying to do. For someone of my vintage, it is an amazing development to have witnessed. I still remember getting my first Walkman as a kid, and the way it allowed one to vanish into one's own closed-off little realm.

    As you mention, the availability of information at all times and in all locations upends what these kiosks mean, and how we as individuals relate to the urban environment is changing radically. These kiosks are no longer really viable as pieces of architecture, except those which manage particular transactions, like selling tickets. Most of them are fading into obscurity right before our eyes. Of course, some are being re-imagined as advertising platforms in the so-called OOH or "out-of-home" advertising arena. They are flexible and easy to install which makes them effective for that purpose, and with modern screen technology can be quite vibrant and eye-catching. I am interested in the ones time is forgetting—machines that are anachronistic, and don't make sense any more to the way we live in public space. A bit like the opening of Kubrick's *2001: A Space Odyssey,* when the prehistoric apemen discover a sleek black monolith in their midst and simply cannot understand it, but in reverse. We modern city dwellers will find a clunky, obsolete object with a phone handset standing there awkwardly in our midst, and wonder..."What the hell is that thing...?"

    I am particularly excited by the coin-operated kiosk, and it is almost impossible to find anyone who still bothers to manufacture them. How much longer will we even have small coins? In 2016, each one-penny coin in the US cost 1.5 cents to produce, so it is not hard to see where the penny coin is heading. Perhaps all physical currency is heading in that direction, in favor of digital money that can be more readily manipulated by the authorities. How much longer will the euro last, in any manifestation? Paying a coin of minimal value to watch a video, in a kiosk with a telephone handset in a public urban setting, is a truly odd activity in this day and age.

    I recently heard about a fellow who begs on the street in London and who got himself a card reader in order to be able to process small donations. He got tired of people saying they had no spare change, and decided to preempt this and go digital. So soon enough, coins may become so obsolete you won't even be able to give them away!

    On a related note, I have long been fascinated by public monuments, another important component of the urban environment, and how they become outdated almost as soon as they are erected. Wandering around London, it is amazing to come across so many statues in honor of long-forgotten colonial-era figures—this one who used to be in charge of looting India on behalf of the Empire, that one who did the same in the Gold Coast, and so on. Whether the underlying relations are still analogous is a different question, but we would certainly never honor that kind of practice in the same way, with a statue of a grandiose fellow sitting on a horse.

obsolete objects

anachronistischen Maschinen, die aufgrund unseres Verhaltens im öffentlichen Raum nicht mehr sinnvoll sind. Es ist ein bisschen so wie in der Anfangssequenz von Kubricks *2001: Odyssee im Weltraum*, als die prähistorischen Affenmenschen einen schmalen schwarzen Monolithen in ihrer Mitte entdecken und gar nichts damit anfangen können – nur umgekehrt. Wir modernen Städter stoßen auf ein klobiges, veraltetes Objekt mit einem Telefonhörer und fragen uns: „Was zum Teufel ist das?"

Besonders spannend finde ich münzbetriebene Automaten. Es ist nahezu unmöglich, heute noch jemanden zu finden, der sich mit ihrer Herstellung abgibt. Wie lange wird es Münzgeld überhaupt noch geben? 2016 kostete die Herstellung einer Ein-Penny-Münze in den USA 1,5 US-Cent; man kann sich also vorstellen, was mit der Penny-Münze passieren wird. Vielleicht ist es das Schicksal aller materiellen Zahlungsmittel, dass sie digitalem Geld, das von staatlicher Seite besser manipuliert werden kann, weichen müssen. Wie lange wird der Euro noch Bestand haben, in welcher Form auch immer? Eine Münze mit minimalem Wert einzuwerfen, um an einem mit Telefonhörer ausgestatteten Automaten im öffentlichen Stadtraum ein Video zu sehen, ist in der heutigen Zeit wirklich äußerst merkwürdig.

Vor Kurzem habe ich von einem Mann gehört, der in London auf der Straße betteln geht und sich ein Kartenlesegerät angeschafft hat, um kleine Spenden entgegennehmen zu können. Er hatte es satt, dass die Leute sagten, sie hätten kein Kleingeld, und beschloss, dem abzuhelfen und digital zu werden. Münzen könnten viel früher als erwartet so veraltet sein, dass man sie nicht einmal mehr verschenken kann!

Übrigens interessiere ich mich auch schon lange für öffentliche Denkmäler – ein weiteres wichtiges Element der Stadtlandschaft –, die meist schon mit ihrer Errichtung veraltet sind. Wenn man sich in London umschaut, entdeckt man unglaublich viele Standbilder zu Ehren längst vergessener Persönlichkeiten aus der Kolonialzeit – da ist der, der Indien im Namen des Empire geplündert hat, dann der, der das Gleiche an der Goldküste getan hat usw. Unabhängig von der Frage, wie analog Beziehungen heute noch sind, würden wir ein solches Handeln wohl kaum mit einem Reiterstandbild ehren.

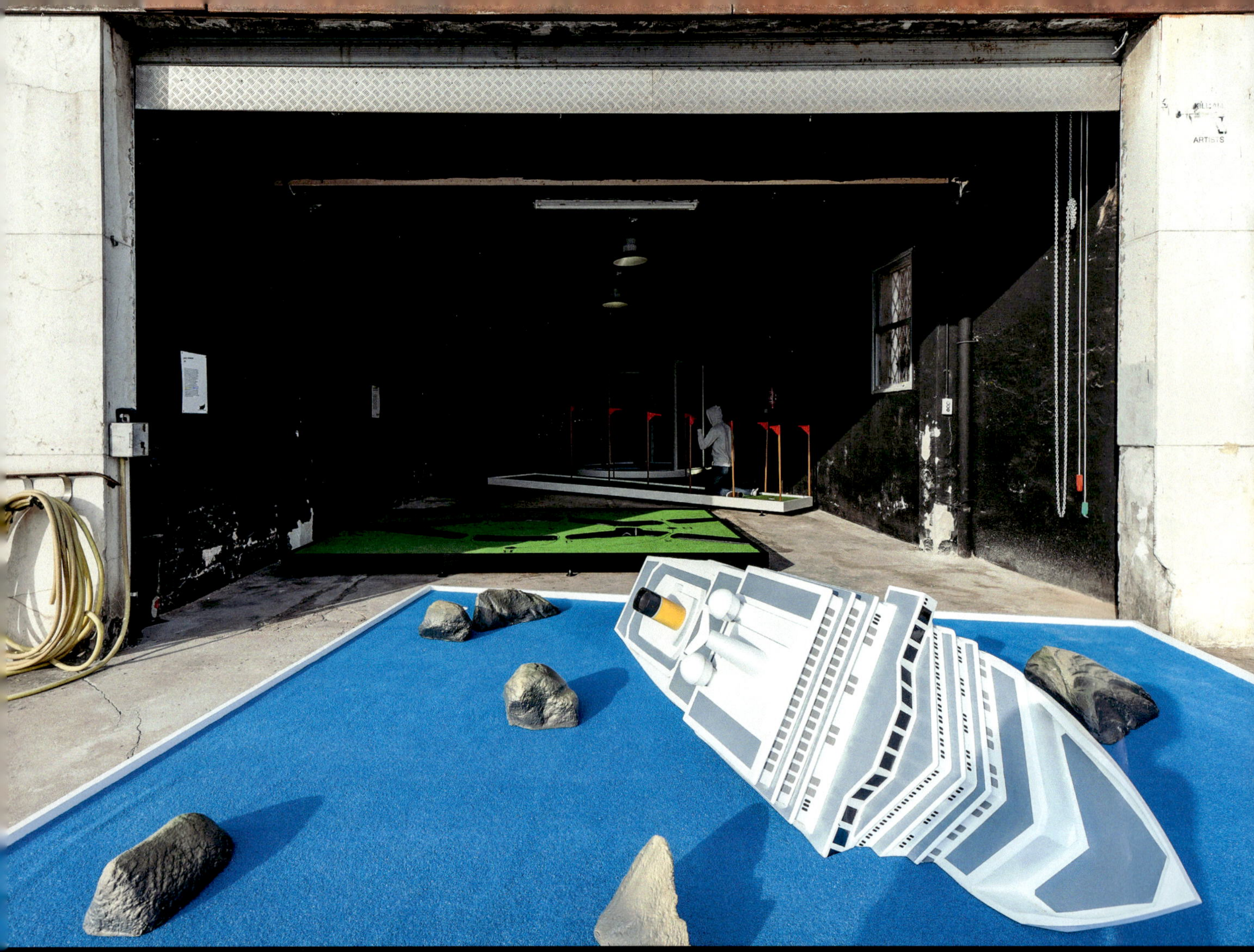

From: Doug Fishbone
To: Konrad Renner
CC: Juliane Schickedanz

19 July 2018   10:12

   I do see the piece as a kind of public performance for those who engage with it, and—as with any such thing—in a busy space many people will simply overlook it or not have any idea it is there. I have become increasingly interested in the idea of video sculpture—endowing the object itself with an aura of mystery in its own right, which will hopefully invite curiosity and lead to a viewer experience for those inclined to drop in a coin.
   Of course, if no one presses "play," the content will remain a potential, like a musical composition that is an abstraction until people open up the score and perform it.

fading into obscurity

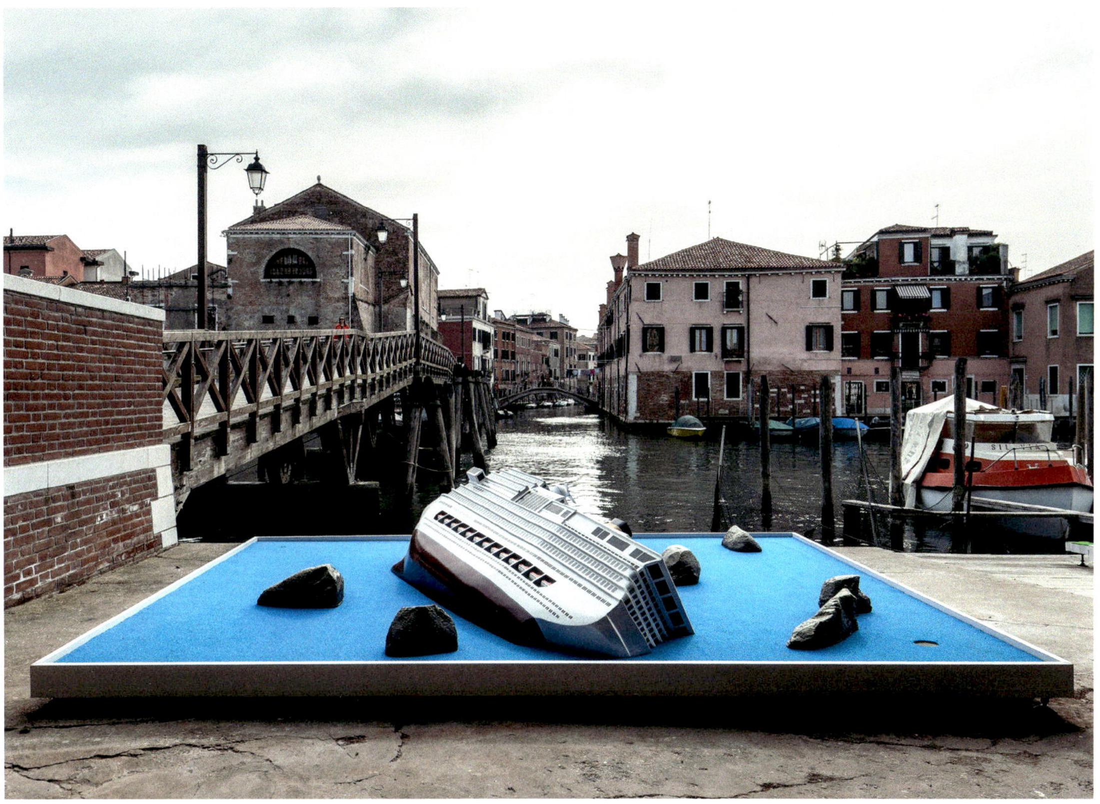

Ja, ich betrachte die Arbeit als eine Art öffentliche Performance für alle, die sich damit beschäftigen. Wie immer bei diesen Dingen, werden viele Leute sie an einem Ort, an dem viel los ist, einfach übersehen oder keine Ahnung haben, dass sie da ist. Mich reizt zunehmend die Idee einer Videoskulptur. Diese würde dem Objekt eine eigene mysteriöse Aura verleihen, die Leute hoffentlich neugierig machen und sie dazu verleiten, eine Münze einzuwerfen und sich das Video anzuschauen.

Natürlich bleibt der Inhalt, wenn niemand auf Start drückt, eine potenzielle Möglichkeit, wie ein Musikstück, das so lange abstrakt ist, bis jemand die Noten aufschlägt und spielt.

1–2   Doug Fishbone, SOS,
Ausstellungsansicht aus /
from *Doug Fishbone's Leisure
Land Golf*, 56. Venedig
Biennale / exhibition view
56th Venice Biennale, 2015

Foundland Collective

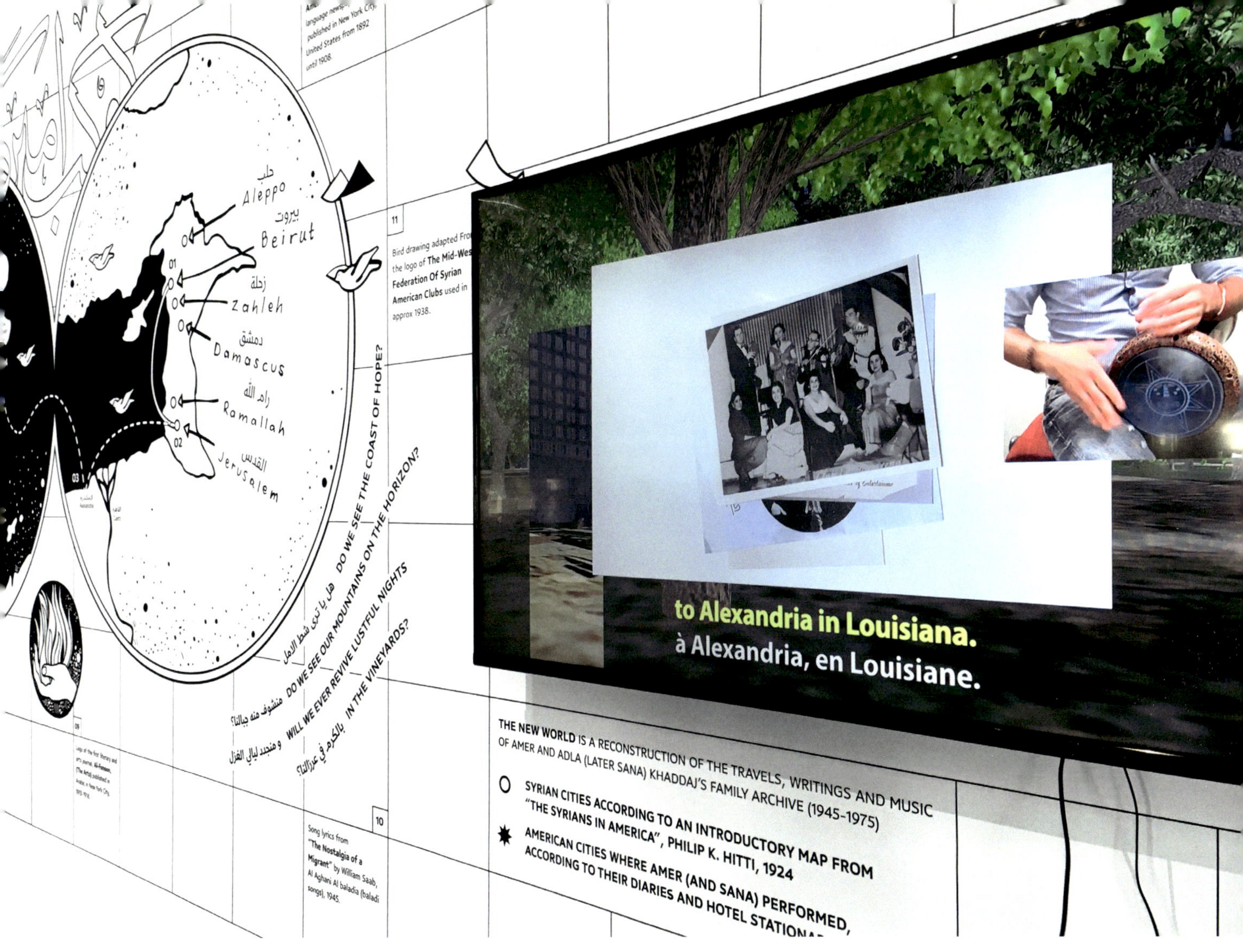

The New World,
Episode One, 2017

Das multidisziplinär arbeitende Kollektiv Foundland Collective wurde 2009 von Lauren Alexander (*Kapstadt, lebt und arbeitet in Amsterdam) und Ghalia Esrakbi (*Damaskus, lebt und arbeitet in Kairo) in Amsterdam gegründet. Aus dem Grafikdesign kommend, entwickelten die beiden in ihren künstlerischen Arbeiten einen Ansatz, der politisches Engagement, archivarische Recherche und die Auseinandersetzung mit den Medien und deren gesellschaftlichen Wirkungsweisen miteinander verbindet. In ihren Installationen, Publikationen, Grafiken, Skulpturen und Videos beschäftigen sie sich oft mit der Vermittlung und Dokumentation persönlicher Geschichten von Migrantinnen und Migranten, vor allem aus dem Nahen Osten. Neben der Reflexion von Geschichte mittels der Wiedergabe von meist ungehörten Stimmen und Perspektiven ist es ihnen ein Anliegen, die Verbindungen zwischen Nahost und West zu verdeutlichen und aufzuzeigen, inwieweit die Vielzahl komplexer und verketteter Konflikte vor Ort auf Entscheidungen von einzelnen westlichen Bündnissen und auf vergangene Kolonialherrschaften beruht. Der Gedanke der zeitlichen und räumlichen Vernetztheit schlägt sich in ihren Arbeiten insbesondere durch die Thematisierung und Involvierung der Kommunikationsmedien wie Internet, Mobiltelefon oder Social Media nieder. In verschiedenen Arbeiten haben sie seit 2011 unter anderem künstlerisch untersucht, in welcher Form der Syrien-Krieg und die Flucht von Tausenden von Menschen in der medialen Öffentlichkeit kommuniziert wurde und auf welche Weise die Medien zum potenziellen Mittel des politischen Protestes wurden.

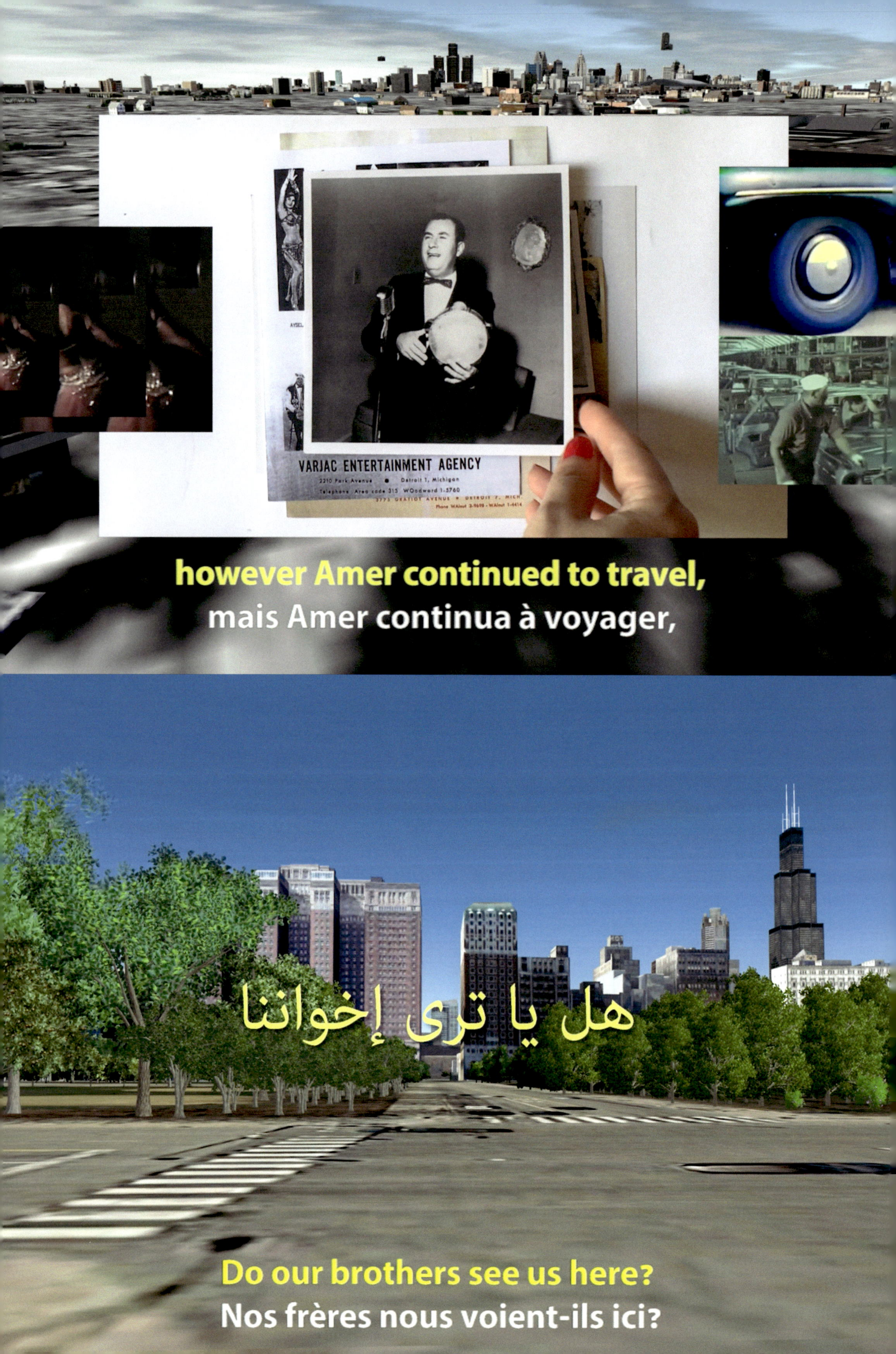
VARJAC ENTERTAINMENT AGENCY
2210 Park Avenue   Detroit 1, Michigan
Telephone Area code 313   WOodward 1-5760
3773 GRATIOT AVENUE   DETROIT 7, MICH.
Phone WAlnut 3-9698 - WAlnut 1-4414
however Amer continued to travel,
mais Amer continua à voyager,
هل يا ترى إخواننا
Do our brothers see us here?
Nos frères nous voient-ils ici?

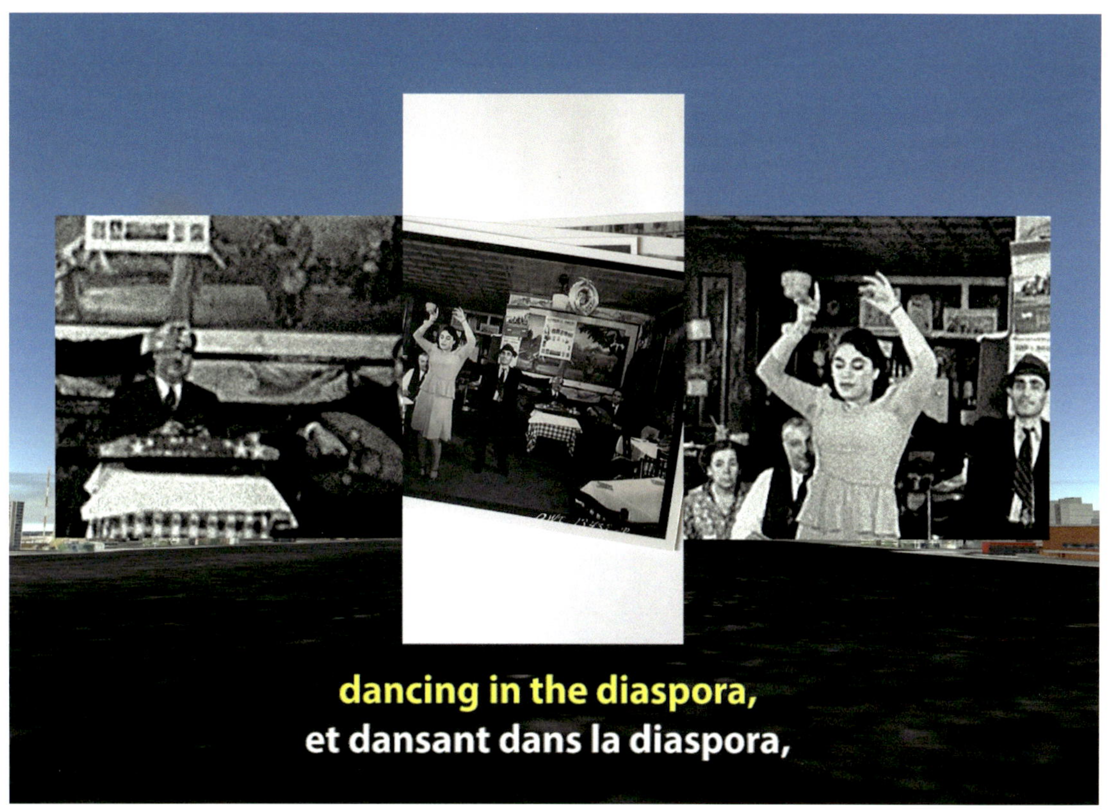
dancing in the diaspora,
et dansant dans la diaspora,

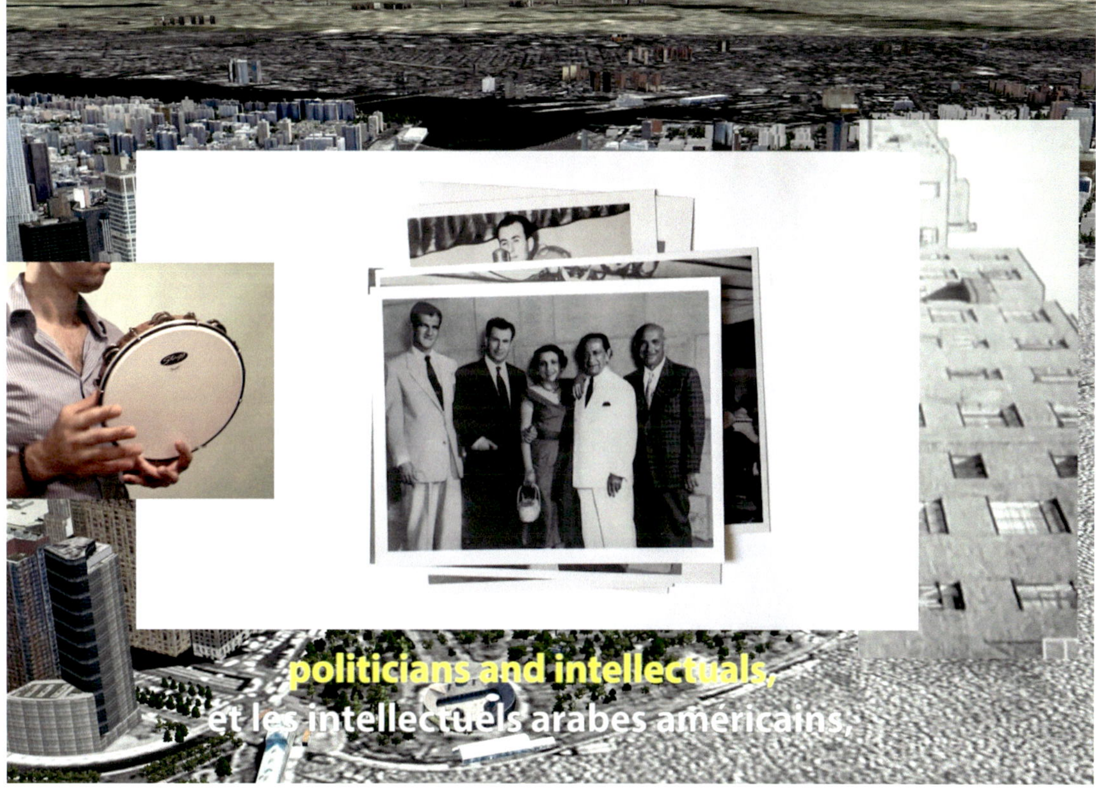
politicians and intellectuals,
et les intellectuels arabes américains,

The New World,
Episode One, 2017

The multidisciplinary working Foundland Collective was formed in Amsterdam in 2009 by Lauren Alexander (born in Cape Town, lives and works in Amsterdam) and Ghalia Esrakbi (born in Damascus, lives and works in Cairo). Originally graphic designers, in their artistic projects they developed an approach that combines political activism, archival research, and scrutiny of the media and its role in society. In their installations, publications, graphic works, sculptures and videos, the collective often explores the communication and documentation of the personal stories of migrants, particularly from the Middle East. In addition to presenting unheard voices and perspectives that offer a different view of history, they are interested in elucidating and demonstrating how the Middle East and western worlds are connected, and to what extent the diverse complex and interrelated regional conflicts are a result of individual western alliances and their colonial legacy. The concept of temporal and spatial networking is manifest in their works, especially in their examination of, and interventions in, such communication media as the internet, mobile telephones and social media. Since 2011 their diverse works have artistically probed how the war in Syria and the displacement of thousands have been communicated by public media, and how these media have become potential vehicles of political protest.

In the exhibition for the 2018 Werkleitz Festival, Foundland Collective is presenting the video installation *The New World, Episode One* from the year 2017. The piece is based on two years of research on the history of Arab migrants in the U.S. that was carried out in the framework of a research grant from the Smithsonian Institution in Washington D.C. The work tells the story of the migrants Amer and Sana Khaddaj, a Lebanese couple who were both musicians and emigrated to the United States in 1947 at the onset of the First Arab-Israeli War, after having sung for a Palestinian radio station in Jerusalem. Foundland Collective's work traces the couple's story by means of a wall map and video. The installation is framed by a wall-sized cartographic representation of the stages of Amer and Sana Khaddaj's life. The other component of the installation is a video of the same name, which chronologically presents items from the couple's material and image archive, now part of the Faris and Yamna Naff Arab American Collection at the Smithsonian Institution. In the background, animated pictures taken from Google Maps of cities and locations where the two spent time or lived are shown: Alexandria, Cairo, New York, Detroit. A voice tells the story of the couple's lives, interspersed with recordings of Arab folk songs, particularly in the renowned *zajal* style, part of their repertoire from the nineteen fifties to seventies. The Khaddaj couple traveled through the United States and overseas, singing about the longings of those who have fled their homes to live in the diaspora: "Oh boat, take us to our land. Your waves are made of tears."

Though the story of Amer and Sana Khaddaj is an instance of an individual fate, in Foundland Collective's work it is made to speak of the general life conditions, experiences and motivations of refugees. The abstract quality of global migration becomes tangible. The use of contemporary digital navigation services allows their story to be aligned with the present. At the same time, questions are posed regarding the fundamental conditions of the freedom of movement, access to necessary infrastructures, and the importance of information services. While the phenomena of travel and migration blend together in the digital sphere, in the real world geographical and national borders continue to exist. The songs in the video *The New World, Episode One* were performed by refugees who have recently moved to the Netherlands. The voices of Amer and Sana Khaddaj became their voices; history is projected into the present.

global migration

In der Ausstellung zum Werkleitz Festival 2018 zeigen Foundland Collective die 2017 realisierte Videoinstallation *The New World, Episode One.* Die Arbeit basiert auf ihrer zweijährigen Recherche zur Geschichte arabischer Migrantinnen und Migranten in den USA im Rahmen eines Forschungsstipendiums der Smithsonian Institution in Washington D. C. und erzählt stellvertretend die Migrationsgeschichte von Amer und Sana Khaddaj. Das libanesische Musikerpaar emigrierte 1947 mit Beginn des Palästinakrieges in die USA, nachdem sie zuletzt für einen palästinensischen Radiosender in Jerusalem gesungen hatten. Die Arbeit von Foundland Collective zeichnet mit zweierlei Mitteln die Geschichte des Paares nach. Gerahmt wird die Installation von einer wandfüllenden Kartografierung der Lebensstationen von Amer und Sana Khaddaj. Der andere Teil der Installation ist die gleichnamige Videoarbeit, die das Material- und Bildarchiv des Paares aus der Sammlung von Faris und Yamna Naff in der Smithsonian Institution chronologisch aufbereitet. Im Hintergrund sind animierte Google-Maps-Aufnahmen von Städten und Orten zu sehen, an denen sie waren oder gelebt haben: Alexandria, Kairo, New York, Detroit. Eine Hintergrundstimme erzählt den Werdegang des Paares und wird immer wieder unterbrochen von gesungenen Passagen arabischer Volkslieder im Stil des Zadschal, die in den 1950er bis 1970er Jahren zu seinem Repertoire gehörten. Es war sowohl in den USA als auch international unterwegs und besang die Sehnsüchte der Geflohenen und in der Diaspora Lebenden: „Oh boat, take us to our land. Your waves are made of tears".

Auch wenn die Geschichte von Amer und Sana Khaddaj ein persönliches Einzelschicksal illustriert, verweist dieses in der Arbeit von Foundland Collective ganz allgemein auf die Bedingungen, Erfahrungen und Beweggründe von Geflüchteten. Das Abstraktum globaler Wanderung wird greifbar. Durch die Verwendung heutiger digitaler Navigationsdienste wird ihre Geschichte mit der Gegenwart abgeglichen. Dabei stellen sich gleichermaßen Fragen nach den Grundbedingungen der Bewegungsfreiheit, nach dem Zugang zu notwendigen Infrastrukturen und zur Bedeutung der Informationsdienste. Auch wenn die Momente des Reisens und der Migration in der digitalen Welt verschmelzen, bleiben die geografischen und nationalen Grenzen in der realen Welt bestehen. Der Gesang im Video zu *The New World, Episode One* wurde von syrischen Flüchtlingen eingesungen, die erst seit kurzem in den Niederlanden leben. Die Stimmen von Amer und Sana Khaddaj wird zu ihren Stimmen, die Geschichte schreibt sich bis in die Gegenwart fort.

1 Foundland Collective, *The New World, Episode One,* Ausstellungsansicht / exhibition view Centre Pompidou, Paris, 2017

2–5 Foundland Collective, *The New World, Episode One,* HD Video, 11:00 min, 2017

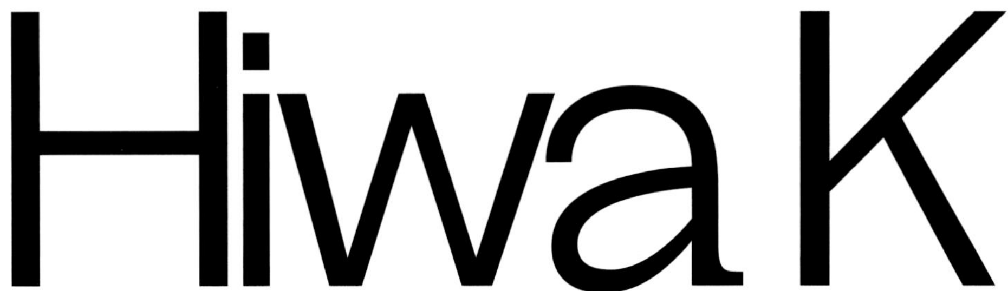

Hiwa K

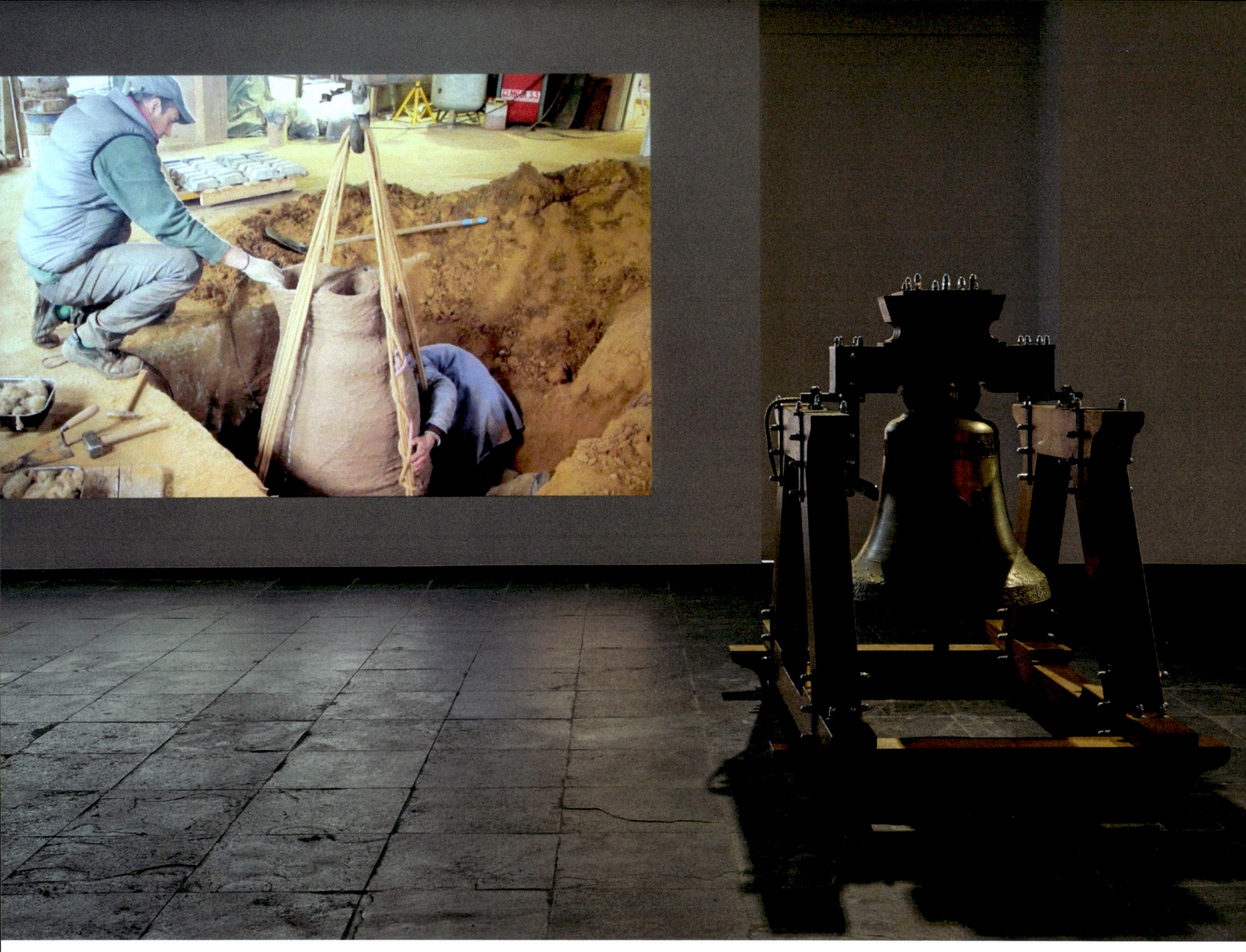

The Bell Project,
2007–2015

Es ist die Geschichte einer Umwandlung, der Logistik des Krieges und von Wertschöpfungsketten jenseits des Gebrauchs, die in den zwei Filmen von Hiwa Ks Videoinstallation *The Bell Project* erzählt wird. Dabei kehrt der in Berlin lebende Künstler zu seinen eigenen Wurzeln im Norden des Iraks zurück und beschreibt anhand der Kriegswirklichkeit und darüber hinaus wirtschaftliche, politische und logistische Zusammenhänge.

Die 2-Kanal-Videoinstallation stellt einerseits in einem 25-minütigen Film den kurdischen Unternehmer Nazhad vor, der im Nordosten des Iraks Altmetall einschmilzt, um es anschließend in normierten Einheiten in alle Himmelsrichtungen zu verkaufen. Sein Rohmaterial besteht aus Hinterlassenschaften des Krieges zwischen dem Iran und dem Irak (1980–1988) und der beiden Golfkriege (1991, 2003). Nazhad führt in dem Film von einem Metallhaufen zum nächsten – von Minen zu Projektilen zu Raketen zu Panzerteilen. In ihnen stecken zum Teil wertvolle Metalle wie Kupfer, Aluminium und Bronze, und in manchen Projektilen befindet sich noch hochentzündliches Pulver, das von Nazhad sachkundig herausgelöst und vernichtet wird. Über die Jahre scheint er ein immenses Wissen über die Konstruktion, Verwendung und Herkunft der Geschosse angehäuft zu haben: Sie stammen zum großen Teil aus den USA, Deutschland, Italien, China, Japan und Russland. Nazhads Handwerk ist in keiner Schule zu erlernen. Es nährt sich aus den spezifischen Gegebenheiten vor Ort und seinen individuellen Fertigkeiten. Behutsam und geschickt präsentiert er die benutzten Projektile, andere behandelt er wie das, was sie sind, der Müll des Krieges.

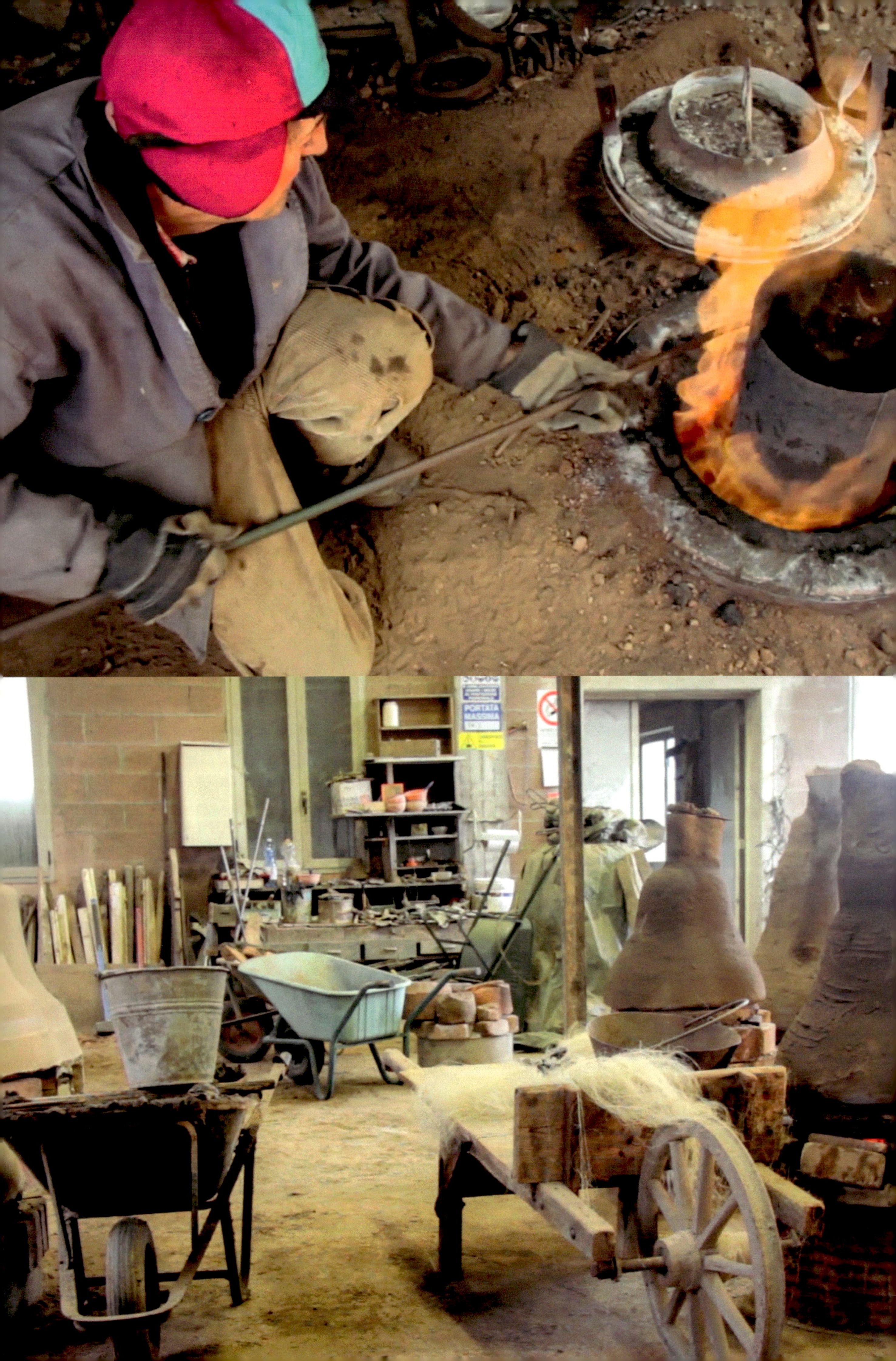

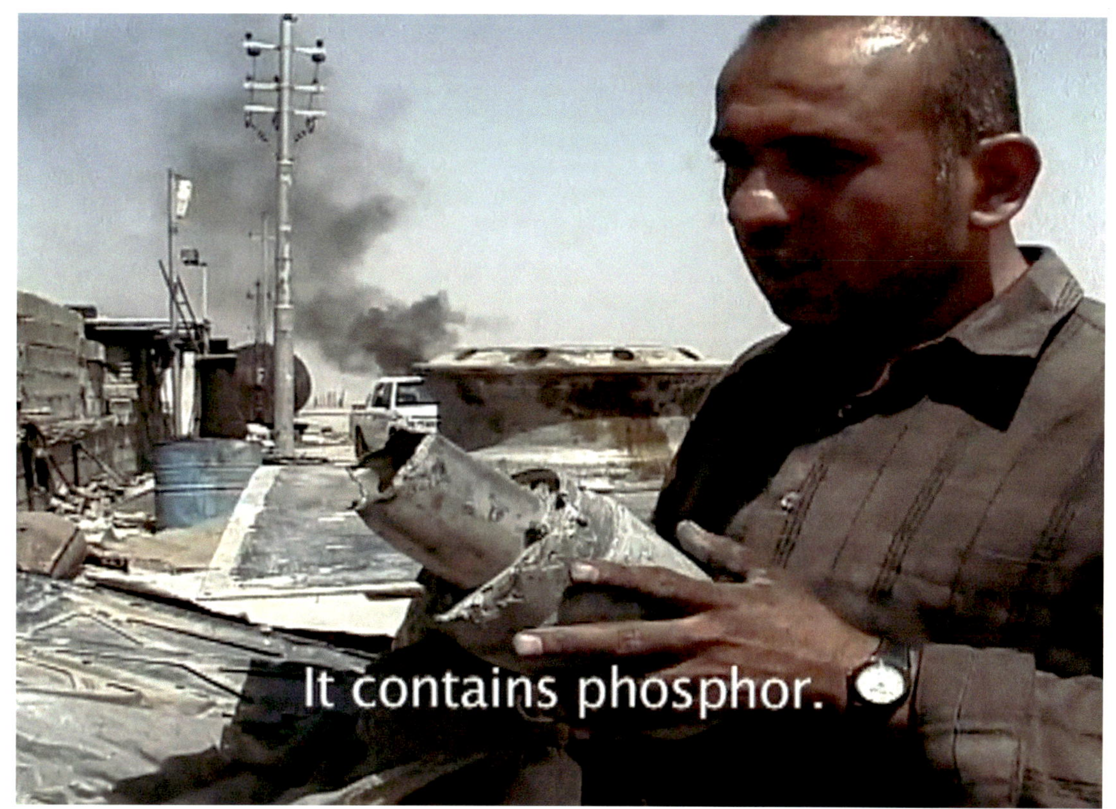
It contains phosphor.

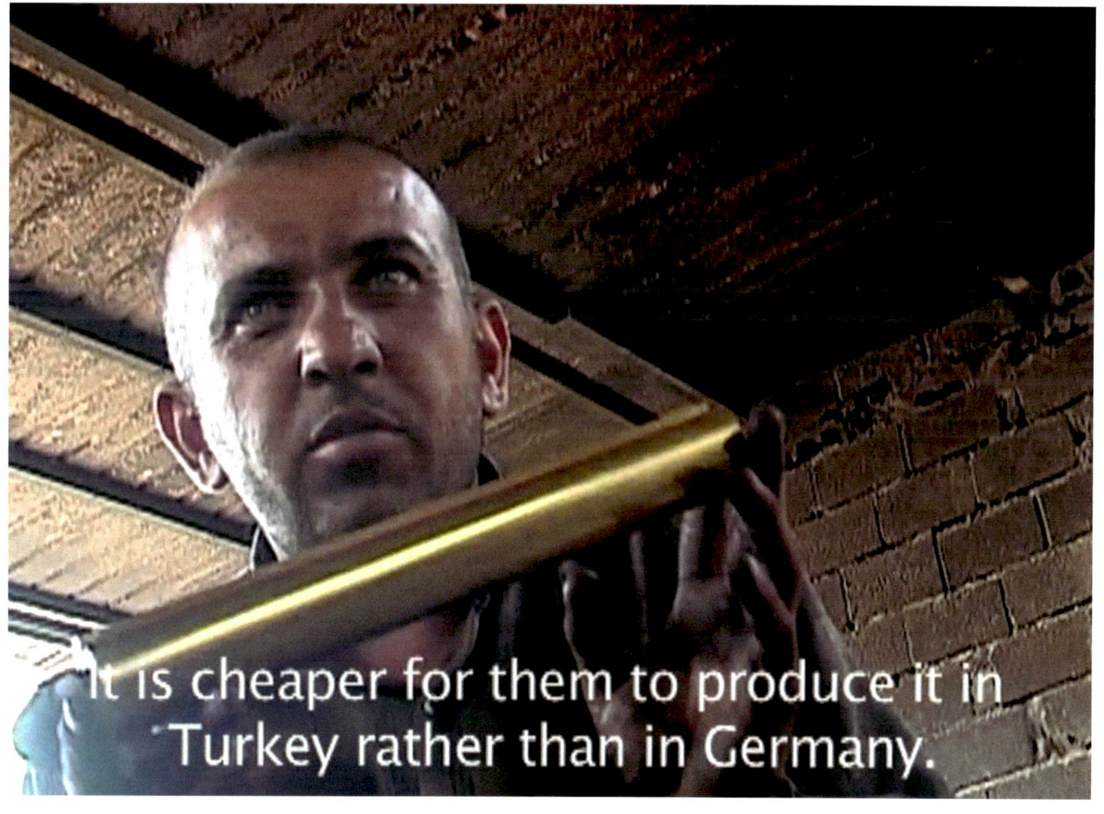
It is cheaper for them to produce it in
Turkey rather than in Germany.

It is a story of metamorphosis, of the logistics of war and of supply chains that have nothing to do with consumer goods that is told in the two films making up Hiwa K's video installation *The Bell Project.* For the work, the Berlin-based artist returned to his roots in northern Iraq to describe the economic, political and logistical circumstances there resulting from the reality of war and peace.

One element of the two-channel video installation is a twenty-five-minute film about the Kurdish entrepreneur Nazhad who melts down scrap metal in northeastern Iraq to sell it in standard form all over the world. He acquires the raw material for his business from the remains of the Iran-Iraq War (1980–1988) and both Gulf Wars (1991, 2003). In the film, Nazhad goes from one pile of metal to the next—from mines to projectiles to rockets to pieces of tanks, which all contain valuable metals like copper, aluminum and bronze. Some of the projectiles still have highly flammable powder inside, which is expertly removed and destroyed by Nazhad. Over the years he appears to have accumulated an incredible amount of knowledge regarding the construction, use and origin of munitions, most of which comes from the United States, Germany, Italy, China, Japan and Russia. Nazhad's handiwork cannot be learned in any school. He has acquired his skills as a result of specific local circumstances and personal talent. He presents the used projectiles cautiously and dexterously, while handling other materials more carelessly—the waste products of war.

Parallel to this, a thirty-five-minute film on the production of a bell in a workshop in northern Italy is also shown. The camera follows several men as they prepare the negative mold, the layers and ornamentation and finally cast the bell from three hundred kilos of bronze in a hollow in the ground. The material comes from Nazhad's smelting operation, was thus once built into war machinery used in Iraq before being converted into metal bars. In this film, too, many hands can be seen. Hands carrying, grinding, painting, stroking, inspecting and shaping material. A clear relation is established between the bodies of the people and the weight of the material—a relation that vanishes when the metal is melted down in preparation for the casting of the bell.

From the trash of war emerges a consecrated bell in a wooden frame. History is turned on its head. For centuries, church bells were melted down over and over again to make cannons whenever metal became scarce and material losses were great. Shortly before the end of World War I, the Emperor's Bell of Cologne Cathedral ended up in the smelting furnace. The distant war fills the empty space of the church tower. With his work, Hiwa K comes full circle: a tempered echo, packaged as a sacred cultural artefact.

The dichotomies of war and peace, of the holy and profane, of East and West are revealed. Logistics stands in the middle, neither point A nor point B. It makes the export of war possible and must now live with the crime of complicity. Hiwa K's powerful work does not just demonstrate to us the value of material in the arenas of war, it brings the meaning of this material home to us and becomes the bearer of tragic news.

Hiwa K

tempered echo

Andererseits ist in einem 35-minütigen Film die Herstellung einer Glocke in einer Werkstatt in Norditalien zu beobachten. Die Kamera begleitet mehrere Männer dabei, wie sie das Negativmodell, die Schichten und Verzierungen vorbereiten und anschließend die Glocke aus 300 kg Bronze in einer Erdmulde gießen. Das Material stammt aus der Schmelzerei Nazhads, ist also das in Metallbarren umgewandelte Kriegsgerät aus dem Irak. Auch in diesem Film sind viele Hände zu sehen. Hände, die Material tragen, schleifen, streichen und streicheln, es begutachten und in Form bringen. Es baut sich eine starke Beziehung zwischen den Körpern der Menschen und dem Gewicht des Materials auf, die sich kurz vor dem Gießen der Glocke mit dem Schmelzen des Metalls verflüchtigt.

Aus Kriegsschrott wird eine geweihte Glocke mit Gebälk. Hier dreht sich die Geschichte um. Über die Jahrhunderte hinweg wurden immer wieder Kirchenglocken eingeschmolzen und in Kanonen umgewandelt, wenn das Metall knapp und die Materialverluste groß waren. Die Kaiserglocke des Kölner Doms landete noch kurz vor dem Ende des Ersten Weltkriegs im Schmelzofen. Der Krieg in der Ferne füllt die Leerstelle im hiesigen Glockenturm. Hiwa K schlägt mit seiner Arbeit den Bogen zurück: ein temperiertes Echo, verpackt als sakrales Kulturgut.

Hier zeigen sich die Dichotomien von Krieg und Frieden, heilig und profan und von Ost und West. Logistik steht dazwischen, ist weder A noch B. Sie macht den Export des Krieges möglich und muss sich den Vorwurf der Komplizenschaft gefallen lassen. Hiwa Ks eindringliche Arbeit führt uns nicht nur die Wertschätzung des Materials in den Arenen des Krieges vor Augen, er führt sie auch direkt zu uns zurück: Sie wird zum Kurier einer schlechten Nachricht.

1   Hiwa K, *Moon Calendar,*
Ausstellungsansicht / exhibition
view S.M.A.K., Gent, 2018

2–4   Hiwa K, *The Bell Project,*
2-Kanal-Video-Installation /
2 channel video installation,
SD & HD Video, 35:25 min
und / and 25:29 min, 2007–2015

Lawrence Lek

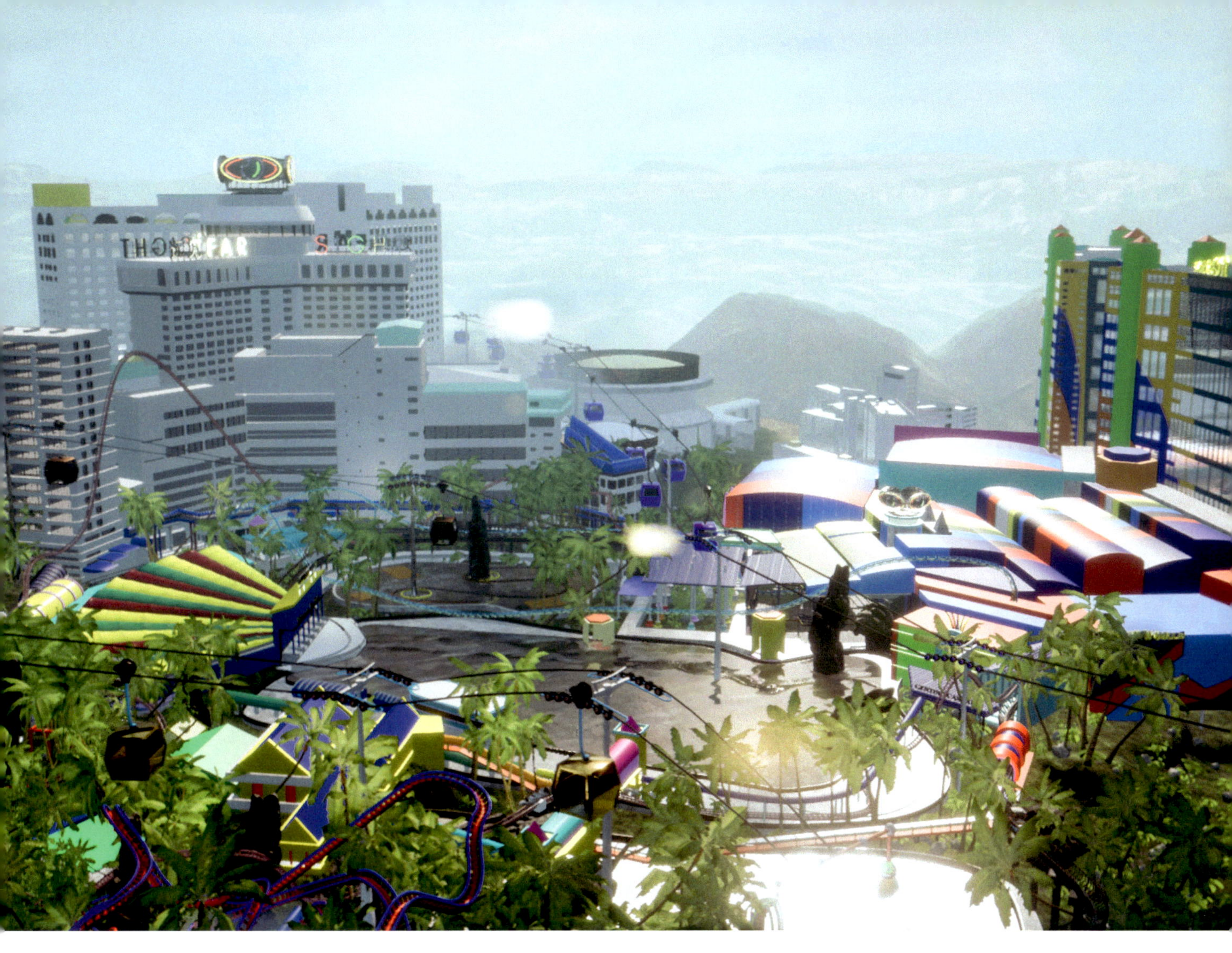

Sinofuturism (1839–2046 AD), 2016
Play Station, 2017

Der Künstler Lawrence Lek untersucht in seinen spekulativen Videoinstallationen und Virtual-Reality-Anwendungen, inwieweit virtuelle Welten unsere Wahrnehmung der Realität beeinflussen oder sich bereits auf unsere alltäglichen Handlungen auswirken. In den Szenarien seiner Filme vermischen sich utopische mit dystopischen und gegenwärtige mit zukünftigen Erzählungen des urbanen Zusammenlebens der Menschen im Spannungsverhältnis zu Architektur, Design und Technologie. Gewohnte mediale Bilder von Städten, futuristische Vorstellungen menschlicher Existenz und Ängste über den Verlust von Autonomie fließen ineinander. Dabei setzt Lawrence Lek 3D-Videospiele als ortsspezifische Medien ein; frei verfügbares digitales Bildmaterial erweitert er durch die Einbettung von real existierenden, grafisch bearbeiteten Orten. Die Betrachterinnen und Betrachter werden somit zu Nutzern digitaler Bildwelten, in denen sie sich sowohl durch vertraute als auch durch unbekannte Räume per Schiff, Flugzeug, Bahn, Satellit oder Drohne bewegen. Mobilität kann in diesen Erzählungen stellvertretend für Momente tiefgreifender Transformationsprozesse bei gleichzeitig verstanden werden, wobei mittels der erfahrenen Virtualität der anhaltende Fortschrittsglaube an technische Neuerungen hinterfragt wird.

In der Ausstellung zum Werkleitz Festival 2018 sind zwei Videoarbeiten von Lawrence Lek zu sehen: *Play Station* und *Sinofuturism (1839–2046 AD)*. Mutmaßungen über unsere zukünftige, optimierte Arbeitswelt werden westlichen Klischees einer effizienten, automatisierten Kultur in China gegenübergestellt. Das Sci-Fi-Video-Essay *Sinofuturism* stellt dabei eine Verbindung zwischen

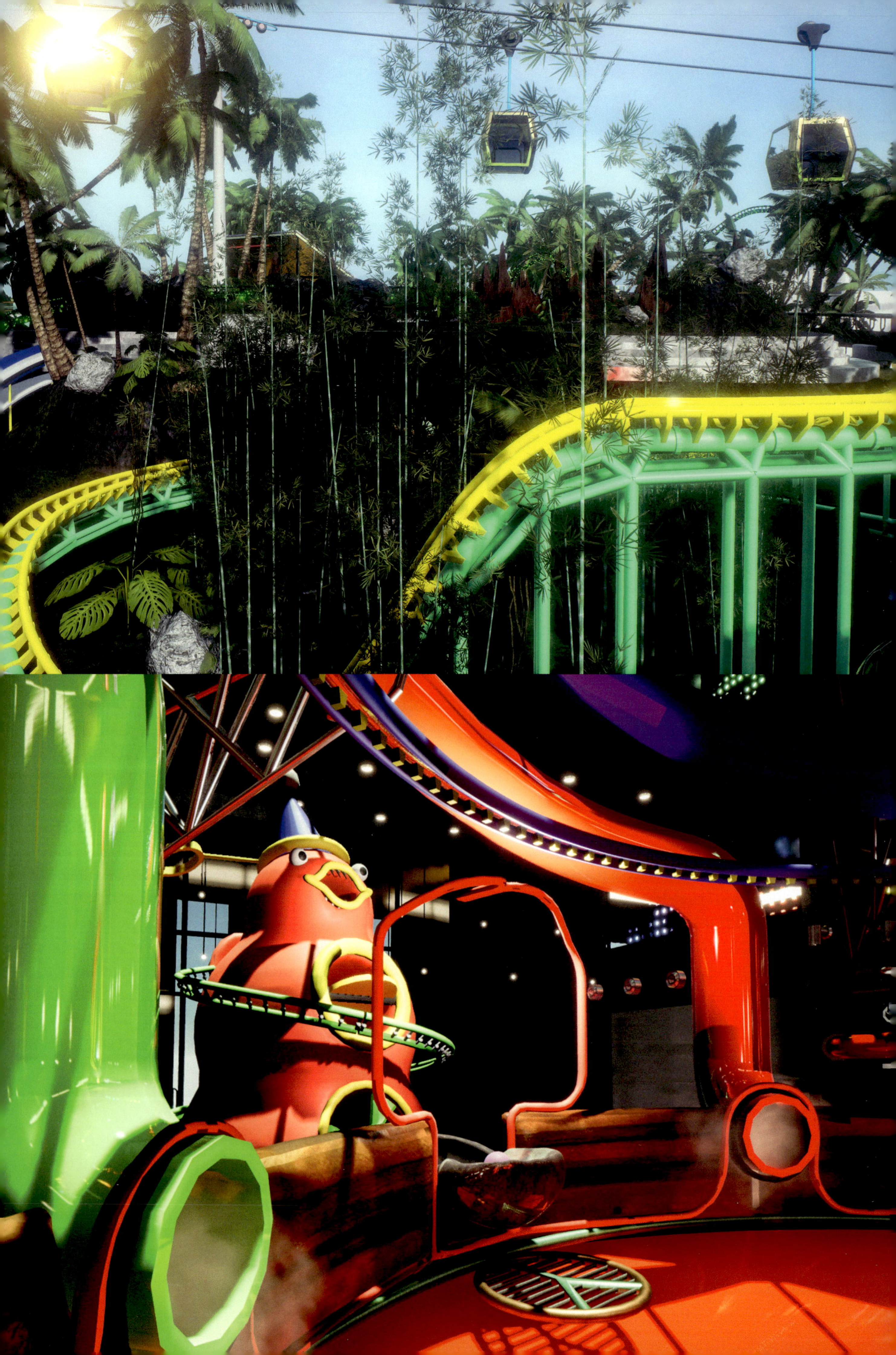

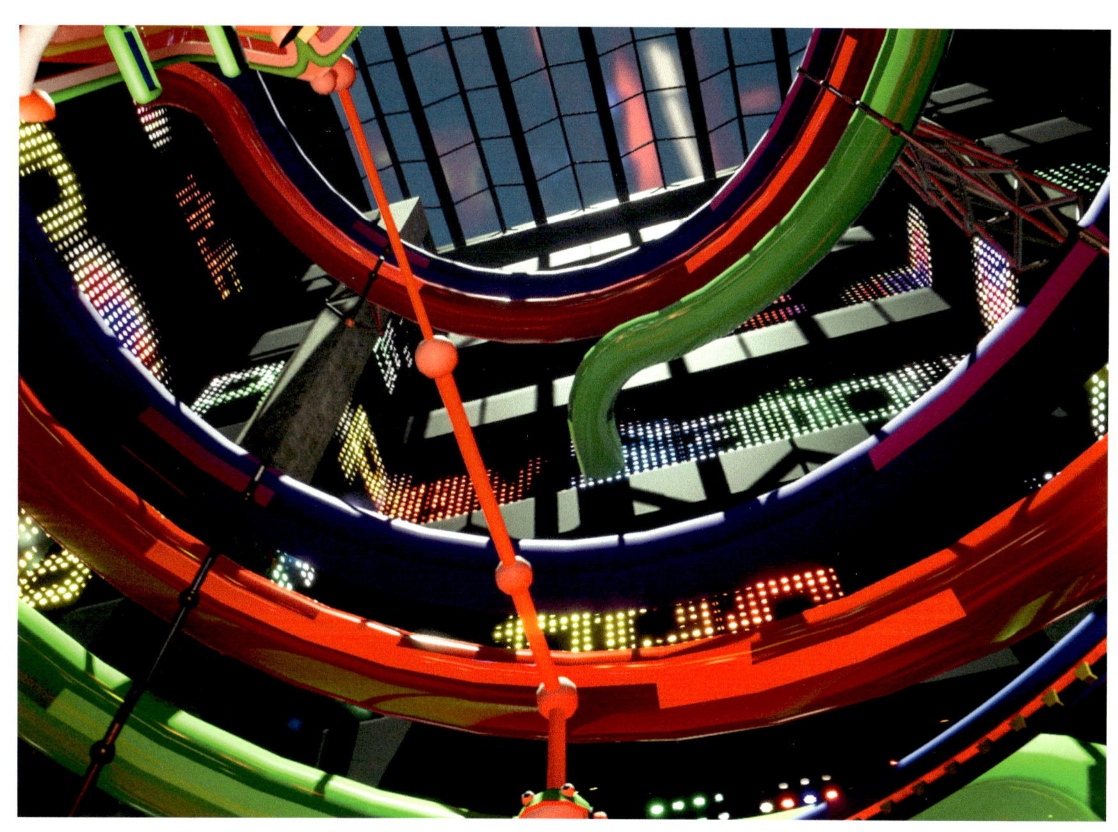

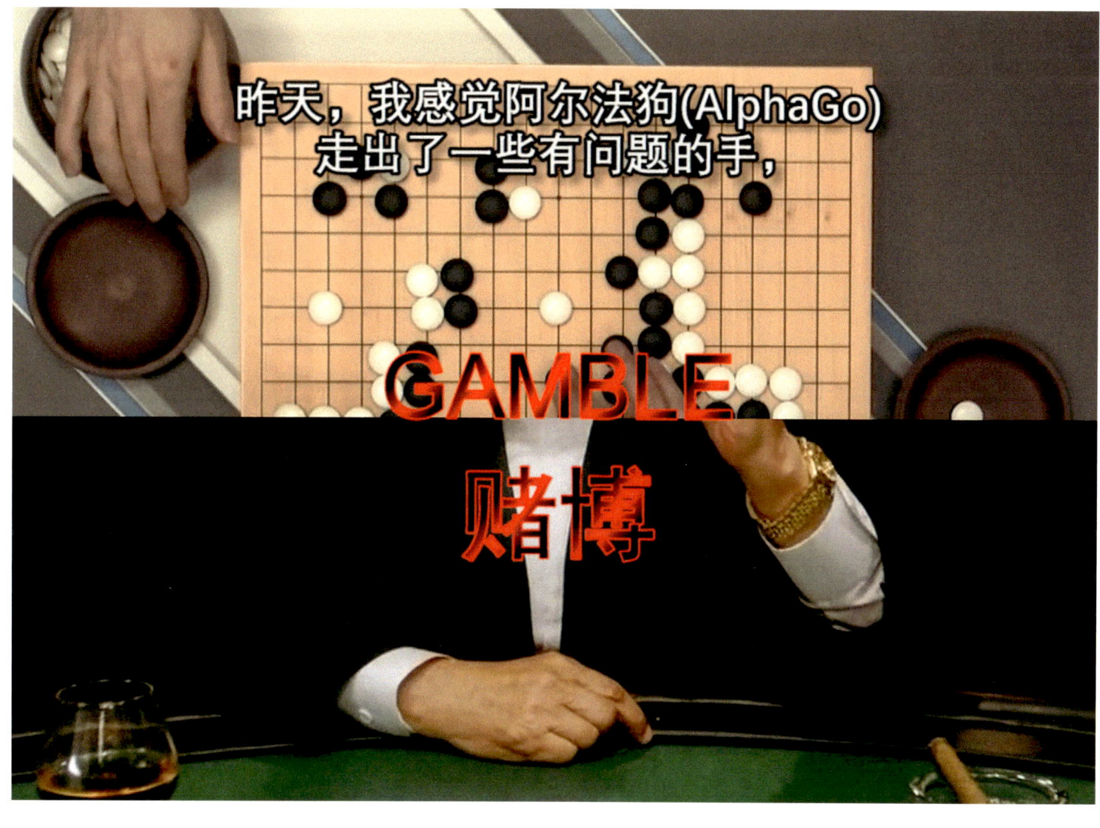

昨天，我感觉阿尔法狗(AlphaGo)
走出了一些有问题的手，
GAMBLE
赌博

Lawrence Lek

Sinofuturism (1839–2046 AD), 2016
Play Station, 2017

In his speculative video installations and virtual reality applications, the artist Lawrence Lek examines the entanglement between digital worlds and our perception of human agency. The scenarios in his films present an amalgamation of tension-filled environments shaped by architecture, design and technology. Corporate plans for future cities, utopian fantasies of human existence and fears of losing autonomy all flow together. Lek uses 3D video game engines as a site-specific medium, constructing animated worlds and embedding them within modified versions of real places. Viewers inhabit digital pictorial landscapes, moving through both familiar and unknown spaces by means of ships, airplanes, trains, satellites and drones. In this way, mobility can be understood as an aspect of profound transformative processes, where our experience of the virtual questions the progressive power of technical innovation.

The exhibition of the 2018 Werkleitz Festival features two video works by Lek: *Play Station* and *Sinofuturism (1839–2046 AD)*. Conjectures about future optimized working environments are juxtaposed with western stereotypes of the efficient, automated culture of China. At the same time, the sci-fi video essay *Sinofuturism* establishes a connection between the past, present and future. The Opium War of 1839, in the aftermath of which China was forced to open its markets to western colonial powers, is taken as a point of departure for questioning the current relations between the East and West. Lek draws parallels between the representation of artificial intelligence and China in popular media and portrayals of AI which reflect hopes and fears about the geopolitical rise of China. In seven chapters—Computing, Copying, Gaming, Studying, Addiction, Labor and Gambling—stereotypes of Chinese life are both critically and ironically scrutinized. A technocratic voiceover describes the era of "Sinofuturism," while the narration is by turns reinforced and subverted by a complex series of found internet images of, for example, robot arms, footage of teenagers addicted to eSports, animated advertising films for infrastructure projects or cell phone videos of server farms. Viewers are plunged into a social construct, although it is never conclusively revealed whether this vision already exists or will exist in the future.

The multi-part video project *Play Station* also explores the effects of artificial intelligence, yet questions how we will work in the future once robots make human manual labor obsolete. Here Lek transfers palpable contemporary fears into a colorful, fully automated playful paradise where free time takes the place of work. Loosely based on the employment worlds of Google and other Silicon Valley companies, for *Play Station* Lek has invented the fictional automation start-up company Farsight, which recruits workers by offering them—in an advertising video—"funemployment forever." "Who needs a work-life balance, when it's so much fun?" Familiar images of lifeless office buildings are combined with theme park scenes of gigantic slides, roller coasters and comic figures. Undermining conventional fears about the future, the exaggeratedly positive prognosis moves one to reflect on the possibilities that will open up when machines, for example, carry out forms of monotonous labor. At the same time, Lek's work leaves behind a sour taste in our mouths: the total usurpation of the individual by employers and their corporate identities. The boundary between private and professional life has been erased.

present-day dilemmas

Vergangenheit, Gegenwart und Zukunft her. Der Opiumkrieg von 1839, aufgrund dessen China gezwungen war, seine Märkte für westliche Kolonialmächte zu öffnen, wird als Ausgangspunkt genommen für eine Hinterfragung gegenwärtiger Verhältnisse zwischen Ost und West. Lek zieht Parallelen zwischen der Berichterstattung über künstliche Intelligenz und China als neue geopolitische Macht in den Massenmedien, wobei in beiden Fällen ähnliche Hoffnungen und Ängste formuliert werden. In sieben Kapiteln werden Stereotypen chinesischer Lebensart thematisiert – Computing, Copying, Gaming, Studying, Addiction, Labor and Gambling – und gleichzeitig ironisiert. Eine technokratisch klingende Stimme aus dem Off erklärt die Ära des „Sinofuturismus"; eine komplexe Folge von gefundenem Internet-Bildmaterial von Roboterarmen beispielsweise, Mitschnitten von spielsüchtigen Jugendlichen, animierten Werbefilmen von Infrastrukturprojekten oder Handyvideos von Serverfarmen bekräftigen und untergraben die Narration abwechselnd. Die Betrachterinnen und Betrachter tauchen ein in ein gesellschaftliches Konstrukt, das offen lässt, ob es erst geschehen wird oder bereits existiert.

Das mehrteilige Video-Projekt *Play Station* beschäftigt sich ebenfalls mit den Auswirkungen künstlicher Intelligenz, hinterfragt jedoch, wie wir in Zukunft arbeiten werden, wenn Roboter die bisher von Menschen ausgeführte Arbeiten übernehmen. Dabei transferiert Lawrence Lek die spürbare Angst der Gegenwart in ein buntes, voll automatisiertes Spielparadies, wo Freizeit an die Stelle der Arbeit getreten ist. Angelehnt an die Arbeitswelten von Google und anderer Firmen des Silicon Valley erfindet Lek für *Play Station* das fiktive Start-up-Unternehmen Farsight, das Arbeitnehmerinnen und Arbeitnehmer anwirbt und wie in einem Werbefilm die eigenen Vorzüge ihrer Automatisierungsbranche anpreist: „Funemployment forever" – „Who needs a work life balance, when it's so much fun?"

Vertraute Bilder kalter Bürogebäude vermischen sich dabei mit Themenpark-Szenarien von Riesenrutschen, Achterbahnen und Comicfiguren. Die üblichen Zukunftsängste unterlaufend, ermöglicht die überspitzt positiv gezeichnete Prognose darüber nachzudenken, welche Chancen darin bestehen, wenn Maschinen beispielsweise monotone Arbeiten übernehmen. Gleichzeitig lässt die Arbeit von Lawrence Lek ein schales Gefühl gänzlicher Vereinnahmung durch die Arbeitgeber und ihre Firmenidentitäten zurück: Die Grenze zwischen Privat- und Berufsleben wird ausgelöscht.

1–4   Lawrence Lek, *Play Station*, 2-Kanal-Videoinstallation / 2 channel video installation, HD Video, 2:40 min und / and 5:05 min, 2017

5   Lawrence Lek, *Sinofuturism (1839–2046 AD)*, Full HD Video, 60:00 min, 2016

Candice Lin

Von: Juliane Schickedanz
An: Candice Lin
Kopie: Konrad Renner

18. Juni 2018   10:37

Liebe Candice,
wie mir scheint, sind die Begriffe „Transport" und „Transformation" paradigmatisch für deine Werke, in denen du Kolonialgeschichte, persönliche Erzählungen von Geschlechterdiskriminierung, Rassismus und die Aufhebung von Grenzen zusammenbringst. Mich interessiert, welche Art von Macht deiner Meinung nach mit der Fähigkeit oder Unfähigkeit einhergeht, in Bewegung zu sein.
Viele Grüße
Juliane

Von: Candice Lin
An: Juliane Schickedanz
Kopie: Konrad Renner

28. Juni 2018   03:07

Liebe Juliane,
kürzlich las ich ein Gedicht über einen Sumpf, in dem ein Alligator eine schwimmende Frau verschlang. Sie war die Freundin des Dichters, der die Perspektive eines Vogels einnahm, um zu trauern und akzeptieren zu können, was geschieht, wenn ein vertrauter Körper zu etwas Fremden wird, zu Nahrung. Bei der Lektüre schlief ich ein und hatte einen Traum: Ich schwamm im trüben, graugrünen Wasser des Sumpfes, in dem versunkene Körperteile – von den Knien abwärts abgefressene Beine – zwischen Algen und Schildkröten trieben. Im Traum stellte ich mir deine Frage: Welches Verhältnis besteht zwischen Macht und Beweglichkeit bzw. Unbeweglichkeit?

In den trüben Wassern erkannte ich Folgendes: Wenn das Ziel oder die Illusion des Kolonialismus darin bestand, dass Körper Grenzen unversehrt überqueren und sich dem Fremden, dem fremden Land eigenmächtig und überlegen aufnötigen, dann habe ich es mit der Geschichte von Körpern zu tun, die sich zu allen Zeiten über Grenzen bewegt haben oder bewegt wurden und sich vollkommen im Klaren waren darüber, dass sie durch diesen Übergang, durch das Verwischen der Grenzen unwiderruflich verändert würden. Vermutlich ist das der Grund, warum ich mich neben der Geschichte des Kolonialismus ganz besonders für Bakterien und Parasiten interessiere. So bietet sich mir eine Möglichkeit, darüber nachzudenken, wie bloßes „Ungeziefer" und unsichtbare Lebewesen in die Körper der Konquistadoren eindrangen und ihre Sehnsüchte sowie die Geschichte der Menschheit prägten. Es bietet aber auch die Möglichkeit, über das Fortleben der Geschichte in der Gegenwart nachzudenken und darüber, dass man im Sumpf- und Meerwasser die Moleküle ehemaliger Säugetierkörper aufnimmt. Christina Sharpe, die sich mit den Menschen befasst, die den Atlantik auf Sklavenschiffen überquert haben, setzt sich mit dem Begriff der

From:
To:
CC:

Candice Lin
Juliane Schickedanz
Konrad Renner

Dear Candice,

I have the feeling that the terms "transportation" and "transformation" are paradigmatic for your works, in which colonial history, personal stories of gender discrimination, racism or the dissolution of boundaries are brought together. I would like to ask: what kind of power is, for you, related to to the (in)ability to be in motion?

All the best,
Juliane

28 June 2018   03:07

Dear Juliane,

I fell asleep reading a poem about the swamp where an alligator ate a girl who was swimming, who was the friend of the poet who in turn took the perspective of a bird in order to grieve and acknowledge what happened when a body shifted from being a named one to being a strange one, a food. In the dream I was swimming in this swamp of gray-green cloudy water, where submerged limbs—legs gnawed off from the knee down—floated amidst algae and turtles. In the dream I was asking myself your question, what is the relation between power and im/mobility?

In this unclear muck, I realized that if the colonial goal/illusion was for a body to move across a border intact and impose itself, separate and superior to the stranger, on the strange land. What I am looking at is the history of bodies that have always moved across borders or been moved across with full knowledge that they were irrevocably transformed by this exchange, by this blurring of boundaries. That is why, I suppose, I have been so interested in bacteria and parasites, alongside the history of colonialism. It is a way to consider how mere "vermin" and invisible beings penetrated the bodies of conquistadors and shaped their desires and our human history. It is a way to think about how history lives on in the present. How, in the liquid of the swamp or the ocean, you are swallowing the molecules of previous mammalian bodies. Christina Sharpe, thinking about the people who crossed the Atlantic in slave ships, writes about a concept called "residence time," which measures the amount of time it takes for human bodies to disappear completely from the ocean.

„There have been studies done on whales that have died and have sunk to the seafloor. These studies show that within a few days the whales' bodies are picked almost clean by benthic organisms—those organisms that live on the seafloor. My colleague Anne Gardulski tells me it is most likely that

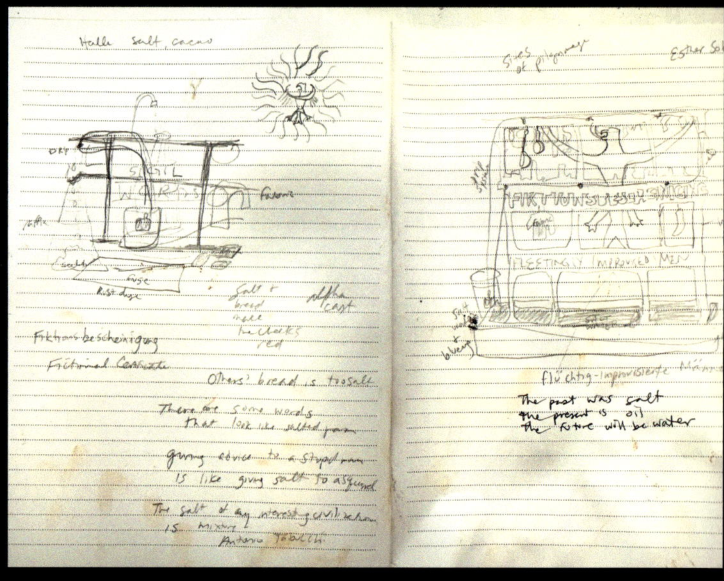

cycling of
nutrients

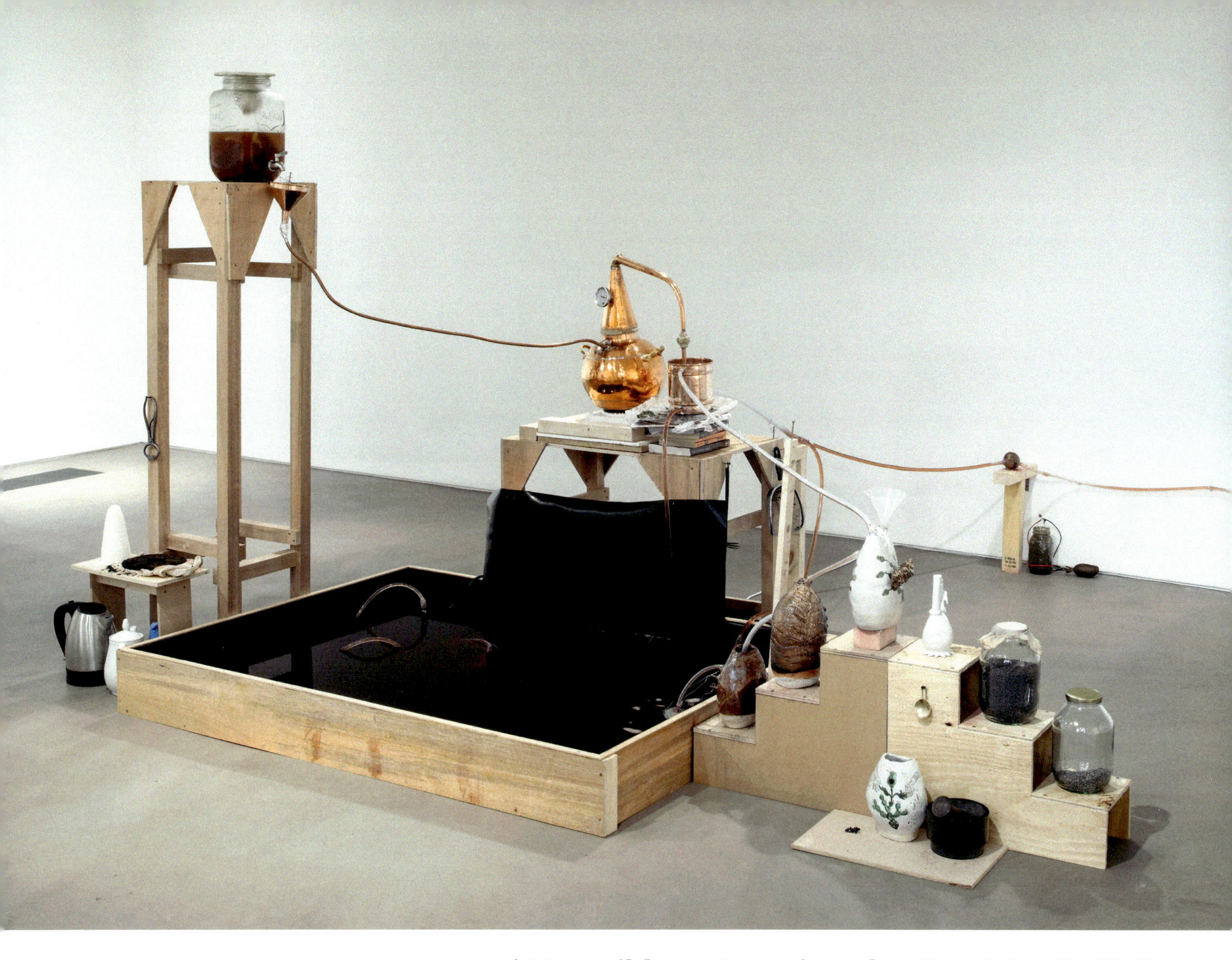

„Verweildauer" auseinander. Damit ist die Zeit ge-
meint, die ein menschlicher Körper benötigt,
um vollständig aus dem Ozean zu verschwinden:
„Es gibt Untersuchungen über verendete Wale,
die auf den Meeresgrund gesunken sind. Ihre Körper werden innerhalb weniger Tage von ben-
thischen, das heißt auf dem Meeresgrund lebenden Organismen, bis auf die Knochen abge-
nagt. Meine Kollegin Anne Gardulski meinte, es
sei sehr unwahrscheinlich, dass menschliche Körper den Meeresgrund unversehrt erreichen. Was ist mit den Körpern geschehen?
Was ist im Salzwasser aus den Bestandteilen
ihrer Körper geworden? Sie erklärt mir, dass
sich die Atome der über Bord geworfenen Menschen aufgrund des marinen Nährstoffkreis-
laufs (Organismen, die Organismen fressen)
heute noch im Ozean befänden. Die Menschen
seien von Organismen gefressen und verdaut
worden, die ihrerseits gefressen und verdaut
wurden und so weiter. Etwa 90 bis 95 Prozent des
Gewebes von Organismen, die im Wasser gefressen werden, werden wieder Teil des Kreislaufs. Wie Anne meint, ‚gibt es im Meer keinen
Tod aus Altersschwäche'. Die Zeit, die eine in den

From: Juliane Schickedanz
To: Candice Lin
CC: Konrad Renner

3 July 2018   11:11

Dear Candice,
Mark Kurlansky starts his book *Salt: A World History* with the anecdote of the salt rose on his desk, which starts to move and recreate itself after being inadvertently doused with water. Perhaps the only consolation to be had here is that all those conserved souls on the floor of the ocean might have the chance to repeatedly transform themselves anew. How ironic that such an apparently innocent substance as salt is the starting point for global seafaring. It is only since humans understood how to conserve nutriments via salt that it became possible to cross long distances. Salt, unnoticed, is part of colonial history. For a long time, Halle was a rich and wealthy town based on local salt production, until industrialization brought cheaper ways to extract or trade what used to be known as "white gold." Since you decided to thematize the salt history of the city, which desires, entanglements or dependencies do you see in that crystalline material?

All the best,
Juliane

a human body would not make it to the sea floor intact. What happened to the bodies? By which I mean, what happened to the components of their bodies in salt water? Anne Gardulski tells me that because nutrients cycle through the ocean (the process of organisms eating organisms is the cycling of nutrients through the ocean), the atoms of those people who were thrown overboard are out there in the ocean even today. They were eaten, organisms processed them, and those organisms were in turn eaten and processed, and the cycle continues. Around ninety ot ninety-five per cent of the tissues of things that are eaten in the water column get recycled. As Anne told me, "nobody dies of old age in the ocean." The amount of time it takes for a substance to enter the ocean and then leave the ocean is called residence time. Human blood is salty, and sodium… has a residence time of 260 million years. And what happens to the energy that is produced in the waters? It continues cycling like atoms in residence time.

murkily,
Candice

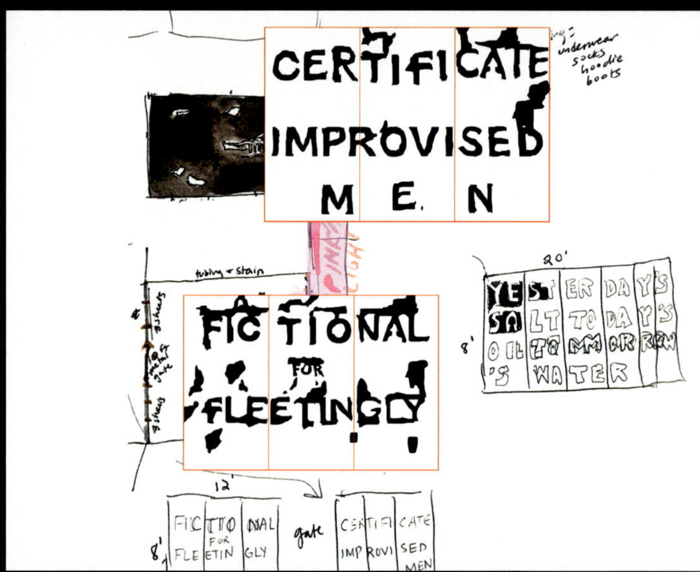

Candice Lin
Juliane Schickedanz
Konrad Renner

5 July 2018   20:51

Dear Juliane,
I think about salt's history as an early form of material commerce (sal-ary), its ability to make protein portable and the connections created by salted cod in New England sent to the Caribbean to be used as slave food. From salt and fish to sugar, molasses and rum. As slaves and coolies toiled in the hot fields, their sweat and tears filtered through their flesh and recomposed the salt raked up in Cape Cod or Cape Verde: another kind of salt rose with mutable form.

Once I saw a crystal made of an artist's tears and sweat. Once a student of mine attached sponges to the armpits of her lover and squeezed out the post-sex-salt and used it to flavor their steak.

Work by peckingnets: http://www.peckingnets.social/

salt's history

Von: Juliane Schickedanz
An: Candice Lin
Kopie: Konrad Renner

          3. Juli 2018   11:11

          Liebe Candice,
Von: Mark Kurlansky erzählt am An-
An: fang seines Buches *Salz: Der
Kopie: Stoff, der die Welt veränderte* eine
          Anekdote über den Kristall auf
          seinem Schreibtisch, der sich, ver-
          sehentlich mit Wasser übergossen,
          zu regen und zu verwandeln beginnt.
          Es wäre ein Lichtblick, wenn all
          die auf dem Meeresgrund konservier-
          ten Seelen die Möglichkeit hätten,
          sich stets aufs Neue zu verändern.
          Wie paradox, dass eine scheinbar so
          harmlose Substanz wie Salz der
          Ausgangspunkt der globalen Seefahrt
          gewesen ist. Erst als die Men-
          schen gelernt hatten, ihre Nahrung
          mit Salz haltbar zu machen, war
          es möglich, große Entfernungen zu-
          rückzulegen. Salz spielte in
          der Kolonialgeschichte eine bisher
          kaum beachtete Rolle. So war
          auch Halle dank der örtlichen Salz-
          produktion lange Zeit eine rei-
          che Stadt – bis die Industrialisie-
          rung günstigere Methoden zur
          Gewinnung des einstigen „weißen
          Goldes" und seines Vertriebs entwi-
          ckelte. Da du die Salzgeschichte
          der Stadt thematisieren möchtest,
          welche Sehnsüchte, Verstrickungen
          oder Abhängigkeiten siehst du
          in der kristallinen Substanz?
          Viele Grüße
          Juliane

Ozean gelangte Substanz dort verbleibt, wird als Verweildauer bezeichnet. Menschliches Blut ist salzig, und Natrium hat eine Verweildauer von 260 Millionen Jahren. Und was geschieht mit der im Wasser produzierten Energie? Sie fließt weiter wie die Atome in der Verweildauer."
Im Trüben fischend
Candice

Candice Lin
Juliane Schickedanz
Konrad Renner

5. Juli 2018   20:51

Liebe Juliane,
wenn ich an Salz denke, historisch betrachtet, denke ich an eine frühe Form von Tauschmittel (Sal-är). Mir fällt auch seine Fähigkeit ein, Eiweiß haltbar und transportfähig zu machen, oder die Verbindung zum Stockfisch, der aus Neuengland in die Karibik verschifft wurde, wo er der Ernährung von Sklaven diente. Von Salz und Fisch zu Zucker, Melasse und Rum. Während Sklaven und Tagelöhner auf den heißen Feldern schufteten, flossen ihr Schweiß und ihre Tränen und verwandelten sich zurück in jenes Salz, das auf Cape Cod oder den Kapverden gewonnen worden war: ebenfalls Salzkristalle in veränderbarer Form.

Ich habe einmal einen Kristall aus den Tränen und dem Schweiß eines Künstlers gesehen. Ein anderes Mal hat eine meiner Studentinnen Schwämme in den Achselhöhlen ihres Freundes befestigt und das beim Sex ausgeschwitzte Salz ausgedrückt, um damit ihre Steaks zu würzen.

Arbeit von peckingnets:
http://www.peckingnets.social/

Bei Salz denke ich an Rehe, die an mir lecken. Bei Salz denke ich an Flüssigkeiten, dabei kommt mir das Nassfutter in den Sinn, das unsere Katzen manchmal unangetastet auf der Veranda stehen lassen. Ameisen tragen es Stück für Stück weg, bis nur noch seltsame weiße Quadrate übrig bleiben. Was mag das sein?, habe ich mich gefragt. Knochen? So ist Salz. Es ist das, was übrig bleibt, wenn das Wasser wie aus einem alten Handtuch aus einem Menschen ausgewrungen wird. Wie in meinen vagen Erinnerungen an Frank Herberts *Der Wüstenplanet,* dessen Bewohner, die Fremen, in der Wüste überleben, indem sie Verstorbenen alle Körperflüssigkeiten entnehmen. Die Trans-Wissenschaftlerin Eva Hayward schreibt, dass Wasserkörper wie Transkörper durch Kontingenz definiert sind, als

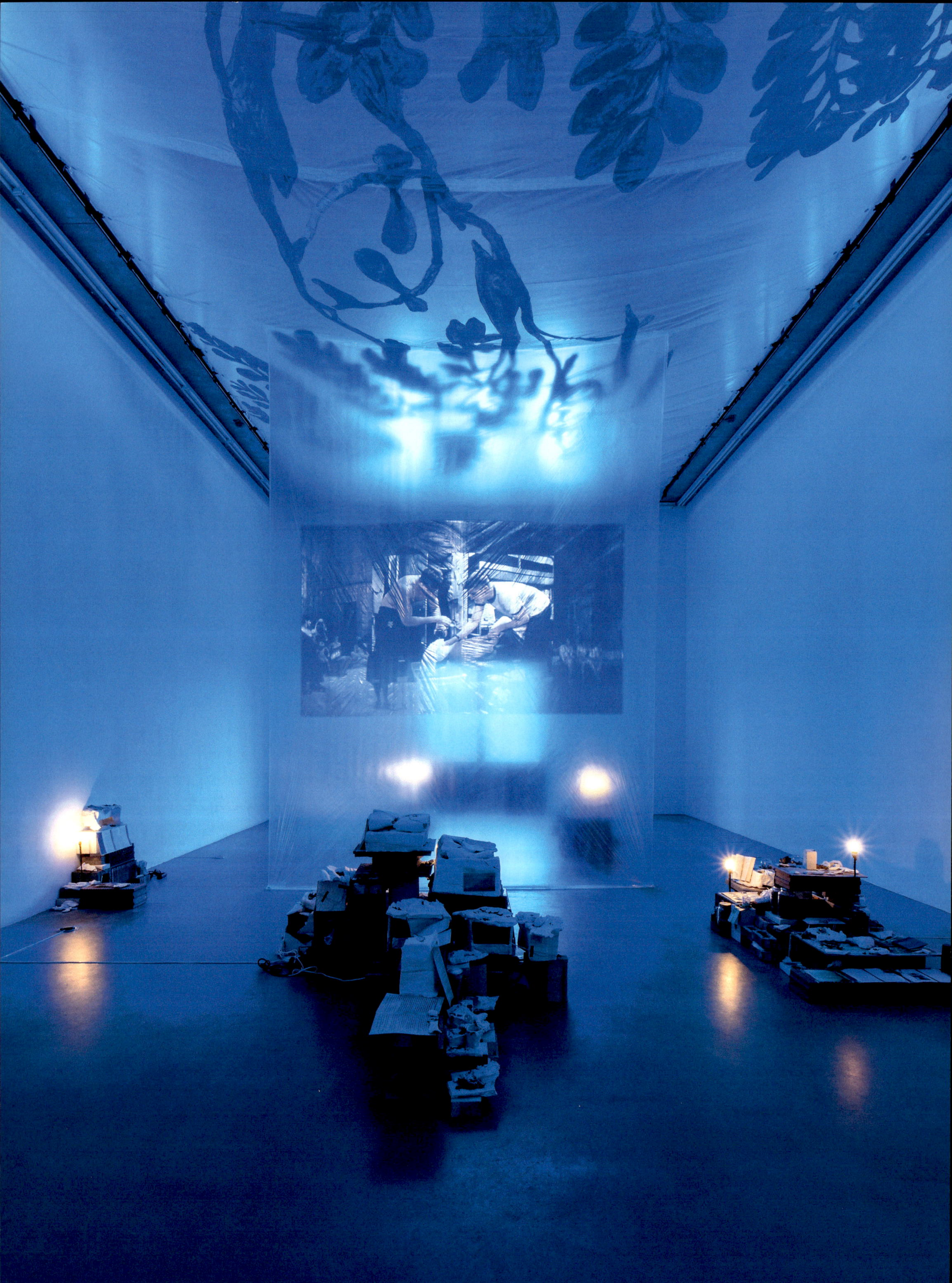

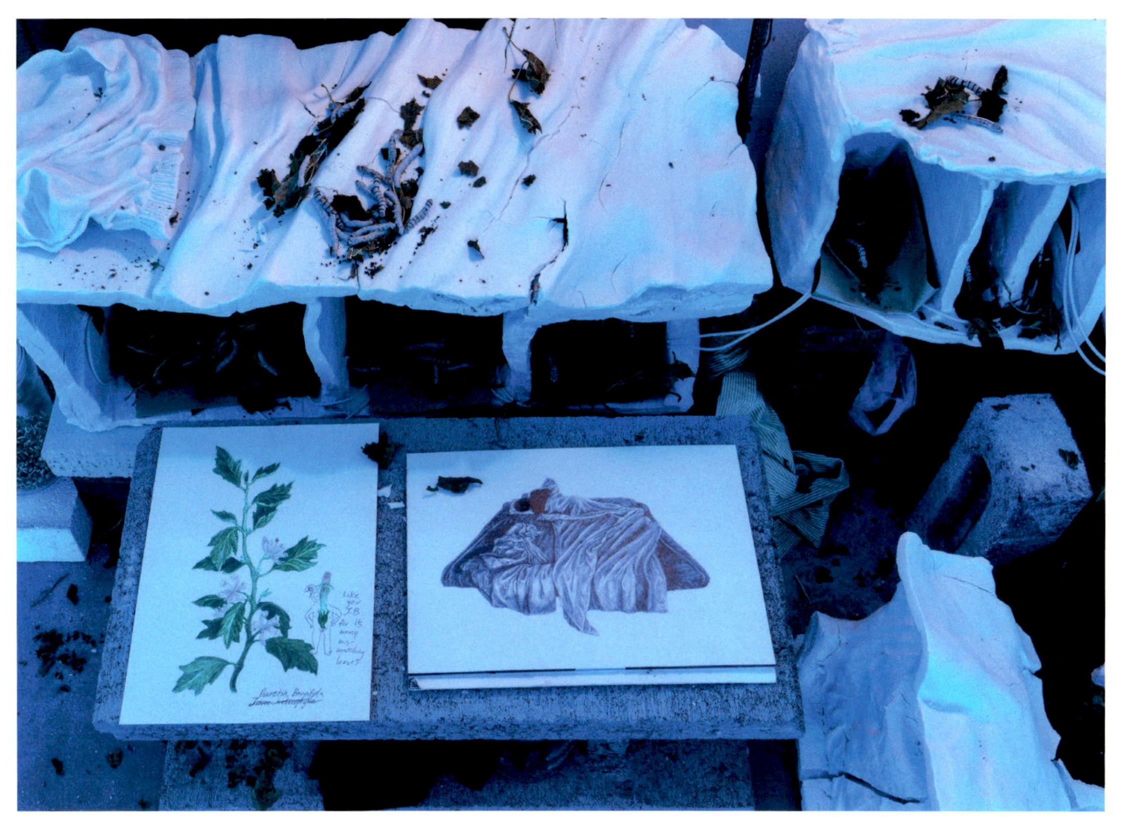

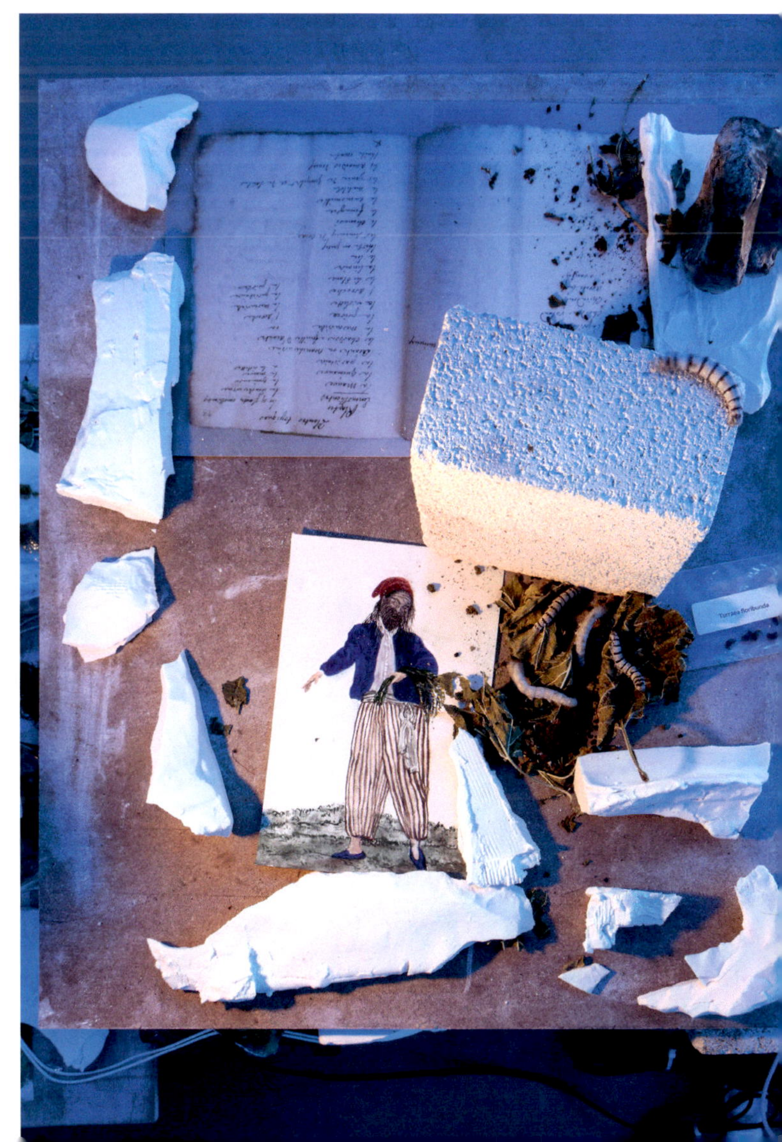

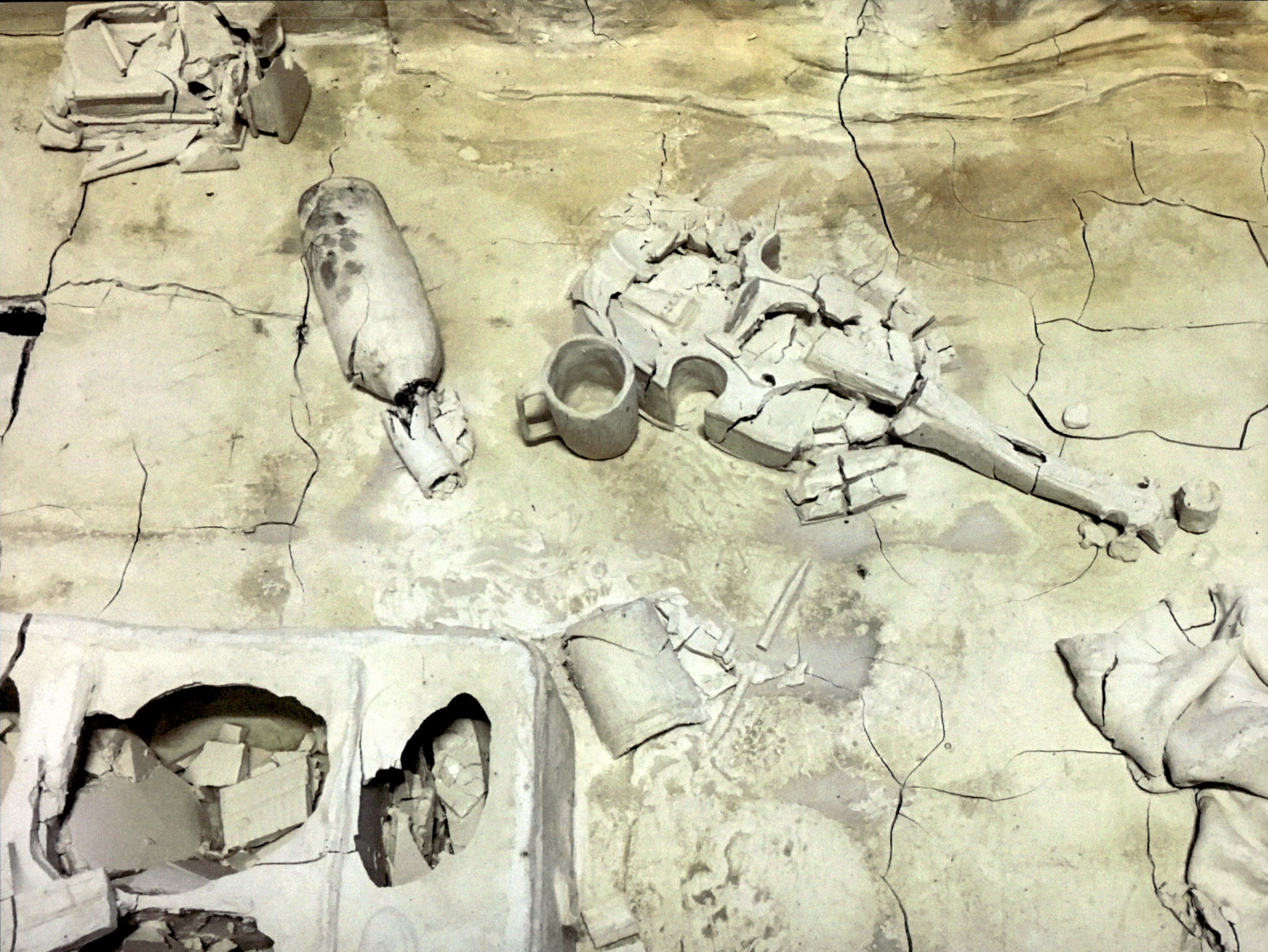

> Dear Candice,
> Somebody told me there are salty grasslands around Halle. In the Mansfelder Land, a region known for its former coal-mining industry, there is one of the largest drainage adits in Europe (called Schlüssel-stollen, thirty-two kilometers long), which used to dewater the mines. As the ground water is really salty at the end of the tunnel, above ground the salt of the water dries out and remains as crystals. Another example of human greed spoiling nature and shaping land-scapes; but the industry is gone, the cities die out, there are not enough jobs left, all that is left is the salt entangled in the culms.
> Best,
> Juliane

When I think of salt I think about being licked by deer. When I think about salt I think about liquid, and then my mind leaps to the wet cat food that our ferals sometimes leave uneaten on the porch. The ants take it away piece by piece until all that is left are these strange white squares. "What are those," I wondered, "bones?" Salt is like that. It is what is left after the water of a human is squeezed out like an old towel. Like in my distant memory of Frank Herbert's *Dune*, where the freemen of the desert survive by scraping or squeezing the water fat out of the bodies of the deceased. The trans scientist Eva Hayward writes about how bodies of water are like trans bodies, defined by contingency, mistaken for the land that temporarily molds their form. Daniel Paul Schreber spoke of the voluptuous liquidity of his body as it was "unmanned" and turned into a woman's body, to be used by God to propagate the world anew.

And bodies of salt water? As water evaporates and drought devastates land from the Sahara to California, a crust is left. I heard there is a bougie salt store in Northern California that collects salt from disappearing bodies of water and bottles them as novelty seasonings. You can flavor and eat your disaster now.

Best,
Candice

Dear Juliane,
Strange that you mention coal. It returns me to the Zoe Todd quote that had me thinking about this proposal for a stained wall with salt and gasoline and water soaking through it: "today it is gasoline, yesterday it was salt, tomorrow it will be water." Perhaps these scarce resources that power the muscle and the metal are more entangled and less linear than they seem.

Best,
Candice

Von: Juliane Schickedanz
An: Candice Lin
Kopie: Konrad Renner

8. Juli 2018   21:20

Liebe Candice,
jemand erzählte mir von den Salzwiesen in der Umgebung von Halle. Im Mansfelder Land, einer Region, die einst für ihre Bergbauindustrie bekannt war, befindet sich der größte Entwässerungsstollen Europas (der sogenannte Schlüsselstollen hat eine Länge von 32 km). Da das Wasser am Ende des Tunnels sehr salzig ist, kristallisiert das Salz bei der Verdunstung des Wassers an der Erdoberfläche. Dies ist ein weiteres Beispiel dafür, wie der Mensch aus Gier die Natur plündert und Spuren in der Landschaft hinterlässt. Doch die Industrie ist zusammengebrochen, die Städte sind verwaist, es gibt nicht genug Arbeit. Nur das Salz ist noch da, eins geworden mit dem Gras.
Beste Grüße
Juliane

Von:
An:
Kopie:

hielte man sie irrtümlich für das Land, das vorübergehend ihre Gestalt geformt hat. Daniel Paul Schreber sprach von der Anfüllung seines Körpers mit Wollust, als er „entmannt" und in einen Frauenkörper verwandelt zu werden glaubte, um als Werkzeug Gottes die Welt neu zu bevölkern.

Und Körper aus Salzwasser? Wenn Wasser verdunstet und von der Sahara bis Kalifornien Dürren das Land verwüsten, bleibt eine Kruste zurück. Ich habe davon gehört, dass es in Nordkalifornien einen hippen Salzladen gibt, der Salz aus schwindenden Gewässern sammelt und als neuartige Aromen abfüllt. Das Desaster lässt sich jetzt würzen und verspeisen.

Beste Grüße
Candice

Candice Lin
Juliane Schickedanz
Konrad Renner

9. Juli 2018   19:32

Liebe Juliane,
seltsam, dass du den Bergbau erwähnst. Da fällt mir das Zitat von Zoe Todd wieder ein, das mich über den Vorschlag für eine fleckige Wand nachdenken ließ, durch die Wasser, Salz und Benzin sickern: „Heute ist es Benzin, gestern war es Salz, morgen wird es Wasser sein." Vielleicht sind diese knappen Ressourcen, die Muskeln und Metall antreiben, stärker miteinander verwoben und weit weniger linear, als es den Anschein hat.

Beste Grüße
Candice

1   Skizze im Rahmen der Ausstellungsbeteiligung zum Werkleitz Festival 2018 / draft of the installation for the 2018 Werkleitz Festival

2   Candice Lin, *System for a Stain,* Ausstellungsansicht / exhibition view Gasworks, London, 2016

3   Skizze im Rahmen der Ausstellungsbeteiligung zum Werkleitz Festival 2018 / draft of the installation for the 2018 Werkleitz Festival

4–6   Candice Lin, *A Hard White Body, A Soft White Worm,* Ausstellungsansicht / exhibition view Portikus, Frankfurt, 2018

7   Candice Lin, *A Hard White Body,* Ausstellungsansicht / exhibition view Bétonsalon Center for Art and Research, Paris, 2017

Sebastian Schmieg

Von: Konrad Renner
An: Sebastian Schmieg
Kopie: Juliane Schickedanz

11. Juni 2018   11:52

Lieber Sebastian,
in deinem Vortrag auf dem Chaos Communication Congress 2017 mit dem Titel *Humans as Software Extensions* beschreibst du, wie eng menschliche Fertigkeiten und algorithmisch gesteuerte Verfahren in der digitalen Wertschöpfungskette miteinander verbunden sind. Menschen treten hier als notwendiges Anhängsel von selbstlernenden Systemen auf, lösen Captchas oder agieren als Interface zu Logistikketten.
Doch Menschen machen Fehler, sie sind zuweilen unberechenbar und stehen so dem symptomatischen Drang der Logistik nach Optimierung eigentlich diametral entgegen. Inwieweit interessieren dich diese Fehlerquellen zwischen Technologie und Menschen in deiner Arbeit?
Herzlich
Konrad

Von: Konrad Renner
An: Sebastian Schmieg
Kopie: Juliane Schickedanz

27. Juni 2018   14:07

Lieber Sebastian,
vielleicht hast du Recht und wir befinden uns nicht an einem Übergang, sondern in einem wechselwirkenden, sich stetig optimierenden Pingpong-Spiel zwischen Mensch und Technik (heute Software). Man denke an Muybridges revolutionäre Serienfotografie, deren Anlass letztlich der Wunsch seines Mäzens Leland Stanford nach optimierten Bewegungen – des Pferdes zuerst, später auch des Menschen – war. Als Fortführung dazu gibt es heute Unternehmen wie Motion Miners, die die Bewegungen der Arbeiterinnen und Arbeiter in Warenhäusern mit Hilfe von Sensoren (Wearables) aufzeichnen und analysieren, um anschließend basierend auf Algorithmen Vorschläge zur Steigerung der Effektivität zu machen.
Logistik will optimieren. Wenn es etwas zu optimieren gilt, dann muss der Status quo doch fehlerhaft oder unvollständig sein. Du hast das emanzipatorische oder kreative Potenzial darin bereits angesprochen – das will gefunden werden, oder ist das deiner Herangehensweise immanent?
Herzlich
Konrad

Sebastian Schmieg
Konrad Renner
Juliane Schickedanz

20. Juni 2018   20:55

Lieber Konrad,
Menschen werden nicht nur als Anhängsel von Maschinen bzw. von Software eingesetzt – mittlerweile ist jede Maschine auch und zuallererst Software –, sondern so, als seien sie selbst Software, die nach Belieben installiert und deinstalliert werden kann. Daraus folgt die Annahme, Menschen hätten wie Software zu funktionieren: effizient, präzise, allzeit bereit. Allerdings ist Software nicht fehlerfrei, sondern voller Fehler, unvollständig und paradoxerweise oft unberechenbar und chaotisch. Somit sind Menschen als Erweiterungen leider keine Übergangslösung, was im Sinne einer Gesellschaft, in der Arbeit nicht mehr diese dominierende Rolle spielt, durchaus wünschenswert wäre. Software wird immer auf menschliche Hilfe angewiesen sein.
Allerdings ergeben sich aus dieser Fehlerhaftigkeit auch neue Möglichkeiten: Menschen, die von Software nicht zu unterscheiden sind, könnten im positiven Sinne fehlerhaft sein: chaotisch, unberechenbar oder auch unkreativ. Daher denke ich, dass das Verschwimmen der Grenze zwischen Mensch und Software durchaus ein emanzipatorisches, öffnendes Potenzial hat, auch hinsichtlich der Ästhetik.
Viele Grüße
Sebastian

From:	Konrad Renner
To:	Sebastian Schmieg
CC:	Juliane Schickedanz

From:	11 June 2018	11:52
To:		
CC:		

Dear Sebastian,
In your lecture at the 2017 Chaos Communication Congress entitled "Humans as Software Extensions" you describe how closely human skills and algorithmically controlled processes are interconnected in the digital supply chain. Humans appear here as necessary accessories to self-learning systems, solving captchas or serving as interfaces between logistical chains.

But humans make mistakes. They are at times unpredictable, and thus actually work diametrically against the symptomatic compulsion of logistics to achieve ultimate optimization. How interested are you in the sources of errors between technology and humans in your work?
Sincerely,
Konrad

From:	Konrad Renner
To:	Sebastian Schmieg
CC:	Juliane Schickedanz

| | 27 June 2018 | 14:07 |

Dear Sebastian,
Maybe you're right and we are not in the midst of a transition but rather involved in a reciprocal ping-pong game between humans and technology (nowadays software) that is ever optimizing itself. One has only to think of Muybridge's revolutionary serial photography, which was occasioned by the wish of his patron, Leland Stanford, for better propulsion—initially for horses, later for humans. A continuation of this can be found today in companies like Motion Miners, which record and analyze the movements of workers in warehouses by means of sensors (so-called "wearables") in order to make suggestions based on algorithms on how to improve their effectiveness.

The goal of logistics is to optimize. If something can be optimized, then the status quo must be flawed or incomplete. You mentioned an emancipatory or creative potential—is that something that still has to be found, or is it manifest in your approach?
Sincerely,
Konrad

From:	
To:	
CC:	

Sebastian Schmieg
Konrad Renner
Juliane Schickedanz

20 June 2018   20:55

Dear Konrad,
Humans are used not just as accessories to machines and/or software—nowadays every machine is in reality above all a piece of software—but also as if they themselves were software that can be installed and uninstalled at will. This is the origin of the assumption that humans should function like software: efficiently, precisely, always ready. And yet far from being free of errors, software is in reality quite full of them, incomplete and paradoxically often unpredictable and chaotic. So humans as extensions are sadly not an interim solution, which for a society in which labor no longer plays such a dominant role would actually be a good thing. Software will always be dependent on human assistance.

Yet this proneness to error also opens up new possibilities. Humans that can't be distinguished from software could be flawed in a positive sense: chaotic, unpredictable—and in some cases even uncreative. That's why I think that the blurring of the boundary between humans and software does in fact have an emancipatory, broadening potential, in aesthetic terms as well.
Best,
Sebastian

Sebastian Schmieg
Konrad Renner
Juliane Schickedanz

5 July 2018   09:25

Dear Konrad,
It is a fantasy that these flaws and incompleteness can be eliminated by means of optimization. However, in my work I often take this fantasy quite seriously, precisely because the discrepancy between the ideal and fantasy is allowing an intermittently brutal system to take shape. In the context of *Holen und Bringen* [Fetch and Deliver] I am looking into algorithmically (in the broadest possible sense) choreographed and optimized movement. You mention the long history of the observation, choreography and optimization of human movements by means of technical media. Originally intended to improve productivity in the factory and at home, Taylorism soon infiltrated all areas of life and work—against the conviction of Henry Ford, who for the sake of balance didn't want to see his rationalized production methods applied to workers' free time. And yet I find it astonishing how little has changed since then, as ultimately Motion Miners is pursuing a strategy similar to Taylor and his stopwatch or—a hundred years later and with newer technology—to the Gilbreth couple with their motion studies, which is to achieve and maintain a downright inhuman level of effectiveness and efficiency.

faltiness

Von:	Sebastian Schmieg
An:	Konrad Renner
Kopie:	Juliane Schickedanz

Lieber Konrad,
es ist eine Fantasie, dass diese Fehlerhaftigkeit und Unvollständigkeit wegoptimiert werden
könnte. Allerdings nehme ich diese Fantasie
in meinen Arbeiten oft beim Wort, gerade weil
die Differenz zwischen Soll und Fantasie ein
mitunter brutales Regime entstehen lässt. Im Kontext von *Holen und Bringen* beschäftige ich
mich mit der im weiteren Sinne algorithmisch

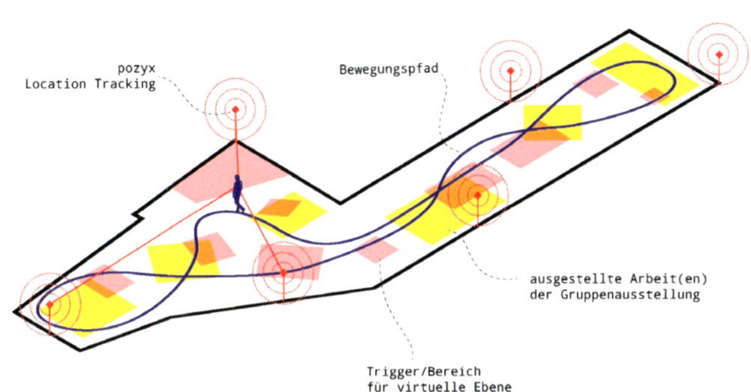

choreografierten und optimierten Bewegung. Du hast die lange Geschichte der
Beobachtung, Choreografie und Optimierung der menschlichen Bewegungen
anhand technischer Medien angesprochen. Gedacht als Steigerung der Produktivität in der Fabrik und im Haushalt,
sprang der Taylorismus schnell auf alle
Facetten des Lebens und Arbeitens über–
entgegen der Überzeugung Henry Fords,
der, im Sinne eines Ausgleiches, seine ra-
tionalisierte Produktionsweise nicht auf
die Freizeit übertragen wollte. Dabei finde
ich es erstaunlich, wie wenig sich seitdem geändert hat, denn letztlich verfolgt
Motion Miners eine ähnliche Strategie, wie sie
Taylor mit der Stoppuhr und das Ehepaar Gilbreth mit ihren Bewegungsstudien verfolgt hatten, nur eben mehr als 100 Jahre später und mit
neuerer Technik: eine geradezu brutale Wirk-
samkeit und Effizienz zu erreichen und aufrecht-
zuerhalten.
Durch die umfassende Vernetzung ergeben
sich jedoch auch ganz neue Anordnungen der
choreografierten Logistikketten. Eine von mir bestellte Fitnesskleidung inklusive Fitnesstracker
wird, nach einer schon komplexen Vorgeschichte,
von einem DHL-Lieferanten, der selbst in Sport-
kleidung steckt und im Laufschritt unterwegs ist,
in meiner Nachbarschaft abgegeben – obwohl
ich zu dem Zeitpunkt, der aus seiner Bewegung
als Übergabezeitpunkt errechnet wurde, zu
Hause war. Möchte ich nun online erfahren, wo
genau sich mein Paket befindet, muss ich erst
ein Captcha lösen, um mein Menschsein unter
Beweis zu stellen. Dabei trainiere ich jedoch
gleichzeitig einen Algorithmus, der tausende Kilometer entfernt ein selbstfahrendes Auto
steuert, welches einen Testfahrer transportiert,
der auf seinem Tablet eine Serie streamt, und

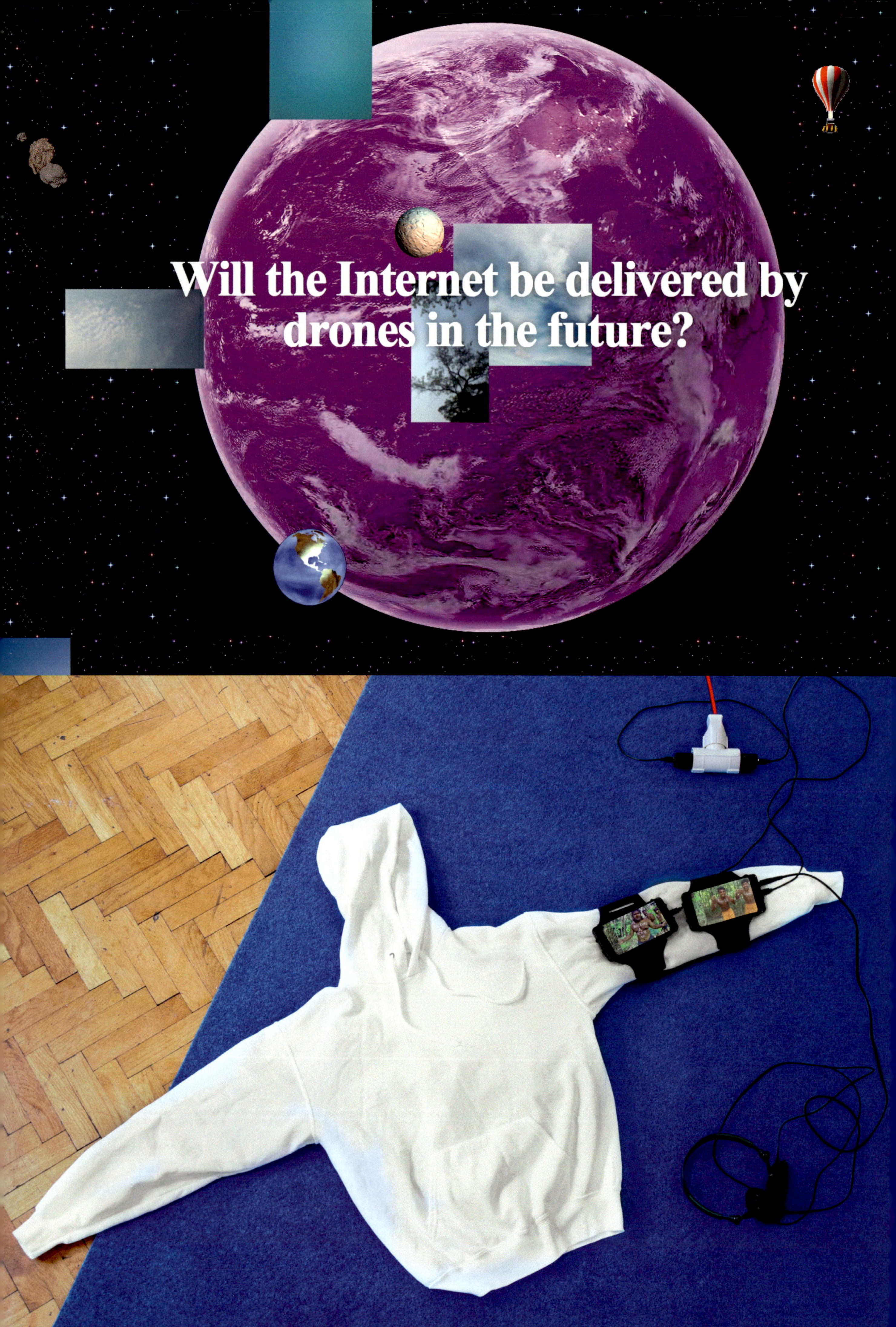
Will the Internet be delivered by drones in the future?

Von: Konrad Renner
An: Sebastian Schmieg
Kopie: Juliane Schickedanz

          9. Juli 2018   16:24

        Lieber Sebastian,
        das Bild, das du von der absolu-
ten Gleichzeitigkeit zeichnest,
ist sehr eindringlich. Vom Paketbo-
ten über Captchas zum autonomen
Individualverkehr – das Logistik-
Orchester probt also gerade das
Unisono. Dabei drängt sich wiederholt die Frage auf, wer orches-
triert, wer Tempo und Intensität bestimmt? Für mich verbinden sich
damit Fragen nach der gesellschaftlichen und politischen Teilhabe.
        Der digitale Maschinensturm
bleibt also erst einmal aus. Deswe-
gen gilt es, die Verantwortung
des Einzelnen, also von mir und von
dir, permanent zu überprüfen und
bei Bedarf neu zu definieren. Das
klingt jetzt so nüchtern pädago-
gisch am Ende unseres kleinen Diskurses. Ich möchte das nicht so
stehen lassen, aber vielleicht wäre
es so doch am ehrlichsten?
        Herzlich
        Konrad

welches, auch dank meiner in die fernen Bewegungsabläufe integrierten Wahrnehmung, im Idealfall einem Menschen ausweicht, der mit dem Rad eines Fahrradverleihsystems unterwegs ist, um Essen auszuliefern. Die Bewegungen der Essensauslieferung werden natürlich aufgezeichnet und in unterschiedliche Softwaresysteme gespeist, die ihrerseits die Choreografie der Pizzalogistik – wie auch die Bewegungsflüsse der vernetzten Knoten in Smart Cities generell – optimieren.

Die Kybernetik, der Computer und das Netzwerk haben hier vernetze Schwärme entstehen lassen, Mischwesen und Zusammenschlüsse, die sich anhand bestimmter Größen optimieren. Innerhalb dieser Gefüge ist es unmöglich, Grenzen zu ziehen zwischen Mensch und Technik, zwischen mir und dem Schwarm, zwischen Algorithmus und Unternehmen.

Auch in diesen Anordnungen finden Verschiebungen statt, und es entstehen ganz neue und mitunter befreiende Bewegungen, die es herauszuarbeiten gilt, beispielsweise in der Kunst. Ebenso wichtig finde ich auch, den Blick auf die „Kulturen" der Userinnen und User zu lenken, also auf die Aneignung im Alltag als eine kollektive emanzipatorische Praxis.

Viele Grüße
Sebastian

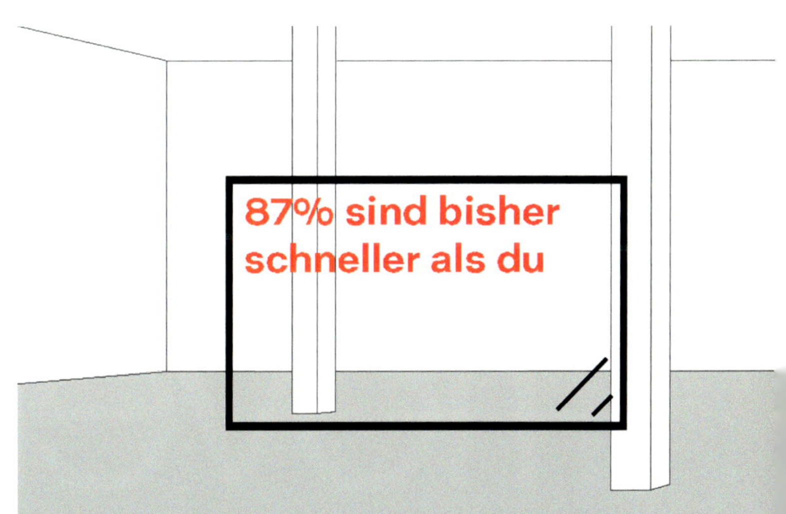

Comprehensive networking also yields, however, completely new manners of organizing choreographed logistic chains. An article of fitness clothing with a built-in fitness tracker that I have ordered (and that already has a complex back story) is delivered by a DHL employee—who himself is wearing fitness clothing and working at a running pace—to a neighbor of mine, although I am at home at that precise moment, which was calculated in advance based on the worker's movements. If I would like to find out online where exactly the package is, I first have to solve a CAPTCHA in order to prove that I am human. At the same time, I am training an algorithm that is steering a self-driving car thousands of kilometers away, inside of which a test driver is streaming a series on his tablet. As a result of my perception, which is integrated into the distant motion processes, the car is ideally able to avoid hitting a person who is riding a bicycle rented from a bike-sharing system in order to deliver food to someone else. The movements of the food deliverer are of course recorded and fed into different software systems, which for their part are intended to optimize the choreography of pizza logistics—as well as the movement flows of networked nodes in smart cities in general.

Cybernetics, the computer and networks have created networked swarms, mixed creatures and amalgamations that optimize themselves based on specific factors. Within this construct it is impossible to distinguish the boundaries between human and technology, between me and the swarm, between algorithm and enterprise.

Within this construct shifts are taking place and entirely new movements are being yielded, some of which are liberating and must be explored, for example by means of art. I also find it important to direct one's scrutiny at the "cultures" of users, to appropriation in everyday life as a collective, emancipatory practice.

Best,
Sebastian

Sebastian Schmieg
Konrad Renner
Juliane Schickedanz

16 July 2018   11:38

Dear Konrad,
Responsibility can, if at all, only be defined structurally, though the system of self-optimization does elicit the feeling that each individual is the master of her or his own logistics chain and only has herself or himself to blame if this chain doesn't function efficiently enough. The truth is we are all involved in a race. But the finish line is continually being moved further back, so it doesn't matter how fast we run.

While global logistic chains are being fragmented to extreme degrees, the same infrastructure facilitates new forms of collectivity. Memes are a good example of how supposedly individual experiences can assume a collective expression, which can have transformative power.

Luddism, not as an act of technology-bashing but as a both coordinated and chaotic strategy of the appropriation of power, is still happening. The protest that I referred to as appropriation is an attempt to take control of access, power centers, norms—and to do so from the inside out. Humans in logistic chains in both a stricter and broader sense (that is, people like you and me) are organizing themselves, shifting lines, building prostheses and extending their bodies, which themselves are prostheses. Variable relays and interconnections are continually being created and these must be continually reappropriated.

This contains, of course, both a promise and threat, as appropriation takes place from inside as well as from outside, both in liberating and controlling ways.

Best,
Sebastian

From: Konrad Renner
To: Sebastian Schmieg
CC: Juliane Schickedanz

9 July 2018   16:24

Dear Sebastian,
The image that you paint of absolute simultaneity is quite powerful. From the package deliverer to CAPTCHAs to autonomous individual transport—the logistics orchestra appears to be rehearsing unisono. Yet the question arises over and over again: who is orchestrating it all, who determines the tempo and intensity? For me, issues of societal and political participation also play a role.

Digital Luddite protests are for the time being not going to happen. That's why the responsibility of the individual, of you and me, has to be continually considered and redefined as necessary. That sounds like a soberly pedantic conclusion to our little exchange. I wouldn't like it to end like this but wouldn't it be most honest?
Sincerely,
Konrad

liberating movement

Lieber Konrad,

Verantwortung kann, wenn überhaupt, nur strukturell gedacht werden, obgleich das Regime der Selbstoptimierung das Gefühl befeuert, jeder sei seiner Logistikkette Schmied und selbst schuld, sollte diese Kette nicht genug geschmiert sein. Tatsächlich befinden wir uns so in einem Wettkampf, dessen Ziellinie sich immer weiter in die Ferne bewegt, ganz egal, wie gut wir abliefern.

Während globale Logistikketten also extrem fragmentieren, erlaubt dieselbe Infrastruktur auch neue Formen der Kollektivität. Memes sind ein gutes Beispiel dafür, wie vermeintlich individuell Erfahrenes einen kollektiven Ausdruck erfährt, der eine transformierende Kraft freisetzen kann.

Der Maschinensturm, kein Akt der Technikfeindlichkeit, sondern eine sowohl koordinierte als auch chaotische Strategie der Machtaneignung, findet noch immer statt. Der Sturm, von dem ich als Aneignung gesprochen habe, ist ein Sturm auf den Zugang, auf die Machtzentren, auf die Normen – und das von innen heraus. Menschen in Logistikketten im engeren wie auch im weiteren Sinne (also beispielsweise auch du und ich) organisieren sich und verschieben Linien, bauen Prothesen und erweitern ihre Körper, die selbst schon Prothesen sind. Es entstehen sich ständig wandelnde Verschaltungen, die es sich immer wieder aufs Neue anzueignen gilt.

Das ist natürlich Versprechen und Drohung zugleich, denn die Aneignung erfolgt sowohl von innen als auch von außen, befreiend sowie kontrollierend.

Viele Grüße
Sebastian

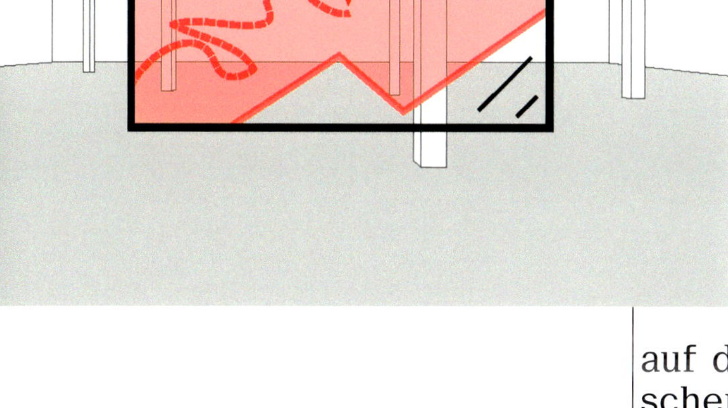

1   Skizze im Rahmen der Ausstellungsbeteiligung zum Werkleitz Festival 2018 / draft of the installation for the 2018 Werkleitz Festival

2   Sebastian Schmieg, *How To Appear Offline Forever*, Website, 2015

3   Sebastian Schmieg, *Hopes and Deliveries*, Video-Installation / video installation, 2017–2018

4–5   Skizze im Rahmen der Ausstellungsbeteiligung zum Werkleitz Festival 2018 / draft of the installation for the 2018 Werkleitz Festival

Leanne Wijnsma

Von:
An:
Kopie:

Leanne Wijnsma
Juliane Schickedanz
Konrad Renner

13. Juni 2018   11:07

Liebe Juliane,
lieber Konrad,
für gewöhnlich schauen wir nach oben. Die Menschheit will möglichst hohe Wolkenkratzer errichten und bewohnen. Nach Wissen lechzend und von möglichen Zukünften träumend, haben wir schon immer die Sterne und alles Jenseitige studiert. Dabei tut sich, sobald wir nach unten schauen, unter unseren Füßen ein ganzes Universum auf, das es zu entdecken gilt und über das wir wirklich sehr wenig wissen. Das tiefste uns bekannte Loch in der Erde ist „nur" 12 Kilometer tief.

Schon die ersten Meter unter dem Asphalt offenbaren eine gigantische von uns geschaffene Infrastruktur, welche Einfluss darauf hat, wie wir leben und uns verhalten: das Abwassersystem, die Erdgasleitungen, die Telefon- und Internetkabel. Sie bilden eine physische, unterirdische Infrastruktur, die Kontinente und Länder miteinander verbindet. Zu sehen bekommen wir sie jedoch selten. Vielleicht weil wir den Untergrund oft mit Dunkelheit und dem Unbekannten assoziieren? „Dreck" ist ein Synonym für Erde, also steht Erde auch für „dreckig". Ich finde, es gibt viele Gründe, warum wir anfangen sollten, nach unten zu schauen, anstatt nach oben.
Liebe Grüße
Leanne

Von: Juliane Schickedanz
An: Leanne Wijnsma
Kopie: Konrad Renner

18. Juni 2018   11:48

Liebe Leanne,
der Untergrund scheint der funktionale Hintergrund des urbanen Lebens zu sein, was in gewisser Weise beispielhaft ist für die Logistik im Allgemeinen. Sie soll so unsichtbar wie möglich sein. Die jüngsten Entwicklungen in der Logistik zeigen dies sehr gut. So arbeiten beispielsweise die Schweizer Lebensmittelketten Coop und Migros an einem unterirdischen Frachtsystem, anhand dessen Waren über einen 500 Kilometer langen Tunnel ausgeliefert werden können. Ein anderes Beispiel ist Elon Musks Forschungsprojekt des Hyperloops, mit dem Menschen und Waren über einen an die Rohrpost erinnernden Hochgeschwindigkeitstunnel transportiert werden sollen. Ein umfassendes Netz physischer Infrastrukturen entsteht direkt unter unseren Füßen. Wie würde sich wohl unsere Einstellung zum „Rund-um-die-Uhr-Bestellen" ändern, wenn wir einmal versuchten, die Logistik und die Infrastruktur dahinter zu begreifen?
Viele Grüße
Juliane

Von:
An:
Kopie:

Leanne Wijnsma
Juliane Schickedanz
Konrad Renner

22. Juni 2018   12:53

Wir sind schon stärker mit dem Untergrund verbunden, als wir denken. Im 18. und 19. Jahrhundert machte es die Entwicklung neuer Technologien möglich, die Erde in einem vollkommen neuen Ausmaß auszuhöhlen. Die Städte, die wir überirdisch so gut kennen, sind im Grunde nur Erweiterungen von Minen und Abwassersystemen, die unsere Lebens- und Bauweise bestimmen. Im maltesischen Valletta zum Beispiel, wo ich ein paar Wochen mit der Erkundung unterirdischer

From: Juliane Schickedanz
To: Leanne Wijnsma
CC: Konrad Renner

18 June 2018   11:48

     Dear Leanne,
     The underground seems to be the functional background of urban life. Somehow this is paradigmatic for logistics in general. It should be as invisible as possible. The recent developments in logistical improvements show that perfectly. For example, the Swiss food chains Coop and Migros are working on an underground system of freight trans-port to deliver the goods via a five-hundred-kilometer-long tunnel. Or there is Elon Musk's research project for the Hyperloop, which is to transport humans and freight via high-speed tunnels similar to a tube mail system. A whole physi-cal infrastructural net is growing beneath our feet. How would it change our perspective on the prac-tice of "ordering things twen-ty-four hours a day, seven days a week" if we were to think and understand logistics within its actual infrastructures?
     Best,
     Juliane

From: Juliane Schickedanz
To: Leanne Wijnsma
CC: Konrad Renner

24 June 2018   21:23

     Dear Leanne,
     I would like to ask you to describe your project *Subterranean Matter* again a bit more, which started with your participation in the celebra-tions of the European Capitals of Culture 2018—Leeuwarden in the Netherlands and Valetta in Malta—and will be continued in Halle now.
     All the best,
     Juliane

---

and Konrad,
     Generally, we tend to look up. Humanity wants to build and live in sky-scrapers that are as tall as possible. We have been studying the stars and everything beyond since forever, gasping for understanding and dreaming of possible futures. But as soon as you look down, there's a whole universe to be discovered right below our feet. And we actually know very little about it. The deepest existing hole in the earth is "only" twelve kilometers deep.
     Even if we just look at the first couple of meters below street level, we find a huge infrastructure that has been built and influences the way we live and behave. The sewer system, gas pipes, telecommunication and internet cables. It's a physical underground infrastructure, connecting continents and countries. We hardly ever get to see it. Maybe because we often associate the underground with darkness and the unknown? A synonym for earth is "dirt," which of course stands for "dirty." I think there are many reasons why we should start looking down, instead of up.
     Very best,
     Leanne

Leanne Wijnsma
Juliane Schickedanz
Konrad Renner

22 June 2018   12:53

     We are already more connected to the underground than we might think. In the eighteenth and nineteenth centuries the emergence of new technol-ogies made it possible to excavate the earth on a comepletely new scale. The cities that we know so well above ground are in a way the extensions of mines and sewage systems. They defined our lives and ways of building. In Valletta, Malta, for example, where I spent a couple of weeks researching and exploring underground spaces, I saw a one-to-one correlation between the underground world and the world above ground. The sewage tunnels running through the city lie directly beneath the main city streets. One might think they were deliberately placed there so they can connect with all the city's residents, but no: the sewage tunnels came first. The houses are built from the "leftover" underground rubble. At the and of the kilometer-long disused sewage tunnel I found myself standing in a twelve-meter-deep water cistern. One of the most astonishing things about standing there was the sound: I picked up clear conversations and heard the screeching sound of tour-ists scraping cafe chairs over the ground. I was standing right beneath a terrace, located on one of the main public squares in the city. I found out that such cisterns are often located right underneath public squares. Or it would be better to say: public squares have to be located above such cisterns, and streets above tunnels, in order to prevent collapse.
     Geographer Gavin Bridge has suggested that "shafts, tunnels, mines and other holes into the ground serve as conduits connecting the plane of existence (the surface) to a radically different space below. As conduits, their function is to connect—to enable movement by bringing two spaces into relation with each other." My own practice centers around making just such connections and yet also responding to this world in which everything seems possible, in which we are always connected. Five years ago I started digging and exploring the world beneath the ground to escape and to discon-nect from the world above, but by doing so I actually started finding con-nections with it. The thin line separating the connections and disconnections often remains contradictory.
     The vital material bases for built infrastructures are largely invisible and located beneath the ground, influencing what we see on a daily basis. I seek to provoke a new imaginative understanding of how we, on an emo-tional and sensorial level, relate to these transformed landscapes, and of how we depend on these designed infrastructures. The desolate subterranean spaces, which often hold a certain magic, are very much part of the hectic life we experience above ground. When we engage with underground spaces we start seeing that the past even connects with the future.

tunneling

Räume zugebracht habe, konnte ich eine 1:1-Übereinstimmung zwischen der unter- und der oberirdischen Welt beobachten. Die Abwassertunnel, welche die Stadt durchziehen, liegen direkt unter den Hauptverkehrsstraßen der Stadt. Man könnte meinen, Letztere seien gebaut worden, um die Bewohner besser miteinander zu verbinden, aber nein: Die Abwassertunnel waren zuerst da. Die Häuser wurden aus den „Überbleibseln" der unterirdischen Lebensadern erbaut. Am Ende eines kilometerlangen, nicht mehr genutzten Abwassertunnels fand ich mich plötzlich in einer zwölf Meter tiefen Zisterne wieder, die mich vor allem wegen ihrer Akustik überrascht hat: Überirdische Unterhaltungen waren dort kristallklar zu hören sowie das Rücken von Stühlen in den Touristencafés darüber. Ich stand genau unter einer Caféterrasse auf einem der wichtigsten Plätze der Stadt. Wie ich herausfand, befanden sich solche Zisternen häufig unter öffentlichen Plätzen. Oder besser gesagt: Öffentliche Plätze müssen über solchen Zisternen und die Straßen über den Tunneln liegen, damit sie nicht einstürzen.

Der Geograf Gavin Bridge ist der Auffassung dass „Schächte, Tunnel, Minen und andere Hohlräume in der Erde als Leitungen dienen, welche die Daseinsebene (die Oberfläche) mit einem radikal anderen Raum darunter verbinden. Als Leitungen haben sie eine verbindende Funktion – sie ermöglichen Bewegung, indem sie Beziehungen zwischen Räumen schaffen". In meinem eigenen künstlerischen Schaffen versuche ich, genau solche Verbindungen herzustellen und auf eine Welt zu reagieren, in der alles möglich erscheint, in der wir immer und überall verbunden sind. Als ich vor fünf Jahren damit begann, die unterirdische Welt zu erkunden, um der überirdischen zu entfliehen und alle Verbindung zu ihr zu kappen, bin ich unerwartet auf Verbindungen mit ihr gestoßen. Was die Verbindungen von den Unterbrechungen trennt, bleibt oft widersprüchlich.

Die Fundamente erbauter Infrastrukturen sind weitgehend unsichtbar und befinden sich unter der Erde; dennoch beeinflussen sie, was wir täglich sehen. Ich möchte auf der emotionalen und sinnlichen Ebene dazu anregen, sich fantasievoll mit diesen veränderten Landschaften auseinanderzusetzen und zu überlegen, in welchem Abhängigkeitsverhältnis wir zu den gestalteten Infrastrukturen stehen. Die menschenleeren unterirdischen Räume, die häufig von einem

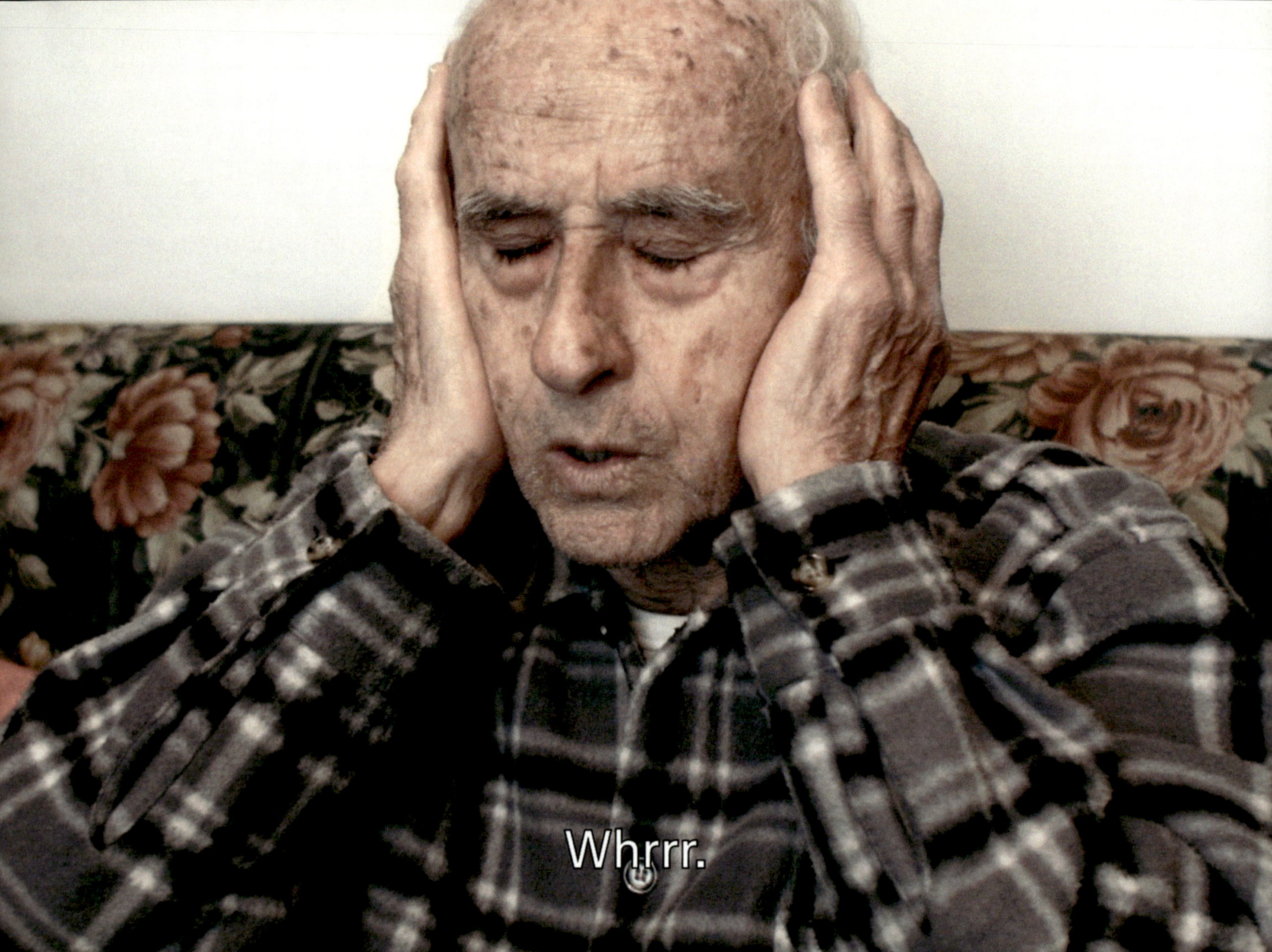

From: Leanne Wijnsma
To: Juliane Schickedanz
CC: Konrad Renner

5 July 2018   19:56

Dear Juliane,

Subterranean Matter is a digital archive of forgotten, inaccessible or ubiquitous underground spaces. As a collection it spans various geographies, a virtual wormhole covering multiple countries. These spaces have been scanned using lidar, a form of laser scanning, to create a three-dimensional reproduction of them. Lidar scanning is how I've chosen to document the spaces as it is a way of seeing other than through the visible light spectrum. A space can be completely dark to the human eye, yet the pulsar laser emitted by the scan head to measure distances creates a three-dimensional volume, which can "see" regardless. The resulting file is a "point cloud," a collection of "touch points" that as a whole give shape to the space. The 3D scan files are then connected and made accessible virtually in a game engine. A visitor can then walk and explore these tunnels and create connections that are not physically possible, either because of geography or accessibility. Many of the spaces I have scanned have not been accessible to the public because their former entrance is blocked by a building or has simply been forgotten. In Valletta, Malta, for example, I've scanned tunnels that were dug as shelters by Maltese citizens during World War II. Many of these underground spaces, excavated hastily by hand through communal labour, have now, eighty years later, been forgotten. By talking to the last generation involved in the digging, the children of the underground, I've uncovered and collected many of the spaces and personal stories. In this process, personal contact and local research were very important, as none of these stories and locations were to be found online. With *Subterranean Matter* I am attempting to make these stories and spaces accessible, as I believe they are more relevant now than ever. The project's intention isn't only to make otherwise disconnected spaces virtually accessible, but also to reconnect people with the past through this experience.

Very best,

Von: Juliane Schickedanz
An: Leanne Wijnsma
Kopie: Konrad Renner

24. Juni 2018   09:23

Liebe Leanne,
könntest du vielleicht dein Projekt *Subterranean Matter*, das mit deiner Teilnahme an den Feierlichkeiten der Europäischen Kulturhauptstädte 2018 – Leeuwarden Von:
An:
Kopie: in den Niederlanden und Valetta in Malta – begonnen hat und jetzt in Halle weitergeführt wird, ein wenig näher erläutern?
Viele Grüße
Juliane

gewissen Zauber erfüllt sind, sind sehr wohl Teil des hektischen Lebens, das wir über der Erde führen. Durch die Auseinandersetzung mit unterirdischen Räumen beginnen wir zu verstehen, dass die Vergangenheit nicht nur mit der Gegenwart, sondern auch mit der Zukunft verbunden ist.

Leanne Wijnsma
Juliane Schickedanz
Konrad Renner

5. Juli 2018   07:56

Liebe Juliane,
Subterranean Matter ist ein digitales Archiv vergessener bzw. allgegenwärtiger unterirdischer Räume. Die Sammlung umfasst verschiedene geografische Gegebenheiten, ein virtuelles Wurmloch, das sich über mehrere Länder erstreckt. Diese Räume wurden mithilfe von Lidar-Strahlen gescannt, einer Art Laserscanner, mit dem sich dreidimensionale Reproduktionen von Räumen erstellen lassen. Ich habe diese Dokumentationsform gewählt, weil man die Räume damit anders sieht als durch das sichtbare Lichtspektrum. Ein Raum mag dem menschlichen Auge völlig dunkel erscheinen, und doch kann der vom Scannerkopf zur Berechnung der Entfernung ausgegebene Pulsar-Laser einen dreidimensionalen Körper erschaffen, der trotzdem „sehen" kann. Die daraus resultierende Datei ist eine „Punktwolke", eine Ansammlung von „Touchpoints", die dem Raum in ihrer Gesamtheit Form verleihen. Die 3D-Scanner-Dateien werden anschließend verknüpft und virtuell in einer „Game-Engine" zugänglich gemacht. Besucher können diese Tunnel erlaufen und erkunden und so Verbindungen schaffen, die entweder aufgrund der geografischen Lage oder aus Gründen der Zugänglichkeit rein physikalisch gar nicht möglich sind. Viele der Räume, die ich gescannt habe, waren für die Öffentlichkeit unzugänglich, weil ihre ursprünglichen Eingänge durch Gebäude blockiert oder einfach vergessen worden waren. So habe ich zum Beispiel im maltesischen Valletta Tunnel gescannt, die im Zweiten Weltkrieg von maltesischen Bürgern als Luftschutzbunker ausgehoben worden waren. Viele dieser unterirdischen, durch eine gemeinschaftliche Kraftanstrengung hastig gegrabenen Räume sind heute, achtzig Jahre später, in Vergessenheit geraten. Viele dieser Räume und viele persönliche Geschichten habe ich in Gesprächen mit den Kindern des Untergrunds, der letzten

171

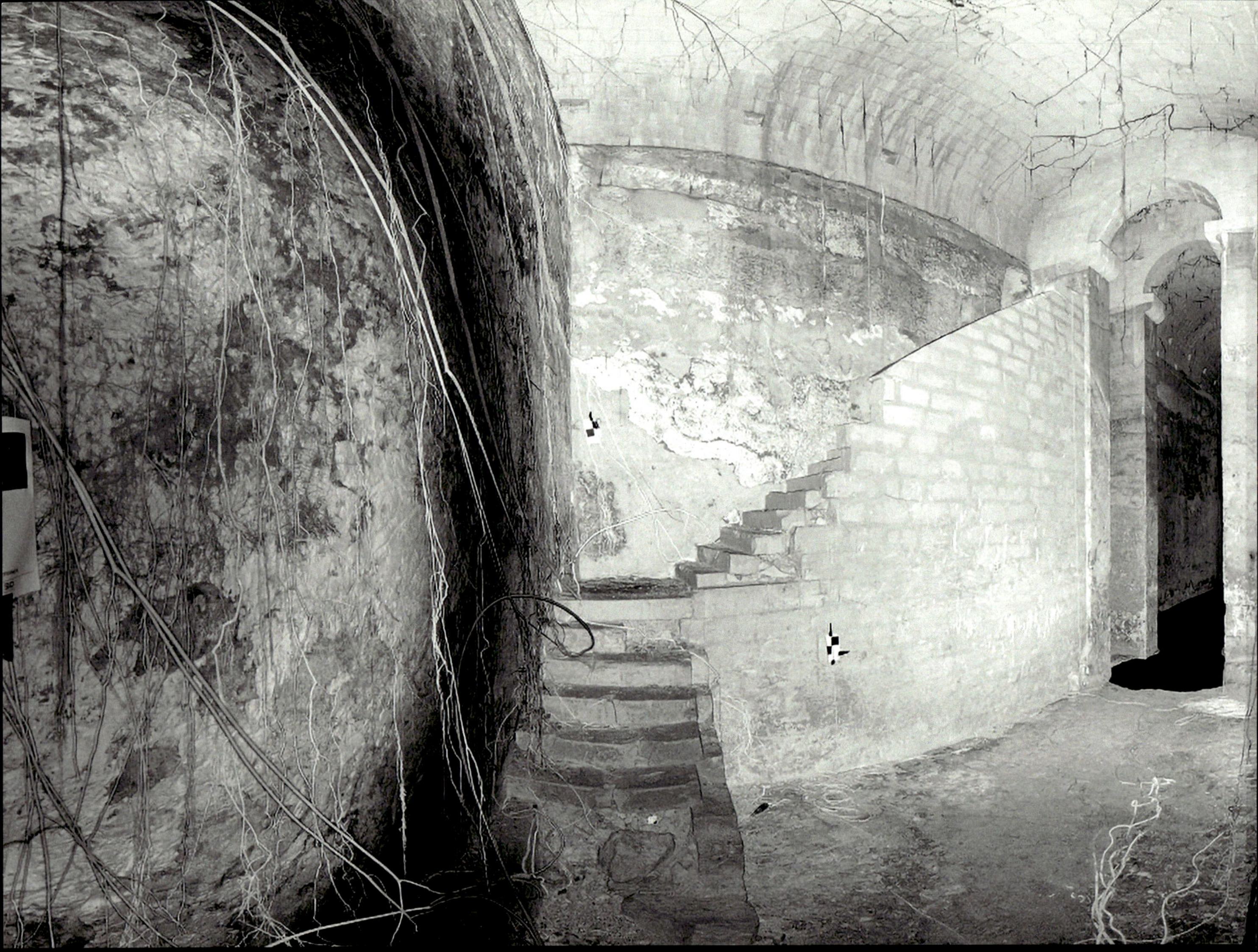

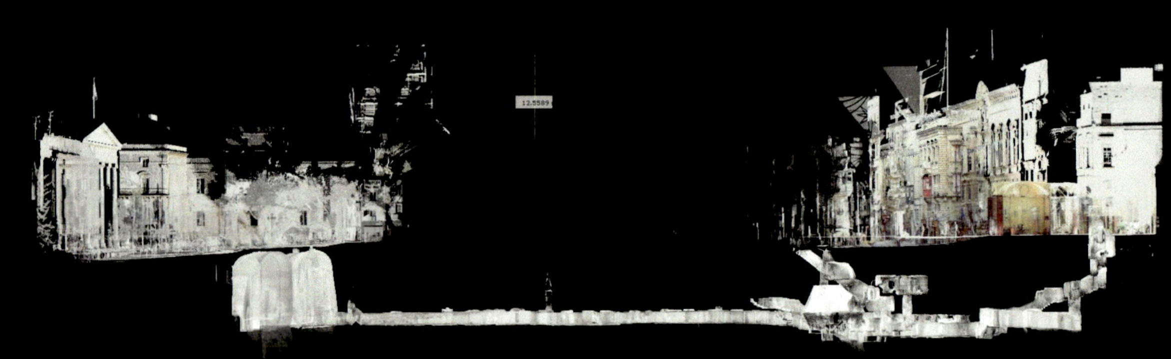

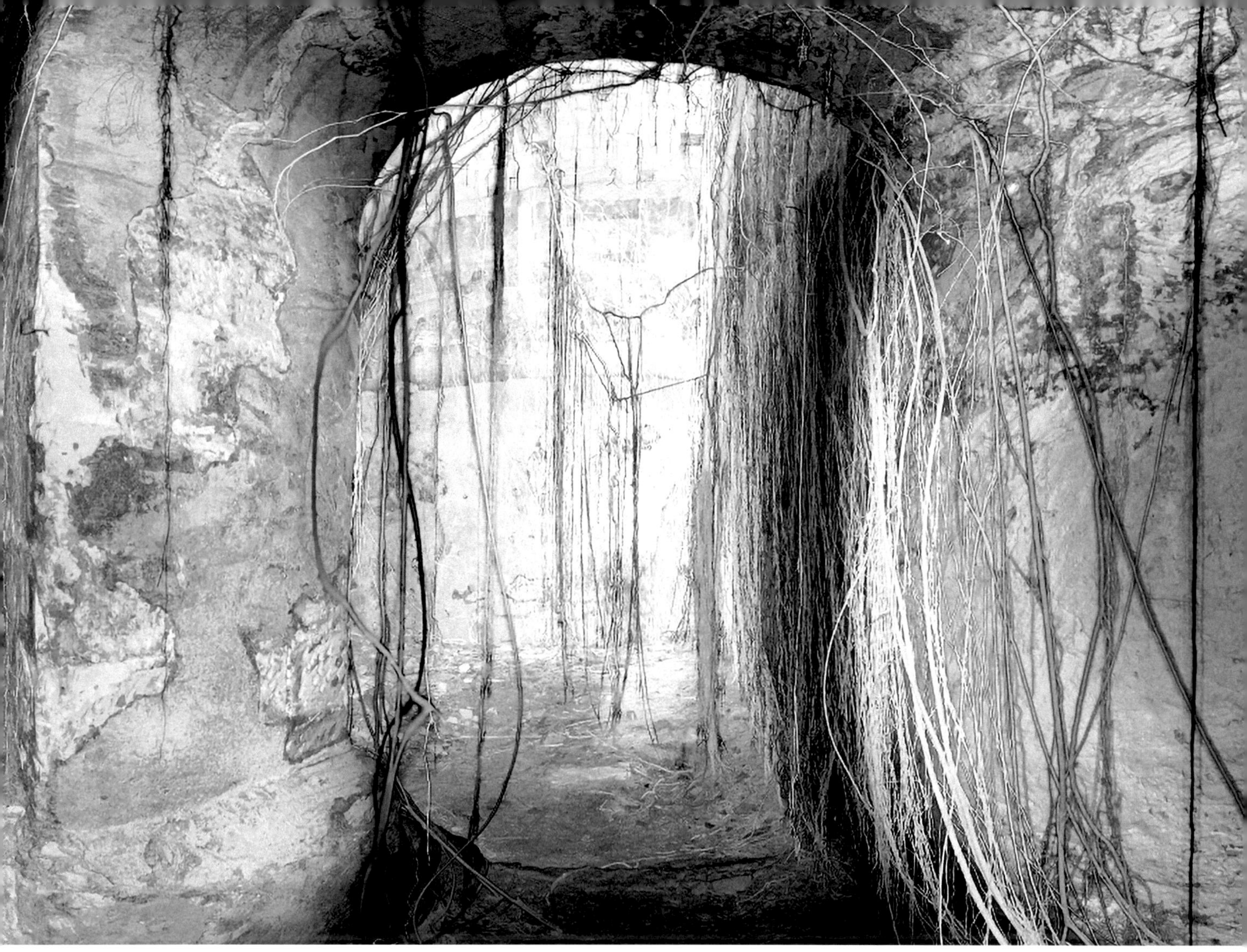

in diese Grabungen involvierten Generation, entdeckt und zusammengetragen. Dabei waren persönliche Kontakte und lokale Recherchen von großer Bedeutung, denn weder die Geschichten noch die Orte waren online zu finden. Mit *Subterranean Matter* versuche ich, diese Geschichten und Räume zugänglich zu machen, weil ich sie heute für relevanter halte als je zuvor. Das Projekt entstand nicht nur in der Absicht, ansonsten unverbundene Räume virtuell mit uns zu verbinden, sondern auch, uns wieder mit der Vergangenheit zu verbinden.

Viele liebe Grüße
L

1   Leanne Wijnsma,
Children of the Underground,
HD Video, 16:00 min, 2018

2   Lidar-Scan einer
Wasserzisterne aus dem
16. Jahrhundert in Valletta,
Malta / lidar scan of the
16th century water cistern
underneath Great Siege
Square in Valletta, Malta

3   Digitale Darstellung
der Verbindung zwischen
unterirdischen Tunneln und
öffentlichem Raum / digital
image of the connections
between underground and
public space, Valetta, 2018

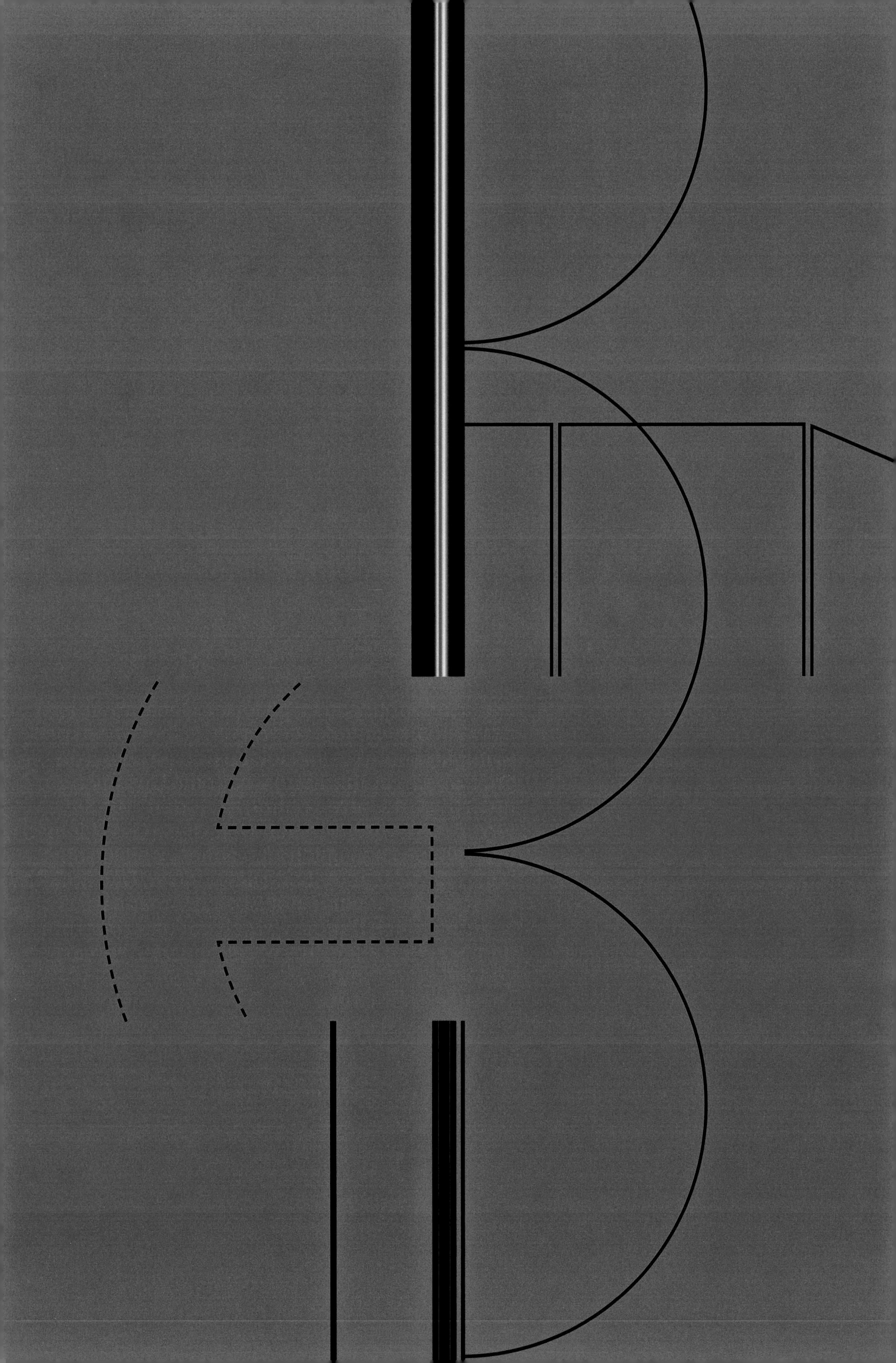

Hauptförderer /
Main Funders

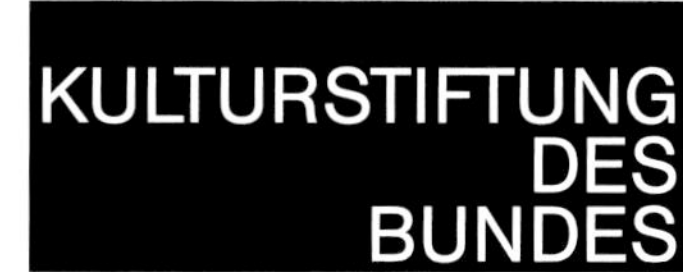

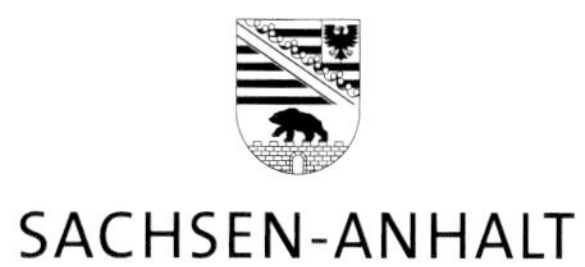

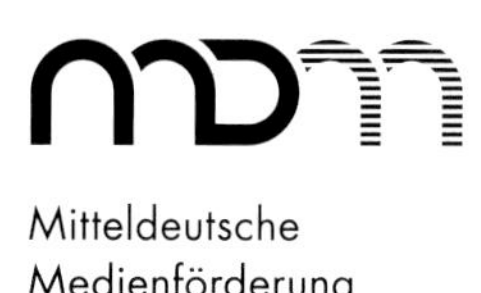

Förderer /
Funders

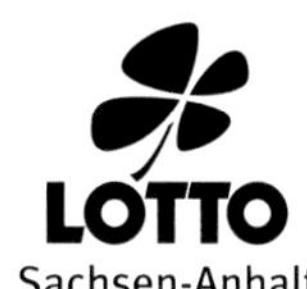

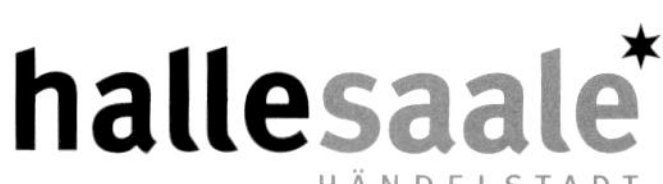

Unterstützer /
Supporters

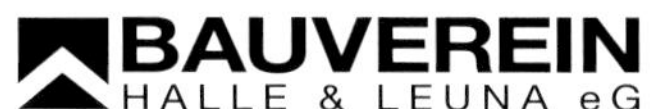

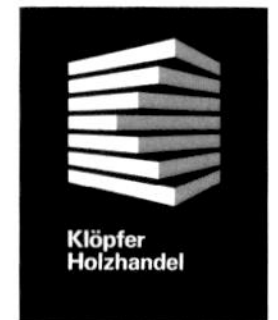

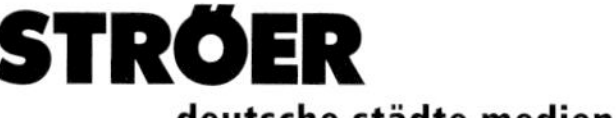

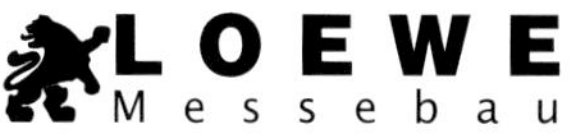

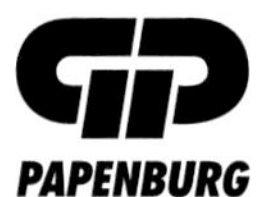

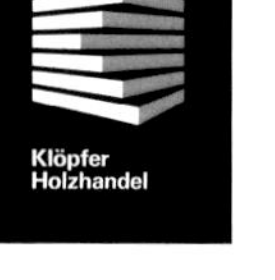

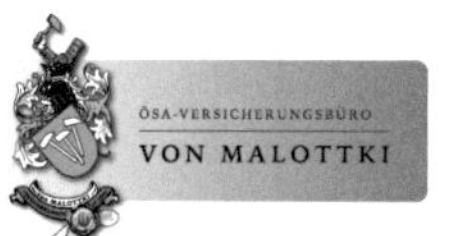

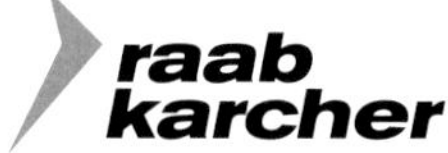

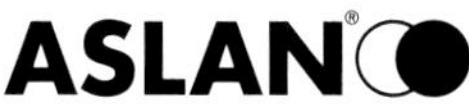

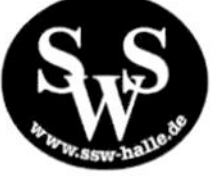

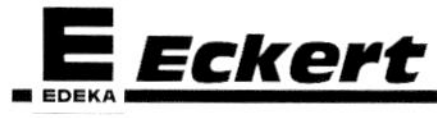

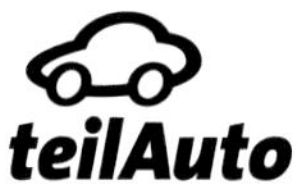

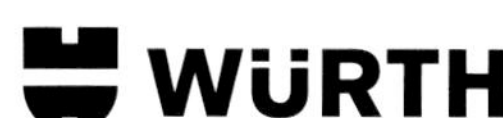

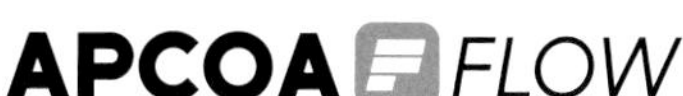

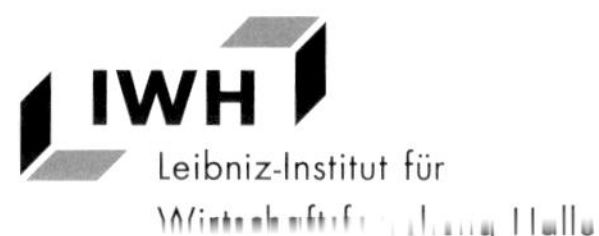

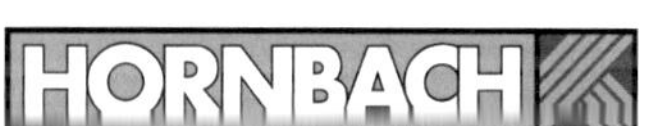

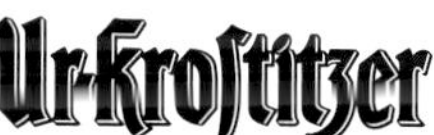

Kooperationspartner /
Cooperation Partners

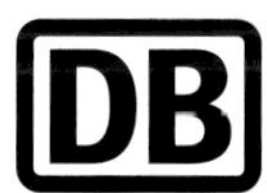

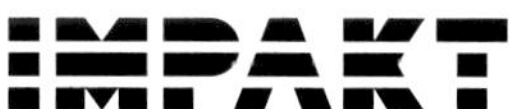

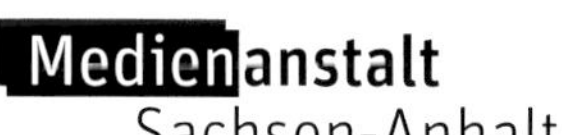

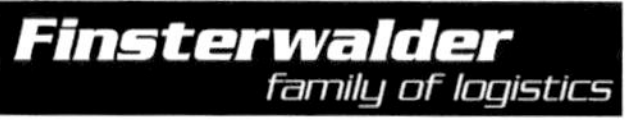

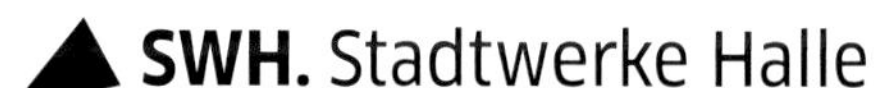

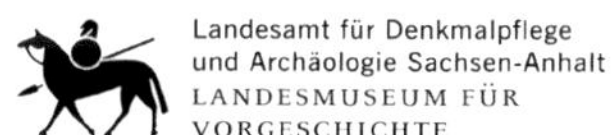

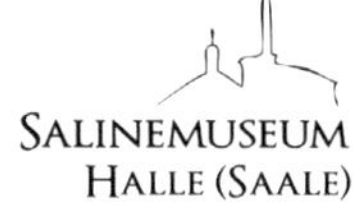

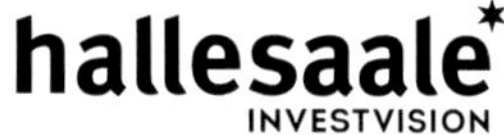

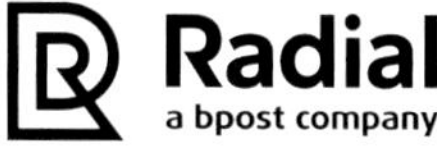

Medienpartner /
Media Partners

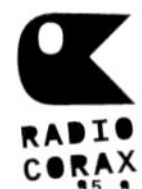

Unterstützer der Arbeit
und Präsentation von
Doug Fishbone / Funder of
the Work and Presentation
by Doug Fishbone

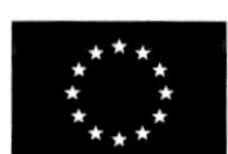

Dieses Projekt wurde mit Unterstützung der Europäischen
Kommission finanziert. Die Verantwortung für den Inhalt dieser
Veröffentlichung trägt allein der Verfasser; die Kommission
haftet nicht für die weitere Verwendung der darin enthaltenen
Angaben. / The European Commission support for the production of this publication does not constitute an endorsement
of the contents which reflects the views only of the authors,
and the Commission cannot be held responsible for any use
which may be made of the information contained therein.

Unterstützer der Arbeit
und Präsentation von
Phatcowlee / Funder of
the Work and Presentation
by Phatcowlee

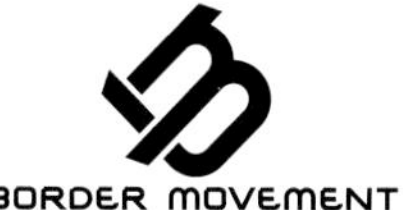

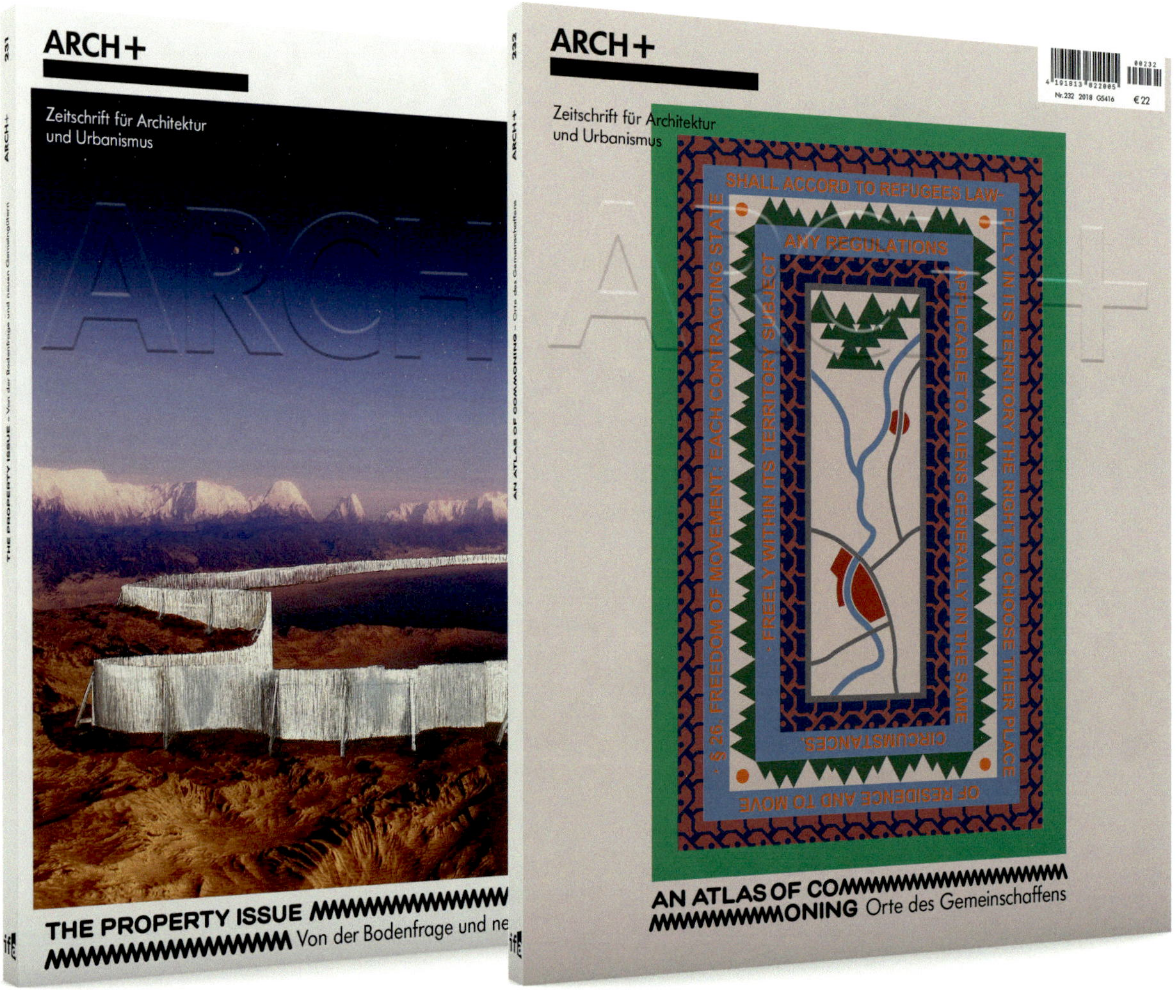

Wer entscheidet über die Raumproduktion? Wem gehört die Stadt?
Wer kümmert sich um wen? Diese und andere Fragen behandeln die beiden
ARCH+ Ausgaben, die die Tourneeausstellung *An Atlas of Commoning:
Orte des Gemeinschaffens* des ifa (Institut für Auslandsbeziehungen) begleiten.

ARCH+ 231 *The Property Issue:*
Von der Bodenfrage und neuen Gemeingütern,
248 Seiten, € 22

ARCH+ 232 *An Atlas of Commoning:*
Orte des Gemeinschaffens,
256 Seiten, € 22

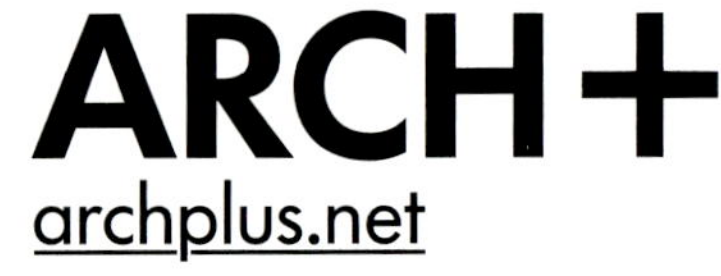

ARCH+
archplus.net

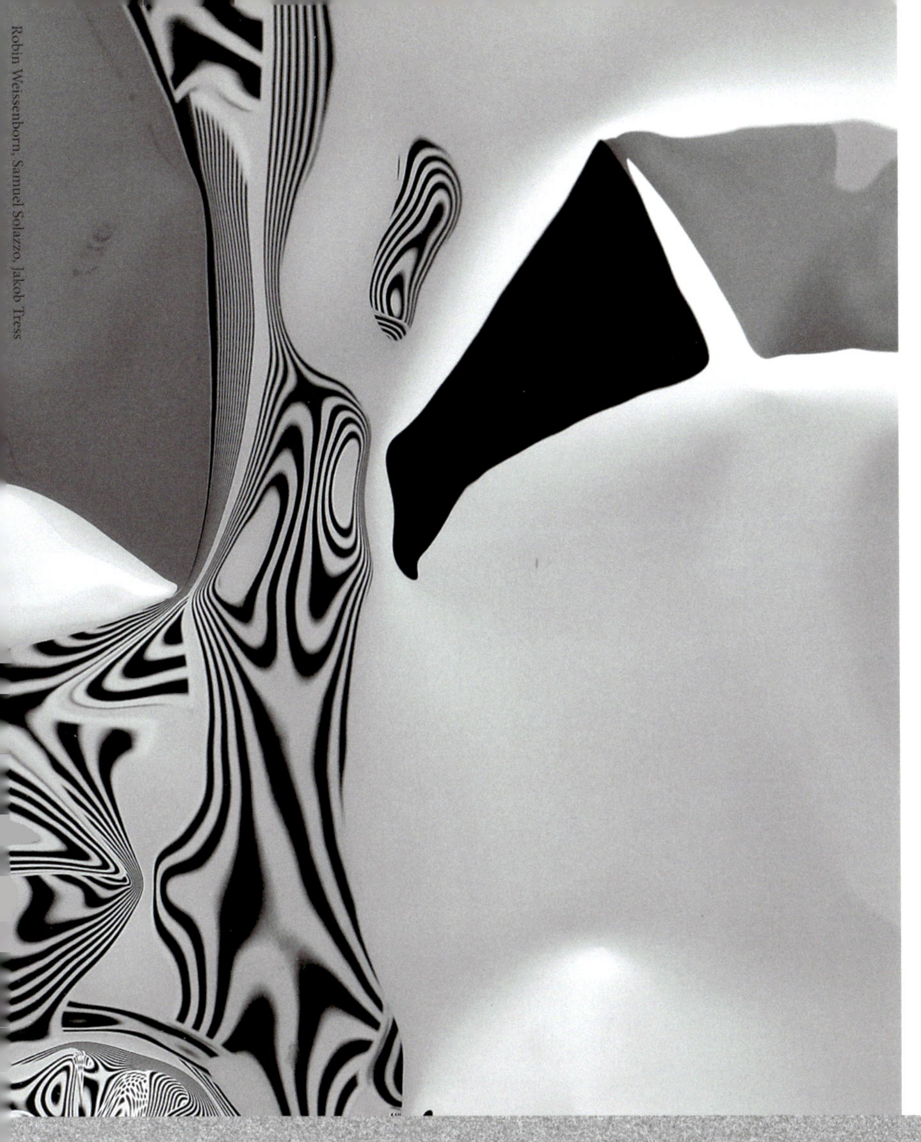

springerin

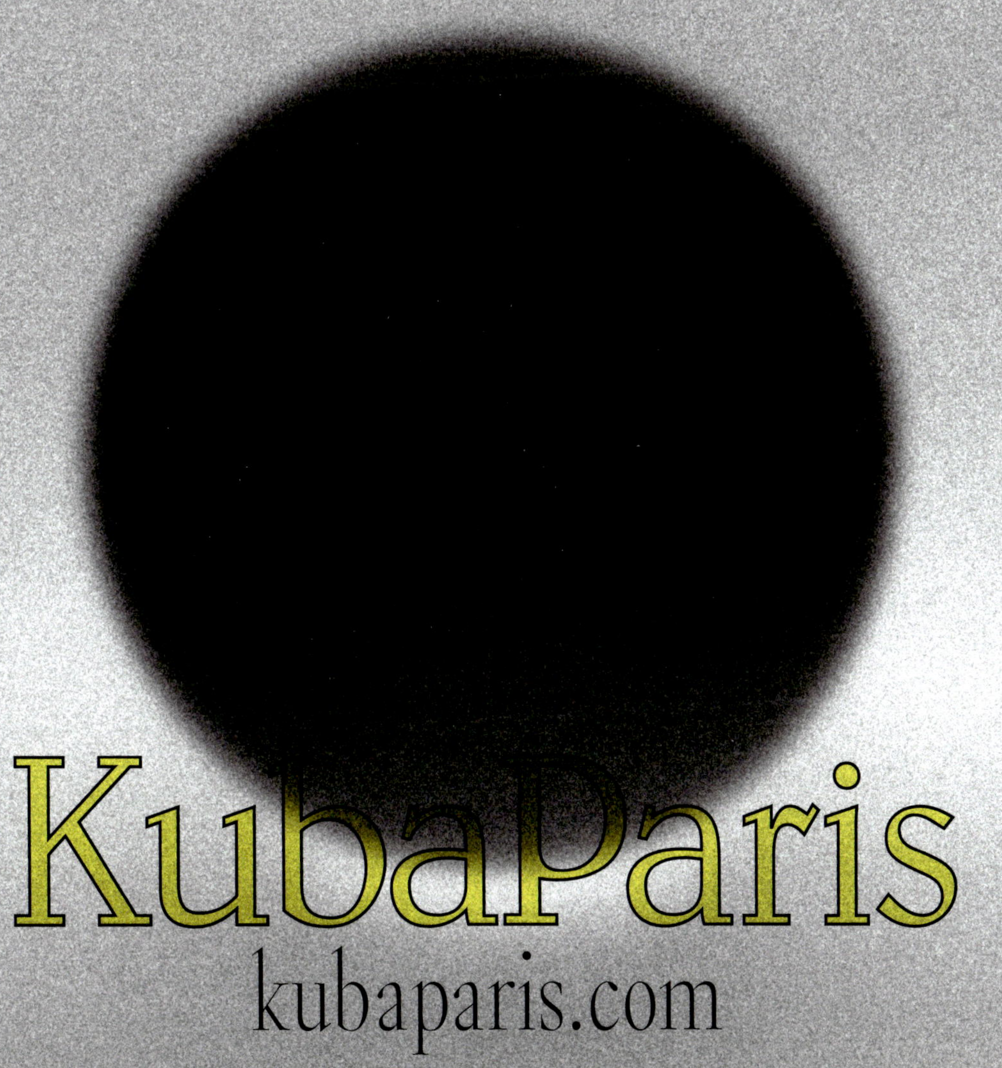

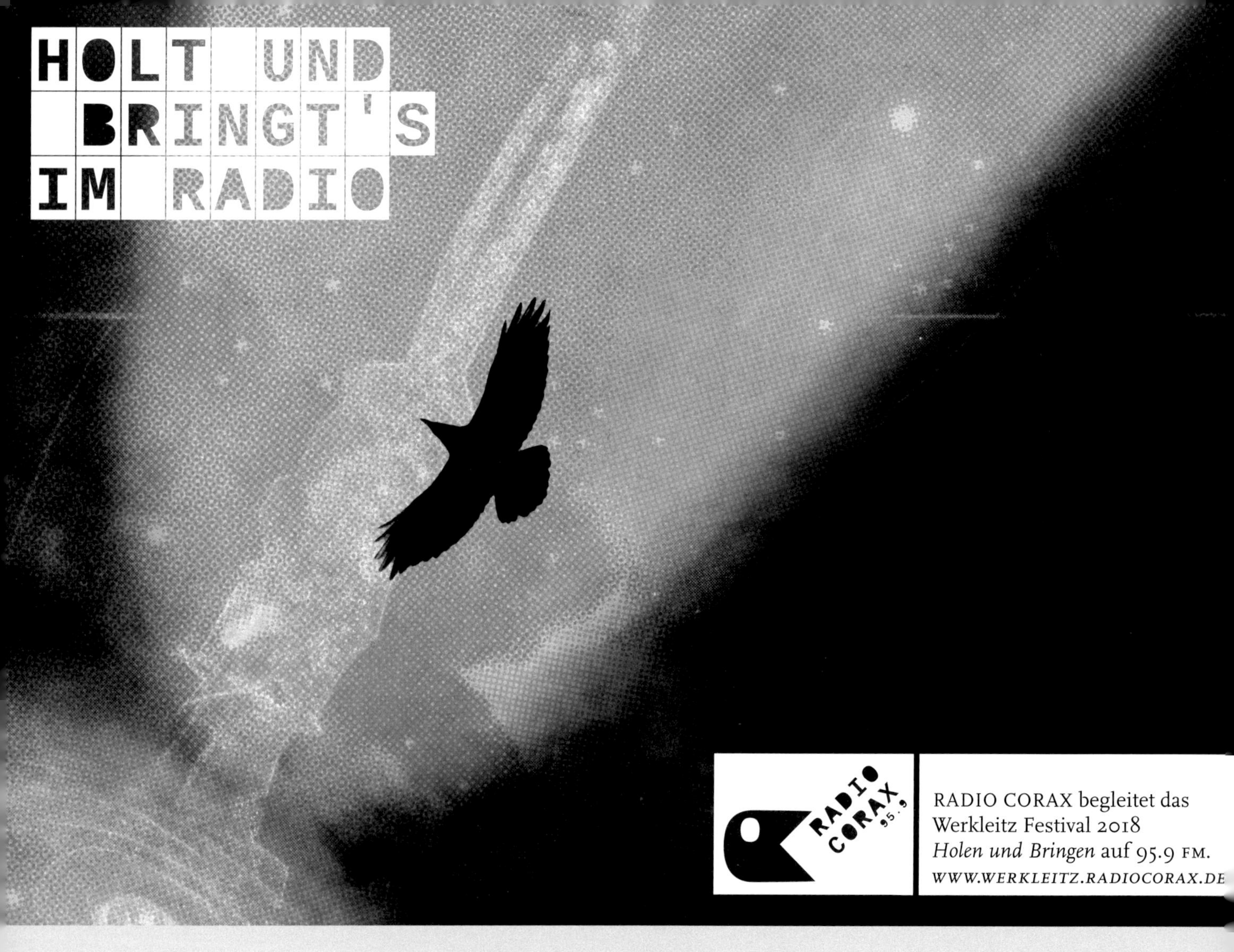

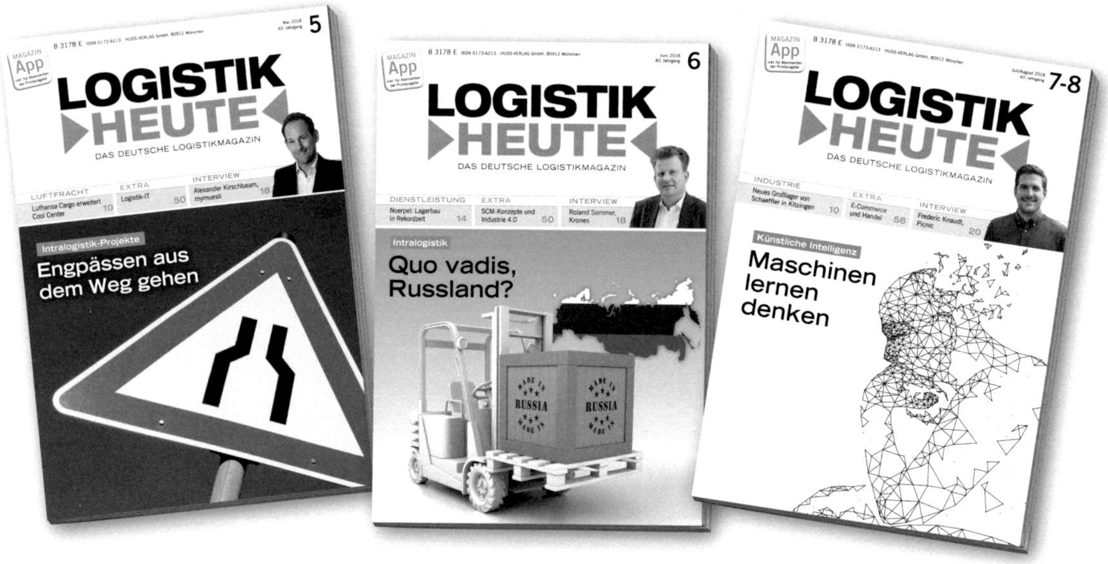

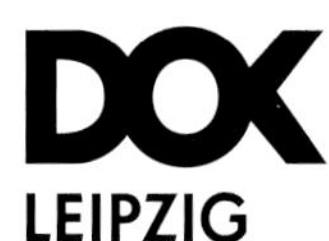

29.10. – 4.11.2018
INTERNATIONALES LEIPZIGER FESTIVAL
FÜR DOKUMENTAR- UND ANIMATIONS-
FILM

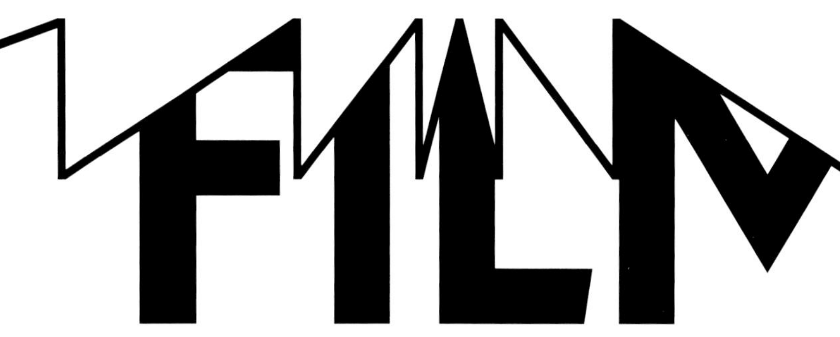

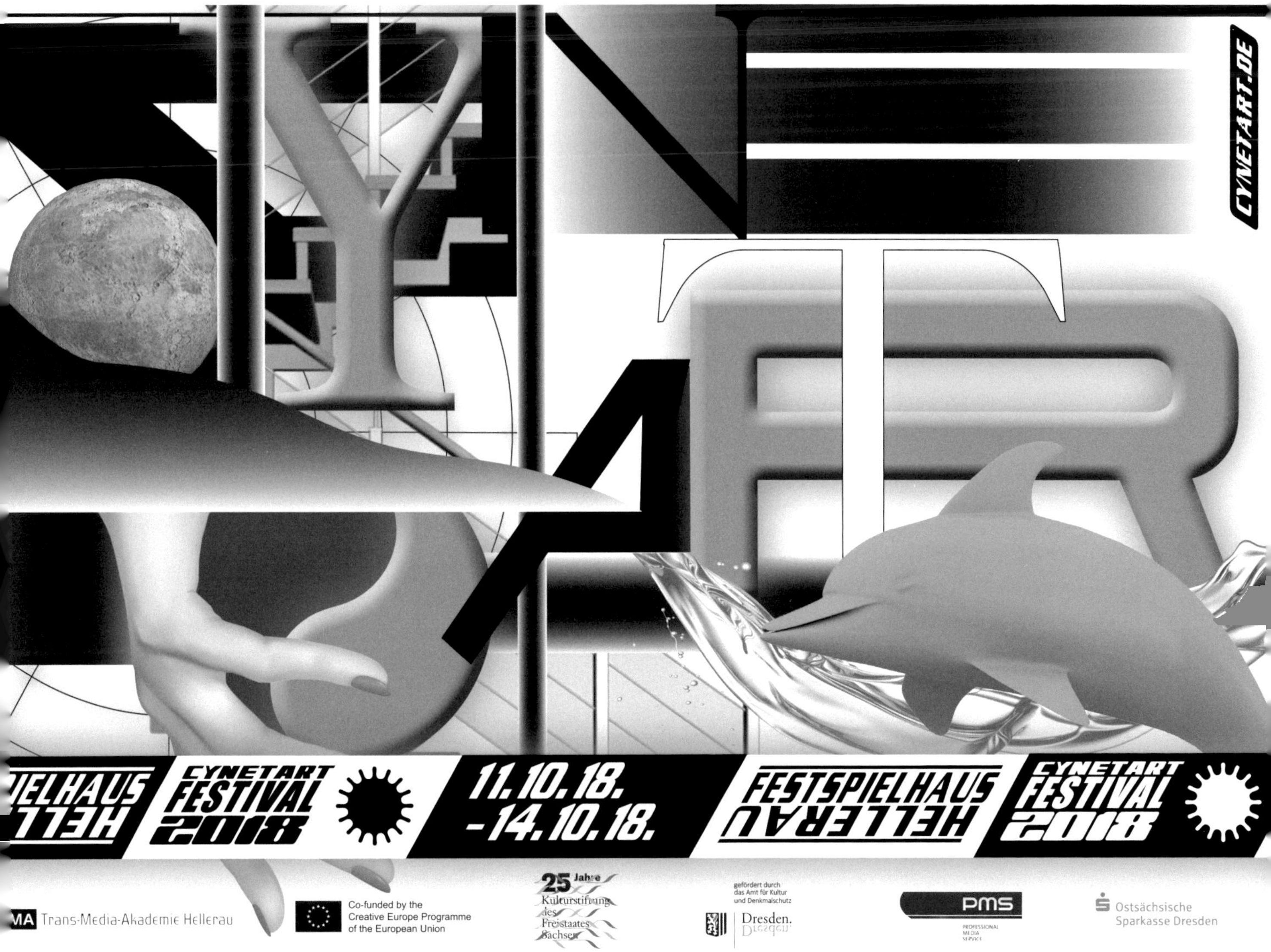

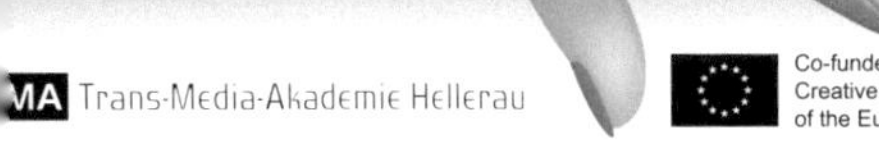

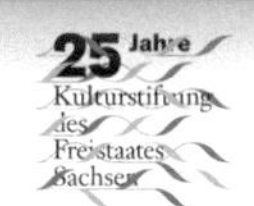

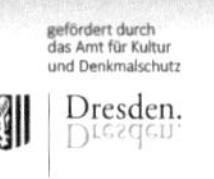

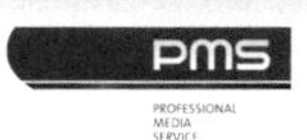

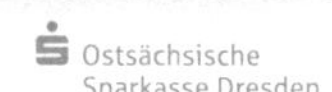

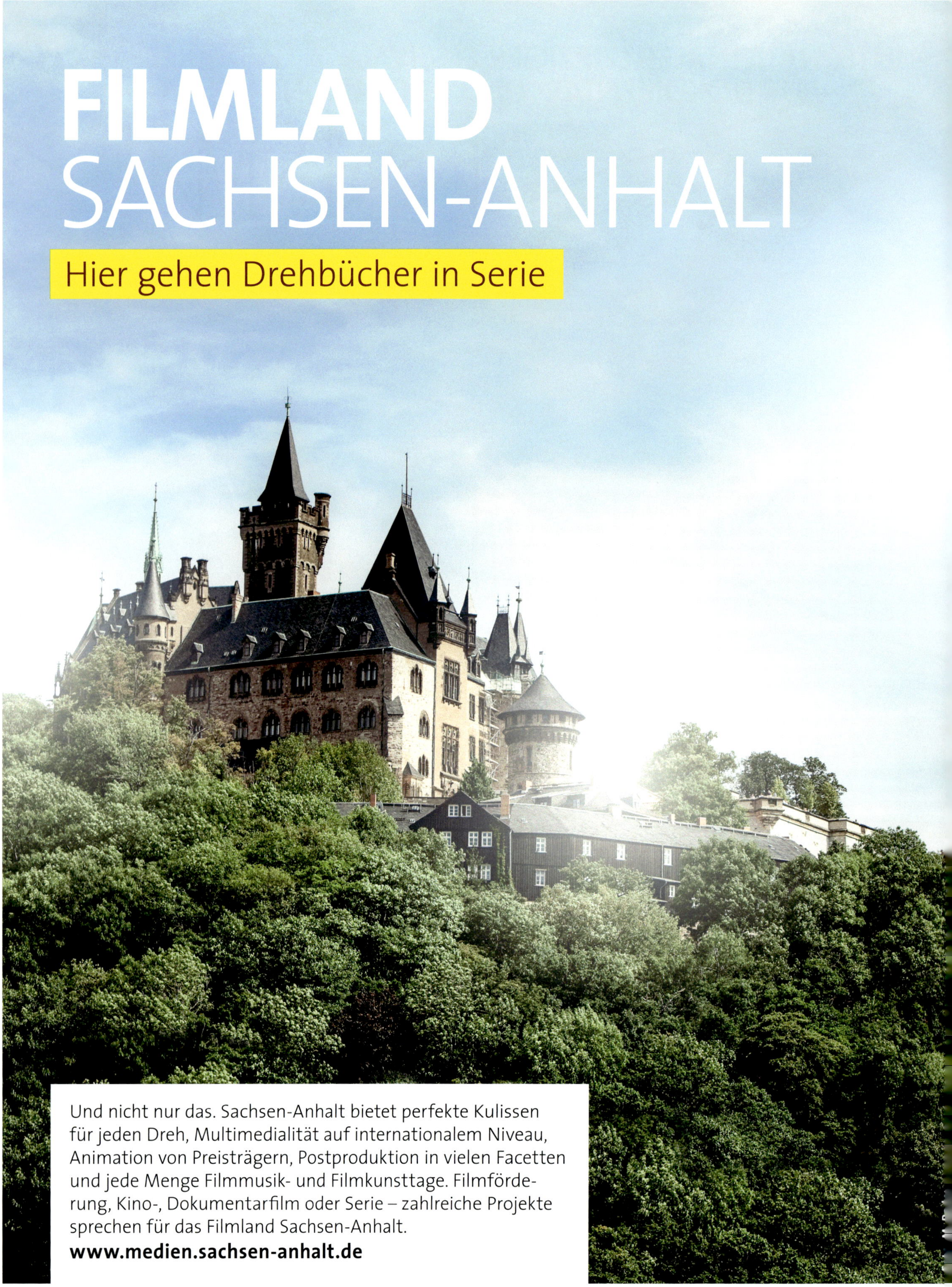

FILMLAND
SACHSEN-ANHALT

Hier gehen Drehbücher in Serie

Und nicht nur das. Sachsen-Anhalt bietet perfekte Kulissen für jeden Dreh, Multimedialität auf internationalem Niveau, Animation von Preisträgern, Postproduktion in vielen Facetten und jede Menge Filmmusik- und Filmkunsttage. Filmförderung, Kino-, Dokumentarfilm oder Serie – zahlreiche Projekte sprechen für das Filmland Sachsen-Anhalt.

www.medien.sachsen-anhalt.de

#moderndenken

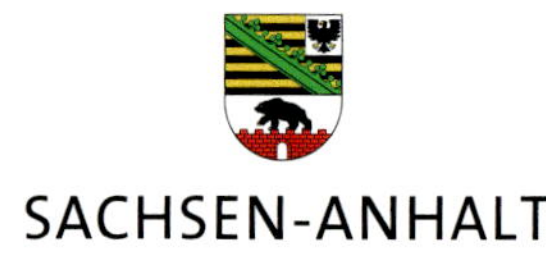

**Hier macht
das Bauhaus
Schule.**

'Think-Tank an der Weltspitze" Blickpunkt:Film

65. Internationale Kurzfilmtage Oberhausen
1. – 6. Mai 2019

kurzfilmtage.de

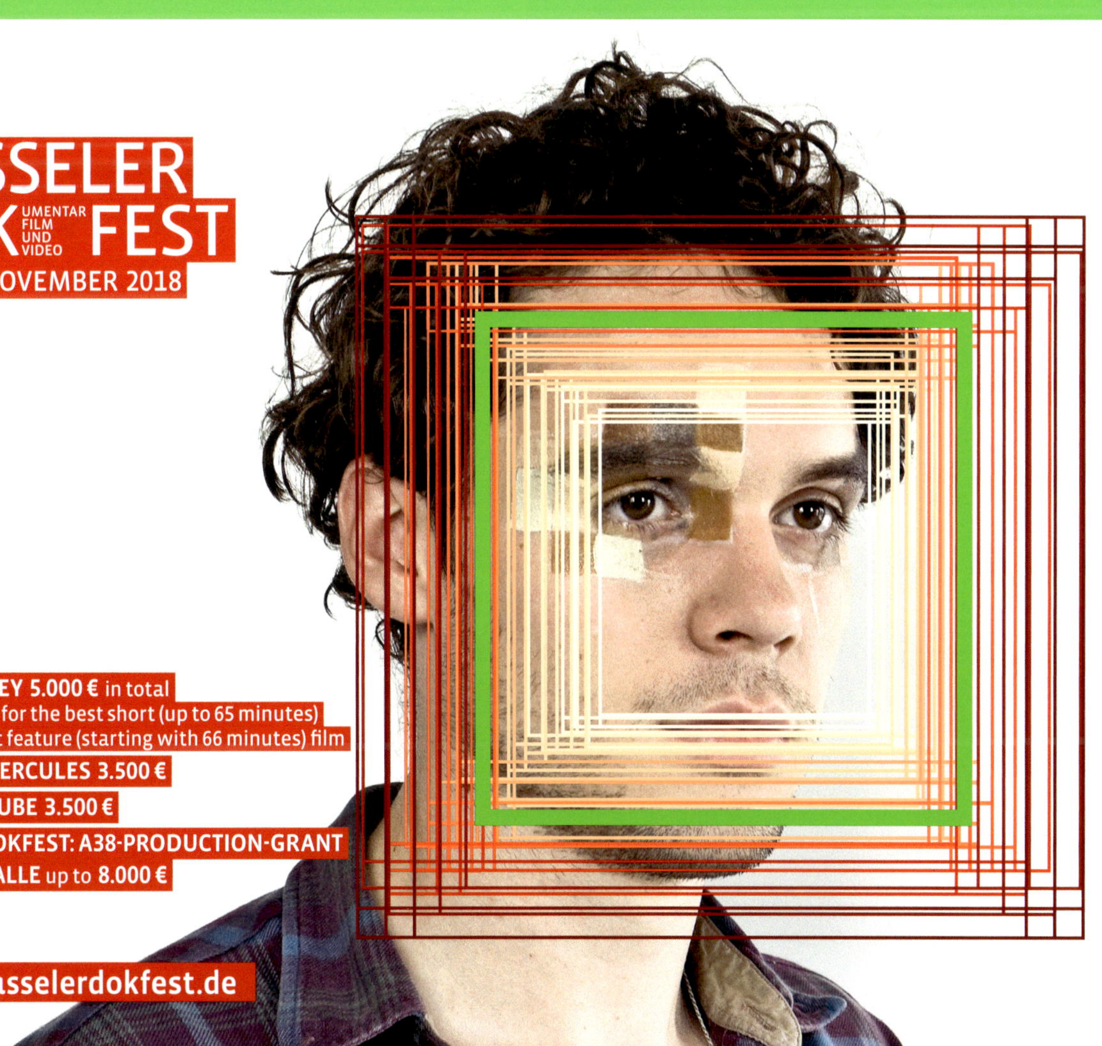

Targeted Funding
Unique Locations
Strong Support

MDM – Partner of Werkleitz Festival
FETCH AND DELIVER

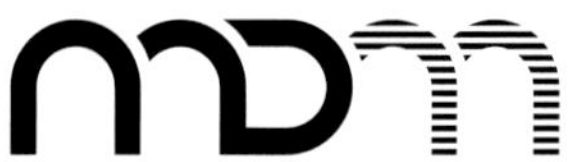

Mitteldeutsche
Medienförderung

www.mdm-online.de

№ 32

Call for Entries

Deadline
16.11.

Festival
24.–28.04.
2019

www.emaf.de

European
Media
Art
Festival

EMAF

Danksagung/ Acknowledg- ments

Andreas Haschke
Andreas Schmitt
Anita Müller
Arne Mross
Arno Kilian
Aron Eichstädt
Benjamin Hey
Benjamin Schief
Bernd Hopfengärtner
Björn Schlichting
Caroline Schulz
Christian Bierwirth
Christian Günther
Christian Schunke
Christian Schwela
Christoph Engemann
Christoph Knoth
Claus Hahn
Daniel Ott
Dieter Götte
Dirk Stuhlmann
Dominik Vogel
Erbengemeinschaft
Anita Köhler
Felix Wiegand
Gatien Luginsland
Gerriet Schultz
Harald Gläser
Harry Dietrich
Herbert Heiduk
Immanuel Ries
Jan Lemitz
Karl Russell
Kristina Tieke
Kurt Fraas
Leopold Seiler
Martin Kruschwitz
Martin Schapp
Matthias Görlich

Matthias Junghänsel
Matthias Kassner
Michael Kaspar
Michael Tomalik
Monika Dommann
Nina Gribat
Peggy Buth
Peter Hermans
Peter Köhler
Roman Mischker
Simone C. Niquille
Stefan Macourek
Sven Weigel
Team Stoffmüller
Thomas Brück
Thomas Scheffler
Tomoko Emmerling
Tony Beyer
Ulf Bellersheim
Wilm Beckhoff

Und an all jene, die wir an dieser Stelle leider vergessen haben./ And to all those we forgot at this point.

Abbildungen/ Illustrations

Werkleitz Festival 2018
Holen und Bringen
20. Oktober–4. November 2018

FESTIVALTEAM / FESTIVAL TEAM

Künstlerische Leitung Werkleitz /
Chief Executive of Werkleitz
Daniel Herrmann

Festivalkoordination /
Festival Coordinator
Juliane Schickedanz

Produktionsassistenz /
Production Assistance
Nicole Zander

Leitung Vermittlung /
Head of Art Education
Agnes Fischer

Presse- und Öffentlichkeitsarbeit /
Public Relations
Cornelia Hänchen

Technische Leitung /
Technical Management
Jörg Drefs, Max Méndez

Finanzen / Finances
Heike Weiße,
Henriette Stallbaum-Fiedler

KURATORINNEN UND
KURATOREN / CURATORS

Ausstellung / Exhibition
Konrad Renner, Juliane Schickedanz

Filmprogramm / Film Program
Arjon Dunnewind, Anna Jehle,
Florian Wüst

Performances
Sandra Naumann

Konzeption Kolloquium /
Concept of the Colloquium
Alexander Klose, Konrad Renner,
Juliane Schickedanz

KATALOG / CATALOGUE

Herausgeber / Editor
Werkleitz Gesellschaft e. V.

Katalogkonzeption /
Catalogue Concept
Konrad Renner, Juliane Schickedanz

Redaktion / Editing
Juliane Schickedanz

Grafik / Graphic Design
Anja Kaiser, Franziska Leiste

Deutsches Lektorat /
German Copyediting
Caroline Gutberlet

Englisches Lektorat /
English Copyediting
Nathaniel McBride

Übersetzung ins Englische /
Translation into English
Chris Michalski

Übersetzung ins Deutsche /
Translation into German
Gülçin Erentok, Gaby Gehlen,
Anja Schulte

Bildbearbeitung / Image Editing
Matthias Knoch

Druck / Print
DZA Druckerei zu Altenburg GmbH

Holen und Bringen
ist ein Projekt von
Werkleitz Gesellschaft e. V.
Schleifweg 6
D-06114 Halle (Saale)
www.werkleitz.de

Erschienen im / Published by:
VfmK Verlag für moderne Kunst GmbH
Salmgasse 4a
A-1030 Wien / Vienna
hello@vfmk.org
www.vfmk.org

ISBN 978-3-903269-14-9
Alle Rechte vorbehalten /
All rights reserved
Gedruckt in Deutschland /
Printed in Germany

Vertrieb / Distribution
Europa / Europe: LKG, www.lkg-va.de
UK: Cornerhouse Publications,
www.cornerhousepublications.org
USA: D.A.P., www.artbook.com

Bibliografische Information Der
Deutschen Nationalbibliothek:
Die Deutsche Nationalbibliothek
verzeichnet diese Publikation
in der Deutschen Nationalbibliografie; detaillierte bibliografische
Daten sind im Internet über
http://dnb.de abrufbar. / Bibliographic information published by
Die Deutsche Nationalbibliothek:
Die Deutsche Bibliothek lists
this publication in the Deutsche
Nationalbibliografie; detailed
bibliographic data is available in
the Internet at http://dnb.de.

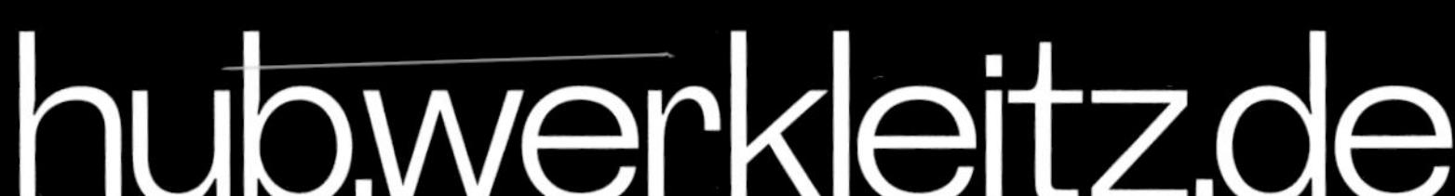